Denkmalpflege in Sachsen

Mitteilungen des Landesamtes
für Denkmalpflege Sachsen

Jahrbuch 2016

© 2016 Landesamt für Denkmalpflege Sachsen
Schloßplatz 1, 01067 Dresden,
Telefon: (0351) 4843 0400
Telefax: (0351) 4843 0499
1. Auflage, 2017

Konzept und Redaktion
Landesamt für Denkmalpflege Sachsen

Herstellung und Vertrieb
Sandstein Verlag, Dresden
ISBN 978-3-95498-279-0

Titelseite: Dresden, Palais Brühl-Marcolini, Chinesisches
Zimmer. (Foto: LfD Sachsen, Dipl.-Rest. Manfried Eisbein).
Rückseite: Palais Brühl-Marcolini, Chinesisches Zimmer,
Tapete, Detail. (Foto: LfD Sachsen, Dr. H. Bärnighausen).

Scite 4: Radcfcld-Frciroda, Kirchcnportal und Tür
mit mittelalterlichem Beschlag.
(Foto: Prof. Dr. Gerhard Graf, Leipzig)

Inhalt

Abb. 1   Radefeld-Freiroda, Kirchenportal und Tür mit mittelalterlichem Beschlag.

Vorwort

Der thematische Bogen dieses Jahrbuchs unseres Hauses ist wieder weit gespannt. Die reiche Bandbreite der sächsischen Baudenkmale wird an Beispielen von der Romanik bis zur Architektur der DDR in den Blick genommen. Sowohl Aspekte der Erfassung und Erforschung als auch der Sanierung und Restaurierung von Denkmalen finden Beachtung. Und wieder wird deutlich, wieviel Entdeckens- und Wissenswertes, auch zur Landes- und Kulturgeschichte, noch der Erforschung harrt und wieviel Wissen und Können für eine fachgerechte Bewahrung, Pflege oder Restaurierung erforderlich ist. Dass hier in langgeübter Praxis viele ehrenamtlich Engagierte und Fachkollegen gemeinsam mit uns wirken, wird in den Beiträgen lebendig.

Sachsens Kirchen werden durch Befunde an romanischer Malerei, insbesondere aus Kulkwitz bei Leipzig, und Beschläge an nordwestsächsischen Kirchentüren vorgestellt. Ein Beitrag über die kartographische Landeserfassung und dabei entstandene topographische Ansichten führt in die Zeit des Kurfürsten August I. von Sachsen. Zum Thema Schlösser werden jüngste Forschungsergebnisse über die bisher unergründliche Systematik zur Aufstellung der Büsten römischer Kaiser an der Fassade des Palais im Großen Garten in Dresden präsentiert. Endlich konnte man die scheinbar nur Phantasie-Schriftzeichen im Chinesischen Zimmer des Marcolini-Palais in Dresden entziffern und auch bisher wenig beachtete Dekorationspläne aus dem 18. Jahrhundert einem Raumtrakt im Georgenbau des Dresdner Residenzschlosses zuordnen.

Viele Beiträge entstanden im Rahmen der unmittelbaren Arbeit an den Denkmalen. Das gilt insbesondere für die neuen Forschungen zur Baugeschichte des Zwickauer Gewandhauses ebenso wie für den Beitrag zur Geschichte des Massivlehmbaus oder die vorgestellten Görlitzer Objekte des 20. Jahrhunderts. Und es schien mir an der Zeit, mit einem Beitrag zur Erfassung sächsischer Kulturdenkmale aus den 1970er- und 1980-er Jahren diese neu zu bewertende Denkmalepoche sowohl mit ihrem eigenen Charme als auch der ihr innewohnenden Sperrigkeit vorzustellen. Hieran werden sich noch viele Fragen, von einer angemessenen Sanierungsfähigkeit bis zur Bewahrung der Denkmalwerte, anschließen.

Mit dem Beitrag zum Dresdner Architekten Karl Emil Scherz ist ein Blick in unsere umfangreiche wissenschaftliche Sammlung verbunden und Berichte über unsere Fachtagungen, Veranstaltungen wie den Tag des offenen Denkmals, Ausstellungen, Führungen und Vorträge sowie Personalia runden den Band ab.

Seit 1990 sind wirklich unglaublich viele Denkmale saniert worden, ein großer Erfolg – aber ca. ein Drittel steht noch aus! Die Gründe sind vielfältig und bekannt. Förderung kann helfen, aber nicht immer. Wo kein Nutzer in Sicht ist, besonders bei sehr großen und schon lange leer stehenden Objekten, wird es schwer, ist es »fünf vor zwölf«. Denkmalpfleger können begleiten und unterstützen – aber praktisch handeln müssten die Eigentümer.

Aus meiner Sicht ist es höchste Zeit, sich gemeinsam mit den Kommunen und den Landkreisen über Bewahrungsstrategien zu verständigen, damit nicht für die Kulturlandschaften unverzichtbare Denkmale ganz verloren gehen. Notsicherungen werden auch andernorts praktiziert, viel Spielraum ist nicht mehr gegeben.

Die jährliche Herbst-Fachtagung unseres Hauses mit den Denkmalschutzbehörden hatten wir deshalb unter das Thema »Wie weiter mit dem Drittel noch nicht sanierter Baudenkmale« gestellt. Der Doppelhaushalt war noch nicht beschlossen, sowohl die Denkmalförderung als auch die dringliche Personalausstattung für das LfD waren offen, was die Brisanz noch verstärkte. Herr Staatsminister Ulbig sagte in seinem Grußwort Unterstützung zu.

R. Pohlack

Sächsische Landeskonservatorin

Die Restaurierung der Dorfkirche in Kulkwitz und die Entdeckung mittelalterlicher Wandmalereien

Thomas Brockow, Uwe Härtig

Viel Geduld wurde der Kirchgemeinde abverlangt: Über Jahre zogen sich die Arbeiten der Instandsetzung und Restaurierung der Dorfkirche in Kulkwitz (Landkreis Leipzig) hin. Doch nicht nur das Ergebnis rechtfertigt das behutsame Vorgehen. Auch die 2015 bei restauratorischen Sondierungen entdeckten mittelalterlichen Malereien in der Apsis – ein außergewöhnlicher Fund von überregionaler Bedeutung – haben starke Beachtung gefunden. Informiert werden soll hier über die baulichen und restauratorischen Maßnahmen der letzten Jahre sowie – als Vorbericht – über die bisher nur partiell freigelegten Malereien.

Die »höchst alterthümliche Kirche« in Kulkwitz und ihre Restaurierung

Wird über den frühen Kirchenbau Obersachsens berichtet, bleibt meist – aufgrund ihres hohen Alters und der hier 1971 erfolgten archäologischen Untersuchung – auch die Dorfkirche in Kulkwitz *(Abb. 2)* nicht unerwähnt.[1] Bereits in der 1841 erschienenen »Kirchen-Galerie« wurde sie als »höchst alterthümliche Kirche« bezeichnet, »die gegen 500 Jahr alt sein möchte«.[2] Tatsächlich hat die Kirche bis heute ihre altertümliche Erscheinung bewahrt, während sich die Umgebung, bedingt durch den Abbau von Braunkohle seit der Mitte des 19. Jahrhunderts, gravierend wandelte. Keine Einfriedung begrenzt den um die Kirche gelegenen Friedhof mehr; westlich schließt sich heute eine große Wasserfläche an. Diese weist augenfällig auf die landschaftsverändernden Folgen des Braunkohlenbergbaus hin. Auch in Kulkwitz war der Friedhof einst durch eine Friedhofsmauer nach Westen begrenzt, dahinter verlief die Straße nach Gärnitz. 1861 wurde bei Kulkwitz Braunkohle entdeckt, die zunächst bis 1937 unter Tage, dann bis 1963 im Tagebau abgebaut wurde.[3] In den bergbaubedingten Senkungsgebieten sammelte sich Oberflächenwasser, so entstanden ausgedehnte Wasserflächen, die östlich der Ortslage als Kulkwitzer Lachen ein Flora-Fauna-Habitat darstellen. Der nördlich gelegene Kulkwitzer See entstand durch die Flutung zweier Tagebaurestlöcher.

Das kleine, 1360 erstmals erwähnte Gassendorf, gehörte bis 1815 zum Amt Lützen. Nach der Niederlage Napoleons und des mit ihm verbündeten Königreichs Sachsen wurde mit dem Wiener Kongress 1815 der Westteil des Amtes Lützen der preußischen Provinz Sachsen zugeschlagen, der östliche Teil mit Kulkwitz und den Städten Zwenkau und Markranstädt sowie einigen anderen Dörfern verblieb beim Königreich Sachsen und wurde dem Amt Leipzig eingegliedert. Die Kirche in Kulkwitz blieb bis in das 20. Jahrhundert eine Filialkirche von Quesitz und gehört heute zur Evangelisch-Lutherischen Kirchgemeinde Markranstädter Land.[4]

Der Braunkohlenbergbau veränderte nicht nur das Landschaftsbild: Die Einwohnerschaft des Dorfes stieg von unter 100 im frühen 19. Jahrhundert bis auf nahezu 2 000 in der ersten Hälfte des 20. Jahrhunderts deutlich an.[5] 1907 erhielt Kulkwitz Wasseranschluss und nach dem Bau eines Kraftwerks 1910/ 11 erfolgte rasch die Elektrifizierung.[6] Die in Kulkwitz ansässige Leipziger Braunkohlenwerke AG ließ 1922 auch das Gefallenendenkmal neben der Kirche errichten. Für die ein Jahr zuvor durchgeführten Erneuerungsmaßnahmen an der Kirche hatte der Aufsichtsrat 25 000 Mark zur Verfügung gestellt,[7] ihr Direktor Kühn bemühte sich aktiv um die Kirchenrenovierung.[8]

Die Kirche in Kulkwitz ist eine kleine Chorturmkirche mit Langhaus, eingezogenem Chor (mit Turm darüber) und halbrunder Apsis *(Abb. 1)*. Es handelt sich dabei – nach Heinrich Magirius – um den klassischen Typ romanischer Dorfkirchen in Sachsen.[9] Das unverputzte Außenmauerwerk zeigt große Quader aus einem festen Stein, bei dem es sich um einen Tertiärquarzit handelt,[10] dessen Oberfläche dunkel patiniert ist. Die Härte des Baumaterials ermöglichte ein Zuschlagen auf etwa rechtwinklige Quader, die mit durchgehenden horizontalen Fugen gesetzt worden sind. Die Schichthöhen des Mauerwerks betragen durchschnittlich um die 25 Zentimeter. Auffallend sind der umlaufende Mauersockel sowie der Rücksprung des Giebelmauerwerks an der Westseite. An den eingezogenen Chor mit Kreuzgratgewölbe, über dem sich der Turm mit Walmdach erhebt, schließt sich auf der Westseite ein flach gedeckter Saal an, auf der Ostseite eine halbrunde Apsis mit einem schmalen, noch ursprünglichen Fenster. Die übrigen Fenster wurden später zu korbbogenförmigen Öffnungen erweitert. An

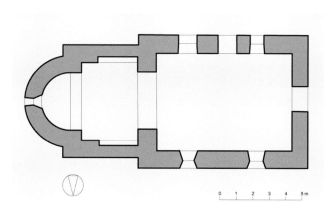

Abb. 1   Kulkwitz, Kirche, Grundriss.

Abb. 2   Kulkwitz, Kirche, Ansicht von Südwest.

der Westseite befindet sich unter einem Rundbogen ein Eingang. Noch ursprünglich ist der südliche Zugang in den Saal: ein rundbogiges Portal aus Sandstein mit zwei Rundstäben.

Bei einer (Not-) Grabung im Jahr 1971 konnte Herbert Küas durch Freilegung von Fundamenten im Bereich des Saales eine steinerne Vorgängerkirche nachweisen: eine kleine Feldsteinkirche mit einem Innenraum von 4,8 × 4,3 Metern und ungefähr einem Meter starken Außenwänden. Der Chorraum wurde damals nicht untersucht, sodass die Frage nach dem östlichen Abschluss offen blieb. Küas schloss eine Apsis aber nicht aus. In der südöstlichen Ecke der jüngeren Kirche wurde ein Kinderskelett freigelegt. Die bauarchäologischen Untersuchungen ergaben auch, dass der Westrisalit mit Portal ursprünglich ist, die Kirche also zwei Eingänge besaß.[11] Der Westeingang erfuhr jedoch Veränderungen: Bei den Grabungen wurde hinter einer Tafel mit der Inschrift »Renovatum 1876« ein Bericht von 1921 gefunden, in dem von einem Durchbruch in der Westmauer die Rede ist. Eine alte Altarplatte wurde damals als Tympanon eingebaut und das (neue) Gewände mit der Inschrift »Erneuert 1921« versehen.[12]

Die Entstehungszeit der Vorgängerkirche konnte nicht bestimmt werden. Heinrich Magirius datierte sie in das frühe 12. Jahrhundert. Er hielt einen schlichten Recktecksaal ohne Chor, »vielleicht ein ›urtümlicher‹ Typus des Kirchenbaus in Sachsen«, von den hölzernen Kirchen übertragen, für möglich.[13]

Auch die archäologischen Untersuchungen im Jahr 2011 konnten die Frage nach einem Chor nicht abschließend klären.[14] Der Fund von Scherben aus dem ersten Viertel des 13. Jahrhunderts, die im Zusammenhang mit dem Bau der zweiten Kirche in den Boden gelangt waren, bestätigte Küas bei seiner Datierung der Kirche in die Jahre um 1200.[15]

In diese Zeit hatte bereits Cornelius Gurlitt Ende des 19. Jahrhunderts den Bau eingeordnet.[16] Er hob in seiner Beschreibung der Kirche die schlichten Kämpfergesimse am Triumphbogen hervor. Die Westtür stamme, so Gurlitt irrtümlich, von 1876. Auf jeden Fall hatten in diesem Jahr bauliche Maßnahmen stattgefunden, wie zuvor auch schon 1833, und zwar »aus freien Antriebe von den Einwohnern«.[17] Als Gurlitt die Kirche besichtigte, war ein Flügelaltar mit einer Darstellung der Beweinung Christi, den er noch beschrieb, bereits entfernt; über dem Altar war die Kanzel aufgestellt. Die von Gurlitt erwähnte spätmittelalterliche Glocke ist auch nicht mehr vorhanden.[18] Heute hängen drei Eisenhartgussglocken aus den 1950er-Jahren im Turm.[19] Die Orgel der Kirche wurde 1934/35 von E. F. Köhler aus Pretzsch gebaut. Sie ersetzte eine ältere Orgel von 1774, die 1875 aus dem Betsaal in Gohlis nach Kulkwitz kam.[20] Die Taufe aus Holz stammt ausweislich ihrer schriftlichen Datierung aus dem Jahr 1876.

Dendrochronologische Untersuchungen von Hölzern in Zweitverwendung weisen auf ein Sparrendach hin, das 1462

Abb. 3   Kulkwitz, Kirche, während der Sanierungsmaßnahmen von 1921.

Abb. 4   Kulkwitz, Kirche, Südportal nach Abschluss der Restaurierungsarbeiten.

aufgestellt wurde.[21] Bei dem heutigen Dachstuhl über dem Saal handelt es sich um ein Sparrendach mit zweifach stehendem Stuhl.

Größere Baumaßnahmen erfolgten 1921; sie wurden unter Mitwirkung der Landesdenkmalpflege und des Landesvereins Sächsischer Heimatschutz mit dem Anspruch durchgeführt, »die Kirche in ihrer altertümlichen Form zu erhalten«.[22] Dabei wurden auch der nur noch in Teilflächen erhaltene Außenputz vollständig entfernt und »unschöne Ausbesserungen« durch Ziegel zurückgebaut – und somit der noch heute die Außenansicht prägenden, putzlose Zustand herbeigeführt *(Abb. 3)*.[23] Man ging damals aufgrund des ziemlich regelmäßigen Mauerwerks davon aus, dass der Abputz erst mit der Vergrößerung der Fenster und Ausflickungen im Mauerwerk aus Ziegeln angebracht worden ist.[24] Bei den Konservierungsarbeiten am romanischen Ostfenster konnten im Jahr 2010 am Rundbogen Reste eines weiß getünchten Pietra-Rasa-Putzes mit einem Fugenritzer entdeckt und gesichert werden.[25] Weitere historische Putzreste ließen sich jedoch nicht finden.

Nachdem bereits 1992 das Dach der Kirche neu eingedeckt worden war, begannen 2001 die Vorbereitungen für weitere Instandsetzungsmaßnahmen.[26] In Vorbereitung der aktuellen Maßnahmen wurde zunächst diskutiert, die Kirche wieder mit einem Außenputz zu versehen. Umfangreichen Voruntersuchungen am Mauerwerk[27] zeigten, dass ein Putz aus konservatorischer Sicht nicht erforderlich ist. Es wurde entschieden, auf einen Putz zu verzichten und damit die Kirche im überlieferten Erscheinungsbild zu erhalten. Die vorhandenen Risse im Mauerwerk wurden saniert, die Fugen repariert. Als dringend erforderlich erwies sich die Instandsetzung des Dachtragwerks.[28]

Akuter Handlungsbedarf bestand ebenso am romanischen Südportal, das wieder geöffnet wurde. Dieses wies erhebliche Fehlstellen auf, war mit zementhaltigen Materialien wenig fachgemäß repariert worden und durch Absandungen und Schalenbildungen höchstgradig gefährdet. Nach behutsamen Sicherungs- und zurückhaltenden Restaurierungsmaßnahmen[29] ist heute wieder die Bedeutung dieses ursprünglichen Portals erkennbar *(Abb. 4)*. Auch das Westportal wurde in diesem Zusammenhang restauratorisch bearbeitet.

Das Innere der Kirche machte aufgrund seiner uneinheitlichen Gestaltung und seines schlechten Erhaltungszustands einen höchst unbefriedigenden Eindruck *(Abb. 5)*: Die Westempore war unter Verwendung älterer Emporenteile – auf dem Dachboden wurde eine 1609 datierte Emporenstütze entdeckt – mehrfach umgebaut und unterhalb ein Raum abgetrennt worden. Auf der Empore stand, mit einem Einschnitt in die Decke, die überdimensionierte Orgel aus den 1930er-Jahren. Die Emporentreppe verlief vor dem noch verschlossenen Südportal. Das Gestühl war bereits um 1970 durch Stühle ersetzt worden. Im hinteren Teil des Chores stand der mächtige Kanzelaltar, der die Apsiskalotte im oberen Bereich fast berührte. Den Boden im Schiff bedeckte ein PVC-Belag. Daneben bestand Instandsetzungsbedarf an Innenputzen und Anstrichen, an der verputzen Decke sowie am Fußboden.

Die Entscheidung, das Südportal zu öffnen, bedingte Änderungen an der Empore. Unter Einbeziehung ältere Teile erhielt die Kirche eine weniger tiefe Empore auf der West- und der Nordseite *(Abb. 6)*. Die Winterkirche unter der Empore entfiel somit.

Auch entschied man, den über dem Altartisch aufgebauten Kanzelaltar zurückzubauen. Er wurde fachgerecht abgebaut, dokumentiert und im Kunstdepot der Landeskirche in Leipzig eingelagert.[30] Dabei zeigte sich, dass er aus mehreren unterschiedlichen Teilen verschiedener Zeiten zusammengesetzt worden war. Der Kanzelkorb mit dem Kanzeldeckel des frühen 17. Jahrhunderts stellte ursprünglich eine separate Kanzel dar.[31] Er wurde in einen Aufbau aus dem frühen 18. Jahrhundert (1708) eingefügt, der möglicherweise aus der Kirche in Quesitz stammt. Die Paulus- und Petrus-Darstellungen im Kanzelkorb (signiert »E B 1953«) wurden bei der letzten Renovierung angebracht. Der gemauerte Altarstipes wurde erhalten, seine Höhe jedoch reduziert. Bei den Arbeiten zeigte sich, dass er durch den Einbau zweier Grabsteine, die jetzt geborgen wurden, erhöht worden war.

Der Fußboden erhielt einen neuen Belag aus quadratischen keramischen Platten. Bei dieser Gelegenheit fanden auch erneut archäologische Untersuchungen statt.[32] Unter der beschädigten Putzdecke des 19. Jahrhunderts befand sich eine ältere Kassettendecke. Diese wurde erhalten, der gealterte Weißanstrich konserviert und die fehlenden Rahmenleisten ergänzt.

Besonders behutsam ging man bei den Maßnahmen an den Innenputzen vor, da ältere Ausmalungen vermutet wurden. Diesen Arbeiten gingen restauratorische Befunduntersuchungen voran.[33] Partielle Putzausbesserungen, vor allem in den unteren Wandbereichen, waren erforderlich.[34] Auf der Grundlage der ersten Befunduntersuchungen erhielt der Kirche eine weiße Innenraumfassung mit einer quaderimitie-

Abb. 5   Kulkwitz, Kirche, Innenraum vor Beginn der Restaurierungsarbeiten.

Abb. 6   Kulkwitz, Kirche, Innenraum mit neuer Empore.

renden Malerei an dem Bogen zur Apsis und den Fenstern. Diese Raumfassung besaß die Kirche auch nach den barocken Umbauten. Gezielte Freilegungen ausgewählter Flächen brachten im Chor und in der Apsis figürliche Ausmalungen aus dem Mittelalter zutage. Diese sind bisher nur partiell

*Abb. 7   Kulkwitz, Kirche, Malereifragment an der Chornord-
wand neben dem Triumphbogen.*

*Abb. 8   Kulkwitz, Kirche, Blick auf die Apsis im derzeitigen
Zustand.*

freigelegt worden, jedoch ist schon zu erkennen, dass in der
Apsiskalotte eine Darstellung der »Majestas Domini« vorhanden ist, eine sehr qualitätvolle und gut erhaltene Wandmalerei
aus dem 13. Jahrhundert. Dieser Fund bereichert den bekannten Bestand mittelalterlicher Wandmalereien im Freistaat
Sachsen erheblich.[35]

Thomas Brockow

Restauratorische Untersuchungen und die Entdeckung
spätromanischer Malereien

Die restauratorischen Untersuchungen der letzten Jahre im
Innenraum der Kirche Kulkwitz beinhalteten zunächst ein
sukzessives Erfassen des historischen Bestandes in Hinblick auf
die geplante Renovierung. Diese ersten Sondierungen konnten
neben einfachen Raumgestaltungen bereits auch Reste von
mittelalterlichem Malereibestand am Apsisbogen und an der
Chornordwand nachweisen.[36]

Mit der 2013 begonnenen Renovierung des Chores sollte
im Innenraum ein erster Teilabschnitt fertiggestellt werden.
Vorgesehen waren Überfanganstriche unter Erhaltung des gesamten Schichtenpaketes historischer Putze und Fassungen.
Lediglich zementhaltige Altreparaturen an den Wandputzen
sollten ausgetauscht werden. Insbesondere in der Apsiskalotte
waren notsichernde Maßnahmen nötig, wobei vor dem geplanten Anstrich von einem Fachhandwerker hohl liegende Putze
über Mörtelinjektionen gesichert sowie zahlreiche tiefe Risse
zur Mauerwerkskonsolidierung verpresst wurden.[37]

Durch die baubegleitenden Untersuchungen konnte eine
prägnante Raumgestaltung nachgewiesen werden, welche die
Grundlage einer angelegten Probeachse bildete. Die zahlreichen
Befunde legten eine illusionistische Steinquaderung in einem
warmen Grauton am Apsisbogen und an den Fenstern offen;
dazu standen die Wandflächen und die Apsiskalotte in einem
gebrochenen Weiß. Die gleiche Gestaltung wurde im weiteren
Verlauf auch im Kirchenschiff nachgewiesen. Diese Raumfassung dürfte aus dem 17./ 18. Jahrhundert stammen.[38]

Für die Umsetzung der Raumgestaltung, zunächst im
Chorraum, wurde wiederum ein Malermeister hinzugezogen.[39]
Parallel dazu konnte hinter dem Triumphbogen an der
Chornordwand ein kleines mittelalterliches Malereifragment
freigelegt, konserviert und zusammen mit der neuen Gestaltung
präsentiert werden *(Abb. 7)*.

Die gut lesbare Malerei zeigt zwei Figuren mit üppigen
Gewandfalten, eingefasst in eine illusionistische Architektur-
gliederung mit Rundbögen und einer gedrehten Säule. Die
stabile Bindung der Malerei, insbesondere der roten Linien,
an den Putzuntergrund, lässt eine teilweise freskale Einbindung vermuten. Dieses figürliche Malereifragment ist auf die
jetzt sichtbare Größe reduziert, da die baulichen Zäsuren der
vergangenen Jahrhunderte den frühen Putzbestand minimier-
ten.[40]

Sensibilisiert durch den qualitätvollen Befund an der
Chornordwand sowie weiterer polychromer Fassungsreste im
Chorraum, insbesondere in der Apsiskalotte, wurde diese nun
vorerst von den aktuellen Maßnahmen ausgenommen. Die

Abb. 9   Kulkwitz, Kirche, Apsis mit Teilfreilegung des mittelalterlichen Bildprogramms.

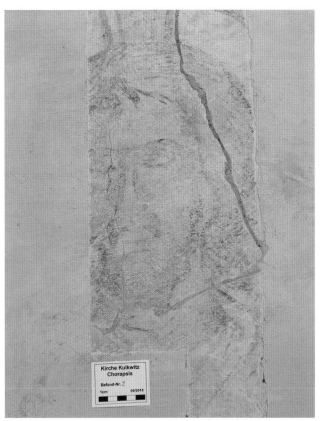

Abb. 10   Kulkwitz, Kirche, freigelegter Christuskopf an der Apsis-kalotte.

übrigen Wandflächen des Chores wurden in der nachgewiesen Fassung gestaltet *(Abb. 8)*.[41]

Mit der Fertigstellung der Raumgestaltung im Chor und den vorerst zurückgestellten Flächen in der Apsiskalotte stellte sich die Frage nach dem weiteren Vorgehen in der Chorapsis. Die wenigen partiell aufgedeckten Befunde und weitere polychrome Fassungsreste konnten bereits dem mittelalterlichen Fassungsbestand zugeordnet werden. Das Anlegen von gezielten Suchgräben hatte die qualitative und quantitative Präzisierung des Malereibestandes in der Chorapsis zum Ziel und zeigte überraschende Resultate *(Abb. 9)*.

Die bisherigen Freilegungsergebnisse zeigen eine figürliche Ausmalung, die nach derzeitiger Einschätzung der ersten Hälfte des 13. Jahrhunderts zuzuordnen ist. Der Umfang und die Qualität der Malerei, aber auch die Seltenheit derartiger (oder vergleichbarer) Malereien in Sachsen machen den Bestand außerordentlich wertvoll.[42] Bei der Darstellung in der Apsiskalotte handelt es sich um eine »Majestas Domini«.[43] Christus auf dem Thron in der Mandorla *(Abb. 10)* wird von jeweils zwei Figuren flankiert. Eine weitere Figur mit Flügeln und weiblich anmutenden Gesichtszügen trägt eine Kette mit einem griechischen Kreuz *(Abb. 11)*. Vereinzelte Buchstaben auf Schriftbändern und einzelne Buchstaben unterhalb eines Zackenbandfrieses können noch nicht zugeordnet werden. Die Zeichnung der Gesichter *(Abb. 12)*, die subtilen Details am Christusthron oder auch zarte geometrische Ornamente auf den Gewändern lassen eine hohe malerische Qualität erkennen. Der polychrome Zackenbandfries in Höhe der Kämpfer des Apsisbogens trennt die obere Wandzone mit der »Majestas Domini« von einer weiteren, figürlichen Bildszene in den unteren Wandbereichen. Deren schlechte Erhaltungsqualität und größere Totalverluste lassen aber bislang kaum weitere Aussagen zu. Lediglich die Reste von Nimben an bisher drei Figuren sind erkennbar.

Die aufgedeckten Erhaltungsqualitäten variieren, die Totalverluste sind auf wenige Altputzergänzungen begrenzt. Tendenziell reduziert sich die Lesbarkeit der Malereifragmente ab Höhe der Kämpferzone nach unten. In einer Zeichnung wurden die unterschiedlichen Erhaltungszustände der Ausmalung, Totalverluste und der zu erwartende Bestand noch nicht freigelegter Bereiche als Übersicht kartiert.[44]

Obwohl der Bildaufbau wohl nicht al fresco angelegt wurde, wirken vereinzelte Partien sehr stabil und fest auf dem einlagigen Putz. Möglicherweise sind an partiell dickeren Putzstärken und einer daraus resultierenden längeren Carbonatisierung »freskale Effekte« entstanden. Die tiefer liegenden Wandzonen unterhalb des Zackenbandfrieses zeigen zahlreiche Reste rötlicher Linien. Ob es sich bei diesen Resten um Vorskizzen oder Malereireste handelt, wurde noch nicht ermittelt. Die Betrachtung im Streiflicht ergaben bislang keine Ritzungen, Zirkelschläge (beispielsweise bei den Nimben) oder Ähnliches. Als verwendete Farbmittel wurden gelber und roter Ocker, Schwarz und Grün sowie Weiß verwendet, wobei dieses insbesondere in den Höhungen auf den Nimben, Gesichtern und Gewändern zu finden ist.[45] Mit Unterstützung des Landesamtes für Denkmalpflege Sachsen konnten im Rahmen einer UV-Licht-Untersuchung malerische Details gezielter analysiert werden. Die gewonnenen zusätzlichen Informationen sind gering. Schwach erkennbare Pentimenti und die Fluoreszenz bestimmter Pigmente sowie deutlichere Kontraste an einigen Bilddetails lassen hier künftig auf noch konkretere Erkenntnisse hoffen.

Eine systematisch angelegte rasterartige Freilegung ist Voraussetzung für die Identifizierung und Dokumentation von möglichen Details der abzunehmenden Fassungen, bislang lediglich monochrome Tünchen in Graugrün, Blau, Rosé und mehrere Weißnuancen. Von einer Blaufassung des 19. Jahrhunderts wurden goldbronzierte Sterne erfasst.[46] Problematischer als die Abnahme des gesamten Bestandes an Tünchen ist die Reduzierung und Freilegung der letzten Schicht, welche die Ausmalung unmittelbar bedeckt. Diese partiell sehr harte und fest am Untergrund haftende Schicht erhöht bei dessen Abnahme das Risiko der Beschädigung der Malerei und erfordert eine sehr präzise und zeitaufwändige Vorgehensweise. Erste Feldversuche mit chemischer Unterstützung der mechanischen Freilegung blieben noch ohne überzeugende Ergebnisse. Neben einer späteren Materialanalyse dieser dünnen Schicht wurde bereits der Einsatz eines Lasers zur gezielten Ausdünnung diskutiert, eine entsprechende Arbeitsprobe befindet sich in Planung.

An einem definierten Malereibereich in der nördlichen Chorapsis erfolgte die exemplarische Restaurierung einer Referenzfläche, welche als Diskussionsgrundlage dienen und das künftige Konservierungsziel für die weiteren Maßnahmen in der gesamten Chorapsis präzisieren soll (Abb. 7). Die entsprechende Fläche mit zwei Figuren ist gut geeignet, da der dort vorhandene unterschiedliche Schädigungsgrad mit optisch unruhigen Zonen für die gesamte Ausmalung sehr repräsentativ ist.

Abb. 11   Kulkwitz, Kirche, Figurenpaar an der nördlichen Apsiskalotte.

Abb. 12   Kulkwitz, Kirche Figur an der südlichen Seite der Apsiskalotte.

Neben den konservierenden Maßnahmen, wie der Mörtel-injektion von Hohlräumen und an Rissen, sowie einer strukturellen Festigung waren die angelegten Retuschen für das Ergebnis einer Präsentation ganz wesentlich. Hier wurde differenziert zwischen Kalkanstrichen im hellen Grundfarbton für größere Fehlstellen, im Lokalton eingetönten Kalklasuren für kleine Putzkittungen und dem Abdecken von weißen Kalk-schleiern und hellen Fehlstellen mit Gouache- und Aquarell-farben. Mit diesen wenigen Schritten konnten unruhige Partien, insbesondere am Hintergrund der Figuren, optisch beruhigt werden. Das Eintönen störender Altergänzungen und der noch nicht freigelegten Malereibereiche im hellen Grundfarbton bildete an der Chorapsis zunächst den Abschluss, sodass die Teilfreilegung präsentiert werden konnte.

Mit den weiteren Maßnahmen und vertiefenden Untersuchungen werden neue Fragestellungen in den Fokus rücken. Insbesondere die maltechnischen, aber auch kunsthistorischen und ikonografischen Aspekte werden noch eine wesentliche Rolle spielen. Der jüngst freigelegte und zukünftige freizulegende Malereibestand bringt hohe konservatorische Anforderungen mit sich, beispielsweise hinsichtlich der Temperierung und der Lichteinwirkung. Regelmäßige Kontrollen sind erforderlich. Auch gestalterische Aspekte müssen diskutiert werden. Hinsichtlich der Frage nach der Erhaltung oder Abnahme der goldbronzierten Sterne der Überfassung des 19. Jahrhunderts besteht noch Abstimmungsbedarf. Mit der endgültigen Ausgestaltung der Apsis wird auch noch zu klären sein, wie das mittelalterliche Bildprogramm parallel zur späteren Quaderung am Apsisbogen präsentiert wird. Die zeitlich und stilistisch unterschiedlichen Ausmalungen innerhalb des Chorraumes überzeugend zu präsentieren, stellt eine besondere Herausforderung dar. Die Gestaltung der Wandzonen unterhalb des Zackenbandfrieses, in welchem größere Verluste mit wenigen verbliebenen Linienresten nicht kompensiert werden können, erfordert ebenfalls einen angemessenen Lösungsansatz.

Diese Ausführungen sind als Vorbericht zu den ersten Sondierungen und Ergebnissen zu verstehen. Die große Bedeutung der Malereien und ihre hohe Qualität rechtfertigen aus Sicht des Restaurators weitere Freilegungen. Mit dem weiteren analytischen Vorgehen scheinen die konservatorischen Probleme beherrschbar zu sein.

Uwe Härtig

Anmerkungen

1 Zuletzt: Hoffmann, Yves: Zum Kirchenbau in Obersachsen bis in die erste Hälfte des 12. Jahrhunderts, in: Der Dom St. Marien zu Wurzen. 900 Jahre Bau- und Kunstgeschichte der Kollegiatstiftskirche St. Marien zu Wurzen (= Arbeitsheft 23 des Landesamtes für Denkmalpflege Sachsen), Halle 2015, S. 47–61, hier S. 53.

2 Winkler, P.: Die Parochie Quesitz, in: Sachsens Kirchen-Galerie, Bd. 6, Abt. 7: Die Inspektionen Borna und Pegau, Dresden 1841, S. 66–67, hier S. 66.

3 Jänsch, Lienhard/ Speer, Christine (Red.): Kulkwitz. Eine Chronik, hg. v. Bürgermeister der Gemeinde Kulkwitz, Markranstädt 1997, S. 4–17.

4 Dem Pfarrer Michael Zemmrich sei hier nicht nur für seine Geduld in den letzten Jahren, sondern vor allem auch für sein kenntnisreiches Engagement gedankt.

5 Digitales historisches Ortsverzeichnis von Sachsen, Institut für sächsische Geschichte und Volkskunde e. V., http://hov.isgv.de/Kulkwitz (14.08. 2016).

6 Jänsch/ Speer (wie Anm. 3), S. 7 f.

7 Bericht von Pfarrer Malß über die Erneuerungsarbeiten von 1921, bei Baumaßnahmen 1971 eingemauert im Kircheninnenraum entdeckt.

8 Schriftverkehr in der Altakte im LfD Sachsen.

9 Magirius, Heinrich: Dorfkirchen in Sachsen, Berlin 1985, S. 15.

10 Hinweis von Dipl.-Min. Matthias Zötzl, Institut für Diagnostik und Konservierung an Denkmalen in Sachsen und Sachsen-Anhalt e. V. Auch Herbert Küas (Anm. 11) sprach bereits von einem Braunkohlenquarzit.

11 Küas, Herbert: Fundamente einer Vorgängerkirche in der Dorfkirche zu Kulkwitz (Landkreis Leipzig), in: Arbeits- und Forschungsberichte zur sächsischen Bodendenkmalpflege 20/ 21, 1976, S. 333–346; Küas, Herbert: Bericht über Untersuchungen an der Kirche zu Kulkwitz, Bezirk Leipzig, anlässlich ihrer Erneuerung, Februar 1971, Masch.-Schr. im LfD Sachsen. Vgl. auch Pasch, Gerhart: Dorfkirche Kulkwitz, in: Archäologie und Architektur. Das frühe Leipzig, hg. v. Wolfgang Hocquél, Beucha 2003, S. 155–159.

12 Küas, 1971 (wie Anm. 11). Küas ging irrtümlich davon aus, dass der Bericht von 1876 stammt und datiert die darin beschriebenen Maßnahmen auch in diese Zeit.

13 Magirius, Heinrich: Dorfkirchen (wie Anm. 9), S. 15; Magirius, Heinrich: Kathedrale, Stiftskirche, Klosterkirche, Burgkapelle, Stadtkirche und Dorfkirche. Zu Typologie und Stil der romanischen Steinkirchen in Obersachsen, in: Frühe Kirchen in Sachsen. Ergebnisse archäologischer und baugeschichtlicher Untersuchungen, Stuttgart 1994, S. 65–91, hier S. 82 (= Veröffentlichungen des Landesamtes für Archäologie mit Landesmuseum für Vorgeschichte, Bd. 23).

14 Hoffmann (wie Anm. 1), S. 60, Endnote 20.

15 Küas 1976 (wie Anm. 11), S. 333–346.

16 Beschreibende Darstellung der älteren Bau- und Kunstdenkmäler des Königreichs Sachsen, 17. Heft: Amtshauptmannschaft Leipzig, bearb. v. Cornelius Gurlitt, Dresden 1894, S. 69–71, hier S. 69.

17 Winkler (wie Anm. 2), S. 67.

18 Beschreibende Darstellung (wie Anm. 16).

19 Thümmel, Rainer: Glocken in Sachsen. Klang zwischen Himmel und Erde, Leipzig 2015, S. 317.

20 Oehme, Fritz: Handbuch über die Orgelwerke in der Kreishauptmannschaft Leipzig 1905, hg. u. ergänzt von Wolfram Hackel, Berlin 1994, S. 311 f.

21 Untersuchung Dachwerk: LfD Sachsen, Hans-Christof Haas, 2008, in den Akten des LfD Sachsen.

22 Vgl. Anm. 7.

23 Ebd.

24 Baurat Tscharmann in einem Schreiben vom 9. August 1921; in den Altakten des LfD Sachsen.

25 Konservierungsarbeiten 2010: Dipl.-Rest. (FH) Birgit Menzl, Leipzig, Dokumentation im LfD Sachsen.

26 Planung und Bauleitung: Dipl.-Ing. (FH) Marc Pothmann, Borsdorf, in Zusammenarbeit mit dem Regionalkirchenamt Leipzig, Dipl.-Ing. Roy Kress. Die Arbeiten wurden gefördert durch Zuwendungen zur Erhaltung und Pflege von Kulturdenkmalen des Freistaates Sachsen.

27 Institut für Diagnostik und Konservierung an Denkmalen in Sachsen und Sachsen-Anhalt e. V., Christoph Franzen/ Johannes Weißpflog, 2008.

28 Planung Instandsetzung Dachtragwerk 2009: Büro Scherf-Bolze-Ludwig, Silbitz.

29 Durchführung der Arbeiten 2010: Dipl.-Rest. (FH) Birgit Menzl, Leipzig. Dokumentation im LfD Sachsen.

30 Abbau und Dokumentation im Jahr 2011: Dipl.-Rest. Oliver Titze, Leipzig. Dokumentation im LfD Sachsen.

31 Bereits 1935 plante man, mit Zustimmung des Landesdenkmalpflegers Walter Bachmann die Kanzel aus dem Altaraufbau wieder zu entfernen: Schriftverkehr in den Altakten des LfD Sachsen.

32 Vgl. Anm. 7.

33 Restauratorische Befunduntersuchungen 2008 bis 2012: Volker Wiesner, Leipzig; anschließende Untersuchungen und Restaurie-

rungsarbeiten: Uwe Härtig, Leipzig. Dokumentation im LfD Sachsen.

34 Laboranalyse Innenputz: Förderverein für Handwerk und Denkmalpflege e. V., Rittergut Trebsen, Bauhütte, Bernd Bubnick.

35 Vgl. den Beitrag von Torsten Nimoth in diesem Heft.

36 Untersuchungen 2008 bis 2012: Volker Wiesner, Leipzig.

37 Ausführung: Bernd Bubnick, geprüfter Meister und Restaurator im Maurerhandwerk, Trebsen.

38 Durch die baubegleitenden Untersuchungen wurde diese Gestaltung sowohl im Chor als auch im Kirchenschiff mehrfach nachgewiesen. Im Schiff sind an einem Fenster der Nordwand zwei übereinander liegende Anstriche mit nahezu identischer Gestaltung erhalten. Die mutmaßliche Datierung dieser Fassung erfolgte nach stratigrafischer Zuordnung und über Analogien. Vgl. dazu Dokumentation des Verfassers von 2013.

39 Ausführung: Jürgen Lenz, Großpösna.

40 Vgl. dazu die Dokumentation des Verfassers von 2014.

41 Auch an der Chorsüdwand sind frühe Malereibefunde vorhanden. Im weiteren Arbeitsverlauf erfolgte allerdings deren Abdeckung. Im Gegensatz dazu wurde ein Malereifragment hinter dem Triumphbogen der Südwand infolge seines stilistischen Bezuges zum Befund der Chornordwand offen gelassen. Vgl. dazu die Dokumentation des Verfassers 2014.

42 Auswertung von zwei Ortsbegehungen mit dem LfD Sachsen (Prof. Dr. Angelica Dülberg, Dr. Thomas Brockow, Torsten Nimoth) und Prof. Roland Möller.

43 Für eine detaillierte kunsthistorische und ikonografische Betrachtung ist noch zu wenig Material freiliegend. Die entsprechenden Artikel sind in Planung und erfolgen an anderer Stelle zu einem späteren Zeitpunkt.

44 Vgl. dazu die Dokumentation des Verfassers 2015.

45 Mit den ersten Maßnahmen erfolgten noch keine Pigmentbestimmungen oder vertiefende Untersuchungen auf Pigmentveränderungen. Bei der schwarzen Rücklage des Zackenbandfrieses könnten Pigmentumwandlungen durchaus eine Rolle spielen. Die entsprechenden Analysen werden im weiteren Bearbeitungsverlauf gezielt weiterverfolgt.

46 Die gesicherten Sterne auf blauem Grund finden sich bislang oberhalb des zentralen Apsisfensters. Ob die Anordnung der Sterne einer gestalterischen Idee folgt oder die Sterne in der gesamten Apsiskalotte willkürlich »gestreut« sind, werden künftige Freilegungen zeigen.

Abbildungsnachweis
1 LfD Sachsen auf der Grundlage einer Zeichnung von Marc Pothmann; 2, 4 LfD Sachsen, Thomas Brockow; 3 LfD Sachsen, Bildarchiv; 5 Roy Kress, Leipzig; 6–12 Uwe Härtig, Leipzig.

Zur Restaurierungsgeschichte romanischer Wandmalereien im heutigen Sachsen

Ein Überblick aus Anlass der Entdeckung einer bedeutenden romanischen Ausmalung in der Kirche zu Kulkwitz (Markranstädt)

Torsten Nimoth

Der mittelalterliche Wandmalereibestand im Freistaat Sachsen umfasst neben dem umfangreichen gotischen Bestand bisher rund 30 nachweisbare romanische Wandmalereien.[1] Dabei variiert der Umfang. Kriterien der Qualität ergeben sich aus dem Erhaltungszustand, dem Freilegungsergebnis, den verwendeten Materialien, der Maltechnologie, den Überfassungen, dem Klima, Kriegsereignissen, der Restaurierungsgeschichte, Bau- und Revonierungsmaßnahmen sowie Pflege und Wartung.[2] Ab 1990 wurden bei Sanierungen weitere sakrale romanische Wandmalereien entdeckt und restauratorisch untersucht.[3]

Zur romanischen Wandmalerei in Sachsen liegen bisher nur wenige ältere Publikationen vor.[4] Informationen u. a. zur Restaurierungsgeschichte der Objekte bieten die sogenannten Altakten[5] des Landesamtes für Denkmalpflege.[6]

Eine Bestandserfassung der mittelalterlichen Wandmalereien in Sachsen erfolgte von den 1980er-Jahren an durch das damalige Institut für Denkmalpflege/ Arbeitsstelle Dresden und nach 1990 durch das Landesamt für Denkmalpflege Sachsen.[7]

Eine Gesamtbetrachtung oder kunsthistorische Würdigung des Bestandes in Sachsen steht bis heute aus.[8] Einzig die Arbeit von Kober gibt einen – heute veralteten – Überblick über den Bestand an gotischer Malerei.[9]

Im Zusammenhang mit alten Handelswegen und Pilgerrouten lässt sich für die mittelalterlichen Kirchen, Kapellen und Burgen in Sachsen eine gewisse Dichte und Kontinuität am Bestand von Wandmalereien feststellen.[10] Künstler und Werkstätten waren auf der Wanderschaft durch Europa. Ideen, Vorbilder bzw. Vorlagen ergaben sich u. a. aus den Muster-, Skizzenbüchern und sonstigen Vorlagenwerken, die weithin Verbreitung fanden.[11]

Einige romanische Ausmalungen wurden in den letzten Jahren neu entdeckt.[12] Erkennbar wird dabei der regional unterschiedliche Gewichtung des im Freistaat vorhandenen Bestandes.[13] Im Osten von Sachsen sind wenige romanische Ausmalungen erhalten. Hier finden sich heute noch vorrangig gotische Wandmalereien (Görlitz, Kamenz, Zittau), die dem böhmischen Einfluss des 14. Jahrhundert zu verdanken sind.[14]

In **Arnsdorf/ Hilbersdorf** steht – als Beispiel aus der Lausitz – eine Basilika, die im Kirchenschiff und Chorraum auf der Nordwand jeweils Fragmente gotischer Wandmalerei besitzt. Dagegen findet sich in der Apsiskalotte eine fragmentarische romanische Ausmalung aus der Mitte 13. Jahrhundert mit einer Majestas-Domini-Darstellung, den Evangelisten und einem Band im Zackenstiel als oberen Abschluss *(Abb. 1)*.[15] Der Putz- und Malereibestand wurde 1945 entdeckt und 2011 restauriert.[16]

In der Region um Dresden befinden sich z. B. in **Wilsdruff** in der **Jakobikirche** romanische Malereien. In der Saalkirche von 1140/ 50 sind im Schiff u. a. romanische Weihekreuze, im Chorraum und im Apsisbereich Reste romanischer und teils gotischer figürlicher Wandmalerei und in der Kalotte ein Pantokrator vorhanden. Die ältesten dieser Malereien sind um 1200 entstanden. Bei den Untersuchungen konnten sechs Raumfassungen festgestellt und dabei zwei romanische Fassungen lokalisiert werden. Dieser Bestand wurde seit 1985 freigelegt, 2006 erneut untersucht, gesichert und 2009 in einer Diplomarbeit behandelt.[17]

Zu einer der frühesten Entdeckungen und Restaurierungen romanischer Wandmalerei im Königreich Sachsen kam es 1867 in der **Nikolaikirche in Meißen**. Diese um 1220 entstandene Ausmalung befindet sich an Nord- und Südwand der Kirche *(Abb. 2)*. Auf diesen Bestand wurde bereits 1871 in einer Publikation eingegangen: »In den letzten Jahrzehnten ist unsere Kunde von den Wandmalereien in den deutschen Kirchen der romanischen Epoche sehr beträchtlich vermehrt worden. Selbst in den kleinsten und unscheinbarsten Kirchen sind solche Wandmalereien gefunden, wenn auch zum Teil sehr hand-

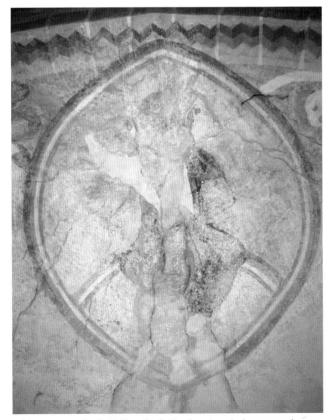

Abb. 1 Arnsdorf, Hilbersdorf, Kirche: Apsiskalotte mit dem gemalten Abschlussband in Form von Zackenband.

Abb. 2   Meißen, Nikolaikirche. Bereits im 19. Jahrhundert wurde der Malereibestand grafisch dargestellt und ermöglicht uns heute einen Überblick zu den Darstellungen.

werksmäßige... Noch gar manches Bild harrt auf die Erlösung aus der barbarischen Tünche.«[18] Auch zur Technik finden sich Hinweise: »Die Technik ist die Technik aller deutschen Wandmalereien aus der romanischen Zeit; die Conturen sind scharf und bestimmt auf nassen Grund gezogen, die Colorierung dagegen ist Temperamalerei auf trockenem Grunde. Und ebenso wie die anderen deutschen Wandmalereien aus der romanische Zeit sind diese Malereien nur einfache colorierte Umrißzeichnungen.«[19] 1996 erfolgte durch die Hochschule für Bildende Künste Dresden unter der Leitung von Prof. Möller und Ass. Rinko Berg eine Bestandserfassung mit Dokumentation und naturwissenschaftliche Analysen. Dabei wurde der Schadensumfang ermittelt und eine Konzeption zur Konservierung und Restaurierung vorbereitet.

In **Meißen** findet sich in der **Zscheilaer Trinitatiskirche** ein weiterer spätromanischer Ausmalungszyklus mit der Darstellung der Majestas Domini im östlichen Gewölbe der Kirche. Auf den dortigen Umfassungswänden wurde ein umfassendes Figurenprogramm dargestellt, das 1933 von W. Rittsche entdeckt und bearbeitet worden war. 1966 und 2010 bis 2012 erfolgten Restaurierungen am Bestand. Die erhaltene Altakte von 1902 bis 1939/40 einschließlich der Fotodokumentation belegt die damalige Vorgehensweise unter der Leitung von Willy Trede.[20]

In der im 13. Jahrhundert entstandenen Dorfkirche **Steinbach** bei Moritzburg, einer schlichten Saalkirche, findet sich neben dem gotischen Malereibestand ein Fragment einer um 1350 datierten, ungewöhnlichen spätromanischen Darstellung der Geburt Christi. Maria wurde hier – einer byzantinischen Tradition folgend – auf einem Bett liegend dargestellt. Der gotische Bestand wird auf 1390 bis 1410 datiert.[21] Der Malereibestand im Chorraum war seit 1935 bekannt. 1947/48 wurden im Chor Emporen entfernt; erst 1996 bis 2005 erfolgte die restauratorische Bearbeitung der Malereien.

Abb. 3   Königstein, Festung: Garnisionskirche mit grafischer Darstellung der Wandmalerei der Ostwand.

Abb. 4   In der nordöstlichen Ecke hat sich eine gemalte Säule erhalten, die symbolisch das Gewölbe trägt (Vgl. Abb. 6).

In der **Garnisonskirche** der **Festung Königstein** findet sich – vorrangig an der Ostwand – eine romanische Ausmalung *(Abb. 3, 4)*.[22] Die Burgkapelle ist als eingeschossiger Saalraum mit eingezogenem Rechteckchor konzipiert. Sie besitzt ein Bandrippengewölbe über Konsolen mit einem ungewöhnlich hochliegendem Ostfenster. Die Entdeckung der Ausmalung erfolgte 1995 im Zusammenhang mit Bauuntersuchungen und Sondierungen,[23] die Freilegung mit anschließenden restauratorischen Maßnahmen ab 1998.[24] Eine endgültige ikonografische Deutung ist bis heute nicht gelungen. Datiert wird die Malerei auf um 1240. Böhmische Einflüsse erklären sich daraus, dass sich die Festung zum Zeitpunkt der Entstehung der Malerei unter der Hoheit des Königs von Böhmen befand.[25] Später wurde die Garnisionkirche mehrfach überformt und durch bauliche Eingriffe verändert.

Im **Erzgebirge** und in **Mittelsachsen** finden sich nur wenige erhaltene romanische Ausmalungen. In der evangelischen **Rochuskirche** in **Schönau** (Wiesenburg) wurde nach 2000 bei Sanierungen die romanische und gotischen Wandmalerei der Saalkirche entdeckt. Trotz des umfangreichen Umbaus von 1885 durch Oskar Mothes und der Restaurierung von 1962 bis 1978 blieb der Malereibestand der Nordwand bis in jüngste Zeit unbekannt.[26] Bei der Freilegung kamen u. a. differenziert zu datierende Ausmalungen mit zwei verschieden angelegten Registerfeldern zum Vorschein. Die heutige Präsentation respektiert den fragmentarischen Zustand.[27]

Im **Vogtland** finden sich wenige romanische Befunde. Hier wurden u. a. in der **Burgkapelle** von **Schloss Voigtsberg (Oelsnitz i. V.)** Fragmente einer Raumgestaltung entdeckt und in **Thossen** in der **St. Martinkirche** 1954 Malereien vom Ende

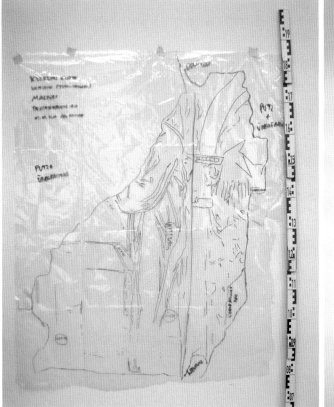 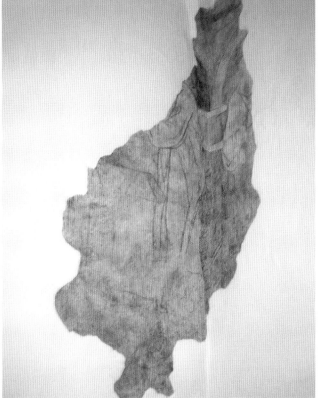

Abb. 5, 6   Kulkwitz, Chor nordwestlicher Bereich mit Resten der romanischen Ausmalung der figürlicher Malerei und Architektur (Vgl. Abb. 4).

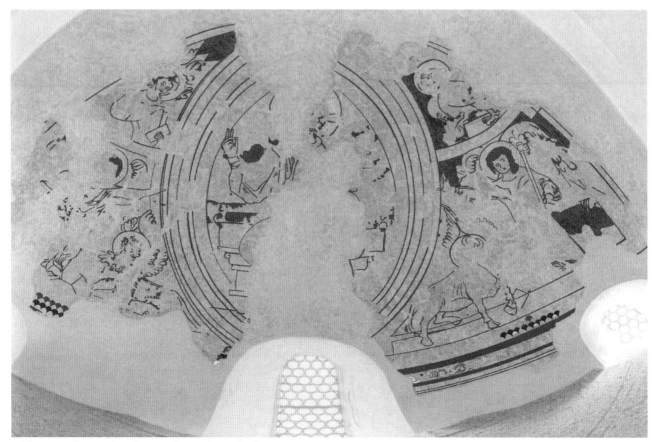

Abb. 7   Bad Lausick, Kilianskirche. In der grafischen Version Darstellung des vorhandenen Bestandes in der Apsis.

des 13. Jahrhunderts freigelegt. In der **Kirche von Thierbach** (OT von Pausa) fanden sich auf der glatt geschlossenen Chorostwand auf verdichteten Putz Fragmente romanischer Malerei mit Ornamenten und Figurengruppen. Diese Kirche wurde 1945 zerstört, doch bereits 1950 wiederaufgebaut. Der Bestand ist erhalten geblieben.[28] Die Malereien waren schon 1934 entdeckt worden. Am 30. April 1934 schrieb der Maler Willy Rittsche: »... an einer Wand kamen Reste alter Malerei zum Vorschein, wie weit sie aber noch vollständig sind wird erst die Freilegung zeigen.«[29] Der Pfarrer A. Rabe teilte am 29. Juni 1934 mit: »Schließlich wurden unter Leitung des Landesamtes f. Denkmalpflege in den letzten Tagen noch im ältesten Teil der Kirche unter der ersten Putzschicht mittelalterliche Fresken aus dem 14. Jh. entdeckt, die es wert sind, erhalten zu bleiben und als Bruchstücke im ältesten Teil der Kirche besonders behandelt werden müssen.«[30]

Im nördlichen Sachsen existiert um **Leipzig** der heute umfangreichste Bestand an romanischer Malerei. So wurde erst jüngst die Ausmalung in der evangelischen Kirche von **Kulkwitz/ Markranstädt** entdeckt. Die dortigen ersten Ergebnisse der restauratorischen Maßnahmen werden in dieser Publikation im Beitrag von Thomas Brockow und Uwe Härtig behandelt.[31] Bisher fanden sich weder Aussagen zur Bedeutung der Kirche und der Ausmalungen noch zur Bau- und Renovierungsgeschichte. Es sind auch keine älteren Aufzeichnungen oder Forschungen bekannt.[32] Bei einem Arbeitstreffen wurden weitere Forschungen angeregt. Der vorhandene prägnante Faltenwurf, der Zackenstil und die gemalte Säule in der nordwestlichen Ecke des Chorraumes

bilden eine gute Grundlage für weitere kunsthistorische Forschungen *(Abb. 5, 6)*.[33]

Mit der **Kilianskirche** in **Bad Lausick**, einer der ältesten Kirchen der Region, ist in der Apsis romanischer Bestand erhalten *(Abb. 7)*.[34] Dessen Entdeckung und Bearbeitung erfolgte 1955 bis 1957 durch Willy Rittsche.[35] Als ungewöhnliche dekorative Gestaltung ist die Putzpunzierung in der Kalotte beachtenswert.[36] Eine erste Arbeitsprobe zur möglichen Präsentation wurde 2004 angelegt. Bei der Untersuchung und Restaurierung von 2011 wurden wichtige technologische und künstlerische Hinweise entdeckt, was eine Neubewertung ermöglichte.[37]

Die **Ev.-luth. Pfarrkirche** in **Battaune** bietet das wichtigste Vergleichsmaterial zur Ausmalung in Kulkwitz.[38] Nicht nur die geografische, sondern auch die malerische Nähe zu Kulkwitz erstaunt *(Abb. 8)*.[39] Die Baugeschichte wurde bereits an anderer Stelle dargestellt und soll hier nicht weiter ausgeführt werden.[40] Durch Gustav Schönermark wusste man seit 1892 von den hier vorhandenen plastischen Stucknimben, damit auch von der mittelalterlichen Ausmalung. Der Bestand wurde 1556, vermutlich in Zuge der Reformation, überfasst (hierzu Inschrift auf der ersten Tünche, südlicher Bereich der Apsis). Die Malerei wurde ab 1997 durch Wilfrid Sitte punktuell freigelegt und bekannt gemacht. Im Zusammenhang mit der durchgeführten und ausgewerteten Bauforschung (LfD Sachsen, Günter Kavacs) wurde diese Ausmalung auf die Zeit um 1200 datiert. Dargestellt wird eine Majestas Domini, begleitet von den vier Evangelistensymbolen und vier Heiligen. Hier wurde ein möglicher Beleg für eine Freskotechnik vermutet.[41] Hinzu

Abb. 8   Battaune, Kirche mit Ausschnitt der dort entdeckten romanischen Ausmalung (Vgl. Abb. 5, 6).

Abb. 9   Schildau, Marienkirche. Durchzeichnung der romanischen figürlichen Malerei, heute verdeckt im Dachraum, im östlichen Teil.

kommt der Nachweis von »Punzierungen« im Putz und in Metallauflagen. Diese fehlen bisher allerdings in Kulkwitz. In der unteren Wandzone sind Propheten oder Apostel mit fragmentierten Spruchbändern (bisher ohne Deutung) zu erkennen; im verlorenen Sockelbereich existierte möglicherweise eine gemalte Draperie. In Battaune und in Kulkwitz ist der sogenannte Zackenstil vorzufinden und für diese Zeit von beispielhafter Bedeutung.[42]

Die **evangelische Pfarrkirche** in **Beucha** ist im Kern eine romanische Saalkirche, die 1500, 1675 und 1789 umgestaltet wurde.[43] Bisher waren im Chorraum keine Malereien bekannt, bei der Renovierung von 1986 bis 1995 wurden Reste von zwei mittelalterlichen Malphasen entdeckt, deren ältere der romanischen Bauphase zugeordnet wird.[44] Im Kreuzgratgewölbe befinden sich gemalte Engel der gotischen Zweitfassung und zwei Architekturgestaltungen. An den Wänden des Chorraumes sind nur noch sehr wenige Hinweise auf die mittelalterliche Ausmalung zu finden.

Die **Kunigundenkirche** in **Borna** ist die älteste Backsteinkirche in Sachsen.[45] Zu der um 1200 gegründeten, Anfang des 13. Jahrhundert gebauten und 1930 wiederhergestellten Basilika ist ein umfangreicher Aktenbestand überliefert.[46] Neben gotischen Malereien im Kirchenschiff findet sich in der Apsiskalotte romanischer Bestand. Bedeutend sind u. a. durch die 1931 als Applikationen rekonstruierten Stucknimben und die übermalte figürliche Malerei. Hier ersetzte der Maler Rittsche die plastischen Gestaltungselemente und damit den originalen Bestand durch Kopien.[47]

In der Apsiskalotte der **evangelischen Laurentius-Kirche** in **Lorenzkirch** bei Riesa wurden bei 1951 durchgeführten Umbaumaßnahmen Reste eines Wandbildes aus dem 13. Jahrhunderts wiederentdeckt.[48] Die Restaurierungsgeschichte wird in der Altakte vom 31. Januar 1906 erkennbar: »Ehe wir in dieser Sache weiter Vorschritte tun, scheint es uns bei dem Umfange, welchen die Wünsche des Kirchenvorstandes von Lorenzkirch in Bezug auf die malerische Ausschmückung des ganzen östlichen Teils der dortigen Kirche angenommen haben, unerlässlich zu sein, uns dessen zu vergewissern, daß diesen Wünschen nicht etwa seiten der Königlichen Kommission zur Erhaltung der Kunstdenkmäler Bedenken entgegenstehen, …«[49] In einem Schreiben von Cornelius Gurlitt vom 3. Februar 1906 sind Hinweise zur geplanten Neugestaltung zu finden. Otto Gussmann, Professor an der Dresdner Kunstakademie, empfahl am 24. Oktober 1906 eine Ausmalung durch den Kunstmaler Peter Schmiegelow aus Zürich unter Verwendung von Vorlagen aus San Francesco in Assisi oder St. Godehard in Hildesheim. Auf den historischen Bestand wie das Weihekreuz an der Südwand wird dabei zumindest hingewiesen. Eine Abschrift im Dokumentationsarchiv des LfD Sachsen vom 31. Oktober 1919 über die »Erneuerung der Kirche und Friedhofsanlagen zu Lorenzkirch« zeigt die damalige Diskussion auf.[50] In der Kirche laufen derzeit restauratorische Untersuchungen und die Erarbeitung einer Konservierungskonzeption.[51]

Die heutige **Stadtkirche St. Marien** in **Schildau**, eine spätromanische Basilika mit Chorquadrat, Apsis, und den erhaltenen Seiten- und Hochschiffwänden, wurde um 1200 erbaut.[52] Das romanische Mittelschiff mit dem ursprünglichen Obergadenfenster ist im Dachraum durch die gotische Einwölbung (um 1430) vermauert erhalten geblieben. Im ehemaligen Bereich des Obergadens wurden großflächige romanische Putze entdeckt, im Chorraum zwölf Figuren mit Nimben vor einer symbolischen Stadt (Jerusalem?), dazu Spruchbänder und Fries zur ursprünglichen romanischen Flachdecke.[53] Es handelt sich möglicherweise um eine Darstellung zum Jüngsten Gericht aus dem ersten Drittel des 13. Jahrhunderts *(Abb. 9)*. Die Malerei zeigt eine freskal eingebundene Vorzeichnung in Rötel mit rötlichen und ockerfarbenen Farbresten. Heute sind in diese Partien durch Farbveränderungen wie Verschwärzungen zu erkennen.

Die **Evangelische Pfarrkirche** in **Weidenhain** (Nordsachsen, Gemeinde Dreiheide) ist eine kleine Pfeilerbasilika mit quadratischen Chor und Apsis, erbaut um 1200.[54] Das Ausmalungsprogramm des 13. Jahrhunderts wurde 1958 bis 1962 freigelegt. Es besteht aus dem Weltenrichter in der Mandorla mit Engeln und Evangelisten, darunter Aposteln und einer Verkündigungsszene im Chor. Am Triumphbogen befindet sich eine Darstellung des hl. Martin und Architekturmalerei.[55]

Im Überblick und Vergleich zu den erhaltenen romanischen Wandmalereien in Sachsen hat der neu entdeckte Bestand in Kulkwitz durch seinen Umfang, seine Geschlossenheit und seine Qualität für die hiesige Kunstlandschaft einen hohen Stellenwert. Diesem Bestand kommt neben dem in Battaune bei der Vermittlung der romanischen Malerei in Mitteldeutschland eine Schlüsselstellung zu. Bei Vergleichen sollten vorrangig erhaltene Apsisgestaltungen und figürlichen Darstellungen der Romanik hinzugezogen werden. Hier sei im weiteren Vergleich auf die bedeutenden romanischen Ausmalungen in Axien,[56] Pretzien[57] und Hysburg[58] bzw. Flemmingen/ Naumburg (alles Sachsen-Anhalt) hingewiesen, die bei weiteren Untersuchungen in Kulkwitz als Vergleichsmaterial unentbehrlich sein werden.

Anmerkungen

1 Allgemein zur Bau- und Kunstgeschichte, dem romanischen Bestand und Restaurierungen: Gurlitt, Cornelius und Steche, Richard: Beschreibende Darstellung der Bau- und Kunstdenkmäler im Königreich Sachsen; Dehio, Georg: Handbuch der deutschen Kunstdenkmäler. Sachsen I (1995) und Sachsen II (1997); Zur mittelalterlichen Wandmalerei u. a. Demus, Otto: Romanische Wandmalerei, München 1992; Bachmann, Fredo: Die romanische Wandmalerei in Obersachsen, Leipzig 1933; Nickel, Heinrich: Mittelalterliche Wandmalerei in der DDR, Leipzig 1979; Kober, Karl Max: Die spätgotische Wandmalerei in Sachsen, Diss. 1968; Nimoth, Torsten: Die sächsische Wandmalerei des Mittelalters. Erfassung der mittelalterlichen Wandmalerei in Sachsen. Vorlesungsreihe I – III, 2013, unveröffentlicht.

2 Bisher liegt zur Restaurierungsgeschichte romanischer Wandmalerei in Sachsen keine Publikation vor. Vgl. Nimoth, Torsten (wie Anm. 1), Vorlesung vom 29.1. 2013, unveröffentlicht.

3 Nach der politischen Wende von 1989 bestand die Gelegenheit, den großen Bestand an z. T. erhaltener mittelalterlicher Substanz in der ehemaligen DDR zu untersuchen, zu erfassen und dabei bedeutende Malereien zu entdecken und freizulegen. Hierzu sind mit dem BMFT-Forschungsprojekt (Förderprojekt des Bundesministers für Forschung und Technologie 1990) bedeutende Malereien in Sachsen-Anhalt oder Niedersachsen untersucht und bearbeitet worden.

4 Hettner, Hermann: Die Wandmalerei in der St. Nikolaikirche zu Meißen. Mitt. d. Königl. Sächs. Altertumsverein 21. Dresden 1871; Bachmann (wie Anm. 1); Altenhoff, Hugo: Mittelalterliche Wandmalerei im Königreich Sachsen, in: Deutsche Bauzeitung, 1879.

5 Der Altbestand an Akten konnte während des Zweiten Weltkrieges durch Auslagerung zum Teil gerettet werden und bildet heute einen wichtigen Bestandteil der Forschung zur Denkmalpflege in Sachsen.

6 Cornelius Gurlitt erforschte den mittelalterlichen Bestand in den Kirchen und dokumentierte dabei wichtige Befunde wie z. B. in Aue, Klösterlein, Putzritzbild und in Meißen/ Nikolai. Die Umsetzung der Restaurierungen erfolgte durch Künstler wie Paul Rößler, Otto Gussmann, Willy Rittsche. Diese bearbeiteten den entdeckten Malereibestand nach damaligen Gesichtspunkten und gingen dabei sehr unterschiedlich vor. Hierzu für die Zeit nach 1945 vgl. Magirius, Heinrich: Geschichte der Denkmalpflege in Sachsen 1945 – 89 (= Arbeitshefte des LfD Sachsen, H. 16), Dresden 2010.

7 Die Liste wurde durch IfD/ Arbeitsstelle Dresden (Lenard Mühlfriedel) erstellt und ab 1992 mit den laufenden Objekten erweitert, aktualisiert, liegt jedoch bisher nicht publiziert vor. Auf der Liste finden sich heute ca. 30 romanische Objekte für Sachsen.

8 Bisher liegen lediglich in Einzelbeiträgen Ergebnisse zu Forschungen an Objekten vor. Vgl. Anm. 1 und 4. Dülberg, Angelica: Zusammenstellung Literatur, in: Jahrbuch des Landesamtes für Denkmalpflege Sachsen 2000, Beucha 2001, S. 60 – 62.

9 Kober (wie Anm. 1).

10 In der Literatur zur Landes- oder Religionsgeschichte werden die Pilgerwege dargestellt. Durch das heutige Sachsen führte u. a. der sog. Jakobsweg von Görlitz bis ins Vogtland. Hier bieten die Kunstwerke und Malereien in den böhmisch beeinflussten Gebieten interessante Vergleiche zu Böhmen oder Schlesien. Die Wanderschaft Künstler/ Werkstätten lässt sich jedoch nur sehr begrenzt direkt nachweisen, da dafür die Quellen fehlen.

11 Demus (wie Anm. 1); In Prag/ Nationalbibliothek oder Dresden/ Kupferstichkabinett befinden sich Skizzen- und Vorlagebücher. Direkte Hinweise auf in den sächsischen Kulturraum gelangte Einflüsse sind jedoch nur sehr begrenzt zu ermitteln.

12 Teilweise liegen zu den hier aufgeführten Objekten Publikationen oder Beschreibungen vor.

13 Die Lausitz, Teile des Vogtlands oder die Sächsische Schweiz mit Pirna waren über lange Zeit böhmisch, was bis heute durch eine spezielle Kultur- und Kunstentwicklung erkennbar ist. Dies kann z. T. am erhaltenen gotischen Bestand (Zittau, Kamenz, Nieder-Seifersdorf) lokalisiert und definiert werden.

14 Böhmische Beispiele wie in Brandy nad Labem (Brandeis), Stara Boleslav (Altbunzlau), Pisek, Trebic (Trebitsch) oder Prag können diese Verbindungen nur punktuell aufzeigen. Masim, Jiří: Romanische Wandmalerei in Böhmen und Mähren, Prag 1954. Für die nordböhmische Wandmalerei: Vseteckova, Zuzanna: Mittelalterliche Wandmalerei in Nordböhmen, Prag 1999; Bachmann, Erich: Romanik in Böhmen, München 1977.

15 Dehio (wie Anm. 1), Bd. I, S. 2 – 3; Kober (wie Anm. 1), S. 108 – 110.

16 Die Restaurierung erfolgte 2011 durch die Arge Garte, Bernd und Pietsch, Wolf-Günther. Vgl. die Dokumentation in LfD Sachsen.

17 Dehio (wie Anm. 1), Bd. I. S. 855; Gurlitt (wie Anm. 1), Bd. 41. Dresden 1923. S. 539 – 553; Donath, Günther: Die St. Jakobikirche in Wilsdruff. Geschichte, Baukonstruktion, Nutzung. Wilsdruff 2007; Porst, Angelika: Abschlussarbeit der Hochschule für Bildende Künste Dresden (HfBK) 1985, unveröffentl.; Porst, Angelika: Arbeitsbericht zu den restauratorischen Untersuchungen. HfBK 1986, unveröffentl.; Vohland, Peter: Untersuchungen 2006; Glaß, Jovanna Diplomarbeit FH Erfurt 2009, unveröffentl.; Schirmer + Ander: Restauratorische Untersuchungen Fassade und Triumphbogen, Dresden 2005, unveröffentl.

18 Hettner, S. 49.

19 Ebenda, S. 53.

20 LfD Sachsen, Aktenarchiv, Altakte Zscheila (1902 – 1939).

21 Zur Baugeschichte vgl. Dehio (wie Anm. 1), Bd. I 1996. S. 811; Gurlitt (wie Anm. 1). H. 37: Amtshauptmannschaft Großenhain, Dresden 1913. S. 388 – 391; Dülberg, Angelica: Zur Ikonografie eines byzantinisch beeinflussten Wandmalereifragmentes in der Dorfkirche von Steinbach bei Moritzburg; Franck, Almuth und Henner: Restaurierungsaufgaben in der Dorfkirche von Steinbach. Ein Bericht zu Aspekten der Arbeiten an der Decke und den Wänden des Chorraumes, in: Ästhetik und Wissenschaft (= Arbeitsheft 8 des Landesamtes für Denkmalpflege Sachsen), Altenburg 2006, S. 107 – 113.

22 Ander, Oliver/ Nimoth, Torsten/ Schirmer, Elke: Romanische Wandmalereien im Chor der ehemaligen Burgkapelle auf dem König-

stein, in: Jahrbuch der Staatlichen Schlösser, Burgen und Gärten Sachsen, Bd. 7, Dresden 2001, S. 101–111.

23 Die Festung entstand um 1200 und gleichzeitig wohl die Kapelle Es handelt sich – neben Malereifragmenten in der Dorfkirche von Struppen – um die einzige in der Sächsischen Schweiz erhaltene romanische Malerei. Die Bauforschung zur Kapelle Königstein erfolgte 1998 gemeinsam durch LfD Sachsen (Kavacs) und Olbrich, Hartmuth.

24 Die ersten Freilegungen erfolgten durch Birgit Kühn/ Kolodzej, die Konservierung und Restaurierung durch die Arge Schirmer + Ander unter fachlicher Betreuung durch das LfD Sachsen.

25 Ander/ Nimoth/ Schirmer (wie Anm. 20).

26 Dehio (wie Anm. 1), Bd. II S. 1034; Bisher liegen zur Baugeschichte keine Forschungen vor.

27 Die restauratorische Bearbeitung erfolgte durch Holger Blauhut. Zum Bestand wurden Durchzeichnungen der Malerei und der Inschriften auf Folie angefertigt. Mit der Renovierung von 2012 wurden an der Nordwand bedeutende Malereireste eines Zyklus entdeckt, in dessen westlichem Teil die Erschaffung der Welt dargestellt wurde. Dieser wurde vermutlich später aufgegeben bzw. überarbeitet und nach Osten durch die Darstellung der Passion Christi erweitert.

28 Dehio (wie Anm. 1), Bd. II, S. 787 f. Bei restauratorischen Untersuchungen im Jahre 2011 wurde der Bestand dokumentiert.

29 LfD Sachsen, Aktenarchiv, Altakte Thierbach (1896–1952), Bl. 46; Als Vergleich findet sich eine bedeutende romanische Malerei in Thüringen mit der Darstellung einer thronenden Maria von 1220–1230 in Weida.

30 Ebenda, S. 49.

31 Zu Kulkwitz vgl. den Beitrag von Brockow/ Härtig in dieser Publikation.

32 Die Bauforschung erfolgt z. Z. durch das LfD Sachsen. Eine dendrochronologische Probe zum romanischen Brett (Türsturz) am Nordportal fehlt bisher und könnte eine zeitliche Eingrenzung ermöglichen. Jedoch fehlen hier für die Auswertung die Jahresringe.

33 Forschungen hierzu durch Dülberg, Angelica: Romanische Wandmalerei in der Dorfkirche von Axien, Landkr. Jessen, in: Niedersächsische Denkmalpflege, Bd. 14. Roland Möller bezeichnet diese als Secco Malerei; er schließt für unsere Region ein Fresko aus.

34 Steche/ Gurlitt (wie Anm. 1), H. 15: Borna, Dresden 1891, S. 72–74; Dehio (wie Anm. 1), Bd. II, S. 54–56; Nimoth, Torsten/ Schmidt, Thomas/ Schmidt-Berger, Diana: Das mittelalterliche Wandmalereifragment in der Apsiskalotte der St. Kilianskirche zu Bad Lausick, in: Jahrbuch des Landesamtes für Denkmalpflege Sachsen 2013, Dresden 2014, S. 6–16.

35 Im Schreiben von Hans Nadler vom 10.12.1955 findet sich der erste konkrete Hinweis zum Nachweis der romanischen Putze und Malerei. Willy Rittsche arbeitete für das IfD Dresden über mehrere Jahrzehnte und hinterließ so an vielen Objekten seine Spuren. Hierzu Magirius, Heinrich: Geschichte der Denkmalpflege 1945–89, Dresden 2010.

36 In den frischen Putz wurden Model zur Prägung von Ornamenten eingedrückt. Vergleichsbeispiel für Punzierungen in Gurk (Österreich), Dom, Westempore; Demus (wie Anm. 1), S. 102 f., 212 ff.

37 Die ersten Arbeitsprobe erfolgte durch Wiesner, Volker die Bestandserfassung und die konservatorisch-restauratorischen Maßnahmen durch Schmidt, Thomas/ Berger-Schmidt, Diana, vgl. Dokumentation im LfD Sachsen; Begleitung der Untersuchungen 2010 durch das Institut für Diagnostik und Konservierung (IDK), Dresden. Die Analysen zur Maltechnik erbrachte das Labor der HfBK Dresden, Hoblyn, Sylvia: Bericht.

38 Zur Bau- und Kunstgeschichte sowie Restaurierung: Dülberg, Angelica (und Sitte, Wilfried): Entdeckung außergewöhnlicher qualitätvoller Wandmalereien des Zackenstils in der Dorfkirche von Battaune, in: Jahrbuch des Landesamtes für Denkmalpflege Sachsen 1997, Halle 1998, S. 30–34; Dülberg, Angelica: Verborgene und wenig bekannte Schätze der sächsischen Kunst. Wandmalerei des 13. und 16. Jahrhunderts in Battaune und Görlitz, in: Jahrbuch des Landesamtes für Denkmalpflege Sachsen 2000, Beucha 2001, S. 51–53.

39 Zur Maltechnik vgl. Beitrag Sitte (wie Anm. 35), S. 34; Knoepfli, Albert/ Emmenegger, Oskar: Wandmalerei bis zum Ende des Mittelalters, in: Reclams Handbuch der künstlerischen Techniken, Bd. 2, Stuttgart 1990.

40 Schönermark, Gustav. Beschreibende Darstellung der älteren Bau- und Kunstdenkmäler des Kreises Delitzsch. Halle/ Saale 1892, S. 3; Zur Bauforschung vgl. Kavacs, Günter/ Oelsner, Norbert, zur kunsthistorischen Betrachtung Dülberg, Angelica.

41 Dies wird u. a. durch Roland Möller/ Dresden in Frage gestellt. Möglicherweise handelt es sich um eine Kalkmalerei, wobei in der Grundanlage die Malerei freskal eingebunden wird. Exner, Matthias (Hg.): Wandmalerei des frühen Mittelalters. Bestand, Maltechnik, Konservierung. Icomos. München 1998; Philippo, Paul: Die Wandmalerei. Entwicklung, Technik, Eigenart, München 1972. Zur Putztechnologie vgl. Anm. 36.

42 In Battaune wurde der Bestand aus konservatorischen Gründen dokumentiert und wieder abgedeckt. In Kulkwitz soll der Bestand weiterhin offen präsentiert und durch Klimamessungen und naturwissenschaftliche Begleitung beobachtet werden. Zum Zackenstil vgl. Demus (wie Anm. 1), Dülberg (wie Anm. 35).

43 Zur Baugeschichte Dehio (wie Anm. 1), Bd. II, S. 75.

44 Die restauratorischen Maßnahmen führte Volker Wiesner aus Holzhausen aus, vgl. die Dokumentation im LfD Sachsen.

45 Zur Baugeschichte vgl. Dehio (wie Anm. 1), Bd. II, S. 84 f.

46 LfD Sachsen, Altakte vom 12.1. 1933–5.8. 1943; Kätzel, Tina: Die Kunigundenkirche zu Borna. Erstellung eines konservatorischen und restauratorischen Maßnahmekonzeptes als Grundlage einer denkmalpflegerischen Zielstellung im Umgang mit der Architekturfarbigkeit und der Wandmalerei in den Obergaden Süd, Diplomarbeit an der HfBK Dresden, 2009 unveröffentl.

47 Zum Verbleib der abgenommenen originalen plastischen Stucknimben blieben bisher die Forschungen ergebnisoffen.

48 Dehio (wie Anm. 1), Bd. I, S. 546–547; LfD Altakte vom 3.2. 1906–27.10. 1917.

49 LfD Sachsen, Aktenarchiv, Altakte Lorenzkirch 1906–1917, S. 1.

50 Ebd.

51 Dipl.-Rest. Michael Gruner führte die Untersuchungen, Bestandserfassung und Dokumentation durch. Gemeinsam mit dem LfD Sachsen erfolgten im März 2016 die Untersuchungen im ultravioletten Wellenbereich (UV), diese ergaben keine neuen Erkenntnisse.

52 Dehio (wie Anm. 1), Bd. II, S. 33 f.; Nimoth, Torsten: Untersuchungsbericht zu den spätromanischen Wandmalereien in der Marienkirche in Schildau, Dresden 2011, LfD Sachsen, Dokumentationsarchiv, unveröfftentlicht; Dehio (wie Anm. 1). Bd. II, S. 333–336; Härtrich, Diana/ Schwarz, Alberto: Die Schildauer Stadtkirche St. Marien, in: Jahrbuch des Landesamtes für Denkmalpflege Sachsen 2012, S. 6–21.

53 Die Bauforschung und die Untersuchungen erfolgten durch das LfD Sachsen, die Untersuchungen, die Erfassung, die Durchzeichnungen zum Malereibestand 2012 durch das Ref. Restaurierung. Bei der symbolischen Stadtdarstellung handelt es sich vermutlich um Jerusalem.

54 Dehio (wie Anm. 1), Bd. II, S. 1015.

55 Die restauratorischen Maßnahmen erfolgten durch Joachim Kober.

56 Nickel, Heinrich, Leipzig 1979, S. 40–51; Dülberg, Angelica: Romanische Wandmalerei in der Dorfkirche von Axien, in: Niedersächsische Denkmalpflege 14, 1992, S. 9–36.

57 Nickel, Heinrich: Pretzien. Die Dorfkirche St. Thomas und ihre Wandmalereien, Berlin 1993.

58 Mueller von der Haegen, Anne: Das Benedektiner-Kloster Hysburg, Berlin/ München 1993; Rüber-Schütte, Elisabeth (Hg.): Romanik im Kloster Hysburg. Aspekte zur Bau- und Ausstattungsgeschichte. Kleine Hefte zur Denkmalpflege, H. 7, Halle 2015 bzw. Rüber-Schütte, Elisabeth (Hrsg.): Die Dorfkirche in Flemmingen und ihre romanischen Wandmalereien. Kleine Hefte zur Denkmalpflege, H. 8, Halle 2015, S. 69–94.

Abbildungsnachweis

1, 4, 5, 6, 9 Torsten Nimoth; **2** Historische Darstellung aus Hettner (wie Anm. 4); **3** Durchzeichnung: Elke Schirmer + Oliver Ander, Dresden; **7** Durchzeichnung Daniela Schmidt-Berger, Thomas Schmidt, Minkwitz; **8** Wolfgang Junius, LfD Sachsen.

Mittelalterliche Beschläge an Türen nordwestsächsischer Dorfkirchen

Ein Beitrag zur Bedeutungsforschung

Gerhard Graf

Vorbemerkung

Gemessen an anderen Arbeitsgebieten der Mittelalterforschung findet die vorliegend angesprochene Thematik eher wenig Aufmerksamkeit. Diese Beobachtung trifft speziell auch für den mitteldeutschen Raum zu. Abgesehen von kleineren Beiträgen,[1] ist es bisher nicht zu detaillierten Übersichten gekommen. Lediglich Ansätze wurden geleistet. So lenkte 1963 Dietrich Wohlfahrt bei seiner Zusammenstellung Thüringer Dorfkirchenportale den Blick auf diese Thematik.[2] Ihm folgte Stephanie Eißing, die 2002 nach der Erarbeitung des Dehio-Handbuches[3] in einer gesonderten Veröffentlichung nochmals ergänzend auf mittelalterliche Türbeschläge in Mittel- und Südostthüringen hinwies.[4] Ungefähr zur selben Zeit fanden auch in Leipzig am Institut für Kirchengeschichte der Theologischen Fakultät mehrfach Exkursionen sowie zwei Blockseminare statt, die sich gleichfalls mit mittelalterlichem Schmiedewerk aus Nordwestsachsen befassten. Ergebnisse dazu wurden 2002 und 2004 publiziert.[5] Leitend war hier neben einer Erörterung zur Funktion auch die Bedeutungsforschung, das heißt inwieweit das Schmiedewerk ikonografisch Aufschlüsse zum Denkhorizont des mittelalterlichen Menschen gibt. Zuletzt äußerte sich in diesem Zusammenhang ausführlicher Nikola Schmutzler, die 2008 mittelalterliche Türbeschläge im Vogtland behandelte.[6]

Während man um 1900 der Schmiedekunst des Mittelalters noch gezielt Aufmerksamkeit schenkte,[7] und die folgende Generation eine Verknüpfung mit dem ideologischen Weltbild des Dritten Reiches vornahm,[8] zeigen die neu erschienenen Dehio-Handbücher für den mitteldeutschen Raum ein nachlassendes Interesse, wie die darin teilweise ungleiche Beachtung des eigentlich vorhandenen Befundes erkennen lässt.[9] Eine Erklärung dafür ist möglicherweise auf eine zunehmende Fremdheit gegenüber dem ganzen Sachgebiet zurückzuführen. Nachfolgend soll daher ein Versuch gemacht werden, der vor allem an vier anschaulichen Beispielen und eingeordnet in den Befund aus hauptsächlich Nordwestsachsen den Aussagewert dieser Türblätter bei künftiger Arbeit verdeutlicht. Es handelt sich dabei um einen Zwischenbericht.

Zum Befund

In Nordwestsachsen haben sich verhältnismäßig oft Zeugnisse mittelalterlichen Schmiedewerks erhalten. Eine systematische Bestandsaufnahme – die auch vorliegend nicht zu leisten ist – fehlt bislang.[10] Zumeist handelt es sich dabei um schmückende Türbeschläge. Aufgrund ihrer Häufigkeit lässt sich die Frage stellen, ob eine derartige Ausstattung der Kirchentür damals nicht an sich das Übliche gewesen ist. Einzu-

beziehen sind aber ebenso auch Kirchenmöbel wie Truhen und Schränke,[11] Opferstöcke sowie Gitter für die Sakramentsnischen und -häuser.[12] Gelegentlich scheint zur Zeitstellung dieses vielfältigen Befundes, abgesehen von der stilistischen Bestimmung, eine dendrochronologische Klärung möglich.[13] Außerdem ergibt sich des Öfteren ein Datierungsanhalt aus den baulichen Veränderungen, die etwa 1450 – und somit noch vor dem zweiten sächsischen Silbersegen – einsetzten und sich bis heute an sehr vielen nordwestsächsischen Dorfkirchen wahrnehmen lassen.

Damals erhielten im Zusammenhang einer sich neu herausbildenden Frömmigkeit des Schauens die meisten der Kirchen den uns bekannten erweiterten spätgotischen Altarraum, in dem der Flügelaltar und die in der Sakramentsnische sichtbare Monstranz mit der geweihten Hostie die Höhepunkte einer persönlicher Verehrung bildeten.[14] Gleichfalls üblich wurden jetzt die gewöhnlich an der Nordseite des Presbyteriums (so für »Chor«) angebauten Sakristeien mit eigenem Altar (Sietzsch, Wiedemar-Kölsa, Glesien). Praktisch übernahmen sie infolge der Vermehrung von Kult- und Wertgegenständen die Funktion der Einbaumtruhen oder Schränke, deren Platz bisher das Presbyterium gewesen war.[15] Hinzu trat als weitere Maßnahme häufig die Veränderung des Eingangsportals. Sein neuer Ort konnte die Westseite mit einer zweiflügeligen Tür sein (Grimma-Höfgen, Leipzig-Seehausen, Jesewitz-Liemehna), oder das Portal wurde nunmehr mit einer Vorhalle (regional: »Leichenhalle«) versehen (Krostitz-Hohenleina, Podelwitz nördlich von Leipzig, Radefeld-Freiroda, Leipzig-Wahren bis 1844, Leipzig-Wiederitzsch bis 1877). Dabei aktualisierte man wie beim Beispiel Radefeld-Freiroda *(Abb. 3)* den Beschlag des Türblatts, oder dieses konnte verkleinert künftig als Sakristeitür dienen (Radefeld, Taucha-Sehlis?). Nicht selten zeigten die Türen der angefügten Sakristeien jedoch auch einen eigens und aufwändig gearbeiteten Beschlag (Lissa, Leipzig-Wiederitzsch [?],[16] Krostitz-Hohenleina, Zschortau, Glesien). Wenigstens am Rande ist hier auch nochmals an die Gittertüren für die Sakramentsnischen zu erinnern. Bis heute in großer Variabilität anzutreffen, liegt in einem Fall eine Holztür mit Beschlag als Verschluss vor (Zwochau-Grebehna).[17] Mit Beschlag des 15. Jahrhunderts ist schließlich ebenfalls ein Opferstock zu verzeichnen (Leipzig-Großzschocher).

Insgesamt ist der Erhaltungszustand des mittelalterlichen Befundes heute sehr verschieden. Am vollständigsten präsentiert sich neben dem Leipzig-Wahrener Türblatt (128 × 212 cm; *Abb. 1)*[18] das ebenfalls romanische von Radefeld-Wolteritz (126 × 218 cm; südlich von Delitzsch; *Abb. 2)*, das – 2015 schonend restauriert[19] – in seiner Vielfalt und Dichte des Be-

Abb. 1   Leipzig-Wahren.

Abb. 2   Radefeld-Wolteritz.

schlags etwa dem von Waldkirchen (149 × 215 cm) und Hirsch-feld,[20] beide Kreis Reichenbach/ Vogtland, oder auch dem von Kulm bei Saalburg[21] und Jena-Zwätzen[22] entspricht. Jeweils wichtig war für den Erhalt der Schutz durch eine Vorhalle, und zumindest den Verfall hemmend wirkte sich die Nordlage aus, die in Obschütz (123 × 215 cm; nordwestlich von Weißenfels)[23] sogar den vollständigen Beschlag und in Thallwitz-Wasewitz an der Mulde immerhin einen Teilabdruck bewahrte. Wesentlich stärker verlief der Abwitterungsprozess dagegen auf der Süd-seite, wie das sich heute nur noch schemenhaft als Holzkontur abzeichnende Programm in Großgöhren (nordöstlich von Weißenfels)[24] veranschaulicht.

Großen Einfluss auf den Erhaltungszustand besaßen zudem Gewalt, Verschleiß des Materials sowie der Zeitgeschmack, alles Erscheinungen, die im Lauf der Jahrhunderte immer er-neut Änderungen bzw. stabilisierenden Maßnahmen veranlass-ten. So tauschte man in Radefeld-Freiroda (124 × 212 [243] cm; *Abb. 3),* wie erwähnt, nach 1450 den Beschlag aus, bei der Tür aus Grimma-Beiersdorf (130 × 222 cm; *Abb. 4)*[25] wurde zu unbekannter Zeit das ursprüngliche Konzept zerstört und die alte Tür in Leipzig-Thekla (130 × 220 cm) nennt zwar die Jahreszahl 1660, doch finden sich auf ihr auch spätromanische Eisenteile. Dasselbe trifft zu für die Tür in Bad Lausick-Buch-heim *(Abb. 5)* mit der irreführenden Zahl 1680. Bei wieder anderen Beispielen sind nur noch spärliche Hinweise anzutref-

fen, so wenn sich außer der typischen Bohlendicke von ca. fünf Zentimeter lediglich spätgotische Reste wie etwa eine Rosette mit Zugring, ein Schlüsselfang oder ein Schlossblech erhalten haben (Zaasch, Radefeld, Leipzig-Lützschena und OT Häni-chen, Wiedemar-Kölsa). Kaum noch zu erkennen ist der inter-essante Beschlag in Grethen,[26] der wahrscheinlich 1902 unter Verzicht des alten Programms wenig glücklich auf einer anderen Außentür untergebracht und später noch ein weiteres Mal verfremdet wurde.

In diesem Fall offenbart sich zugleich das ambivalente Verständnis, das während des ganzen 19. Jahrhunderts bezeich-nend war: So wurde beispielsweise 1844 die Leipzig-Wahrener Tür *(Abb. 1)* zu musealer Nutzung verkauft,[27] aber das Türblatt in Leipzig-Seehausen-Hohenheida mit vermutlich sehr reichem Beschlag ging – 1864? – spurlos verloren, und seine Existenz ist inzwischen nur noch durch eine zufällige Notiz zu fassen.[28] Ähnlich verhielt es sich mit der Zweiflügeltür in Leipzig-See-hausen, die anscheinend 1877 ausgehend, 1894 noch auf dem Kirchenboden aufbewahrt wurde und von der dank einer Skizze immerhin der Beschlag des linken Flügels bekannt ge-blieben ist.[29] Nicht zuletzt gegen solche Maßnahmen richteten sich die Bestrebungen des Historismus, der nicht nur die Schmie-dekunst in ihrer Geschichte dokumentierte, sondern damit auch Anregungen zur Wertschätzung und Nachahmung wei-tergeben wollte.[30]

Abb. 3   Radefeld-Freiroda.   *Abb. 4   Grimma-Beiersdorf.*

Die Mehrfachfunktion

In der bemerkenswerten Vielgestaltigkeit der Beschläge, die bis hin zur anschaulich erzählenden Bildgeschichte von Leipzig-Wahren *(Abb. 1)* reicht, vereinen sich verschiedene Anliegen.

Zur Erklärung einsetzen sollte man mit dem handwerklichen Gesichtspunkt, der auf möglichste Stabilität und damit Sicherheit zielte. Wenigstens zwei Bohlen (ca. 5 cm stark), nicht immer aus Eiche,[31] zumeist durch Nut und Feder verbunden,[32] wurden zu einem Türblatt mittels quer angeschlagener Eisenschienen zusammengefügt. Am Ende zur Hülse geschmiedet, ermöglichten diese die Drehbewegung des Flügels auf den Angeln, der innen außerdem mit zwei quer angebrachten Hölzern – zum Teil durch Schwalbenschwanzfalz eingelassen und mit Holzdübeln befestigt – stabilisiert sein konnte. Eine außen vorgelegte Steinschwelle[33] und innen oben der Anschlag oder ein Falz verhinderten die Aushebelung. Gewaltsame Öffnung unterband zudem das Vorlegen des Schiebebalkens innen. Die Bedienung der Tür erfolgte durch Schloss[34] und Türzieher.[35] Auffallend sind die oft fast identischen Maße von Türblättern.[36]

Um Stabilität und Sicherheit zu erhöhen, versah man die Türblätter mit zusätzlichem Beschlag. Als vermutlich älteste Form und seit Mitte des 12. Jahrhunderts nachzuweisen ist die dem lateinischen Buchstaben C ähnelnde Ausbildung,[37] die teilweise doppelseitig sowie gestreckt ebenfalls seit der Romanik Anwendung findet.[38] Hinzu kommen andere variierende Be-

schläge, darunter drei- und vierseitige oder an Palmetten erinnernde.[39] Technisch ist ihnen allen gemeinsam, dass sie möglichst eine nochmalige Verbindung der Bohlen herstellen sollen und außerdem zumeist quer zur Holzfaser aufgenagelt sind. Dadurch war eine mutwillige Zerstörung des Türblatts, etwa von außen durch eine Axt, erheblich erschwert.[40]

Daneben fallen an den Beschlägen nicht selten Beziehungen zu christlicher Symbolik auf, die man freilich öfters erst bei zweitem Hinsehen wahrnimmt. So enden in Nordwestsachsen die C-Formen gewöhnlich in Drachenköpfen und können damit verhüllt auf den Teufel verweisen.[41] Des Weiteren entdeckt man erstaunlich zahlreich Hufeisen an Türen derjenigen Kirchen, die einem »Pferdeheiligen« geweiht sind, so dem Bischof Nikolaus von Myra/Bari in Zschortau (südlich von Delitzsch; 125 × 226 cm, *Abb. 8*).[42] Ebenso werden Tiere gezeigt, so etwa der Hirsch (Kitzen-Eisdorf, *Abb. 6*),[43] und zwar vermutlich im Rückgriff auf den »Physiologus«, jene aus der Spätantike stammende und während das ganzen Mittelalters viel rezipierte und reflektierte Schrift.[44] Auf sie geht möglicherweise auch die Darstellung von verschiedenen Vögeln zurück (Kitzen-Eisdorf, *Abb. 6*; Grimma-Beiersdorf, *Abb. 4*).[45] Auch ein schwer zu deutender Fisch findet sich (Bad Lausick-Buchheim, *Abb. 5*). Gehäuft begegnet eine stilisierte Lilie, als Symbol schon erwähnt im Baubericht vom Jerusalemer Tempel[46] und in späteren Zeiten ein Zeichen, das auf die Herrschaft Gottes, seinen Frieden, aber auch auf das Weltgericht Christi verweist.[47]

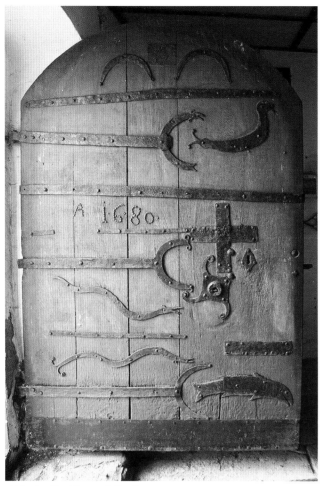

Abb. 5   Bad Lausick-Bucheim.

Abb. 6   Kitzen-Eisdorf.

Und öfters macht das gesamte Türblatt den Eindruck eines vegetabilen Ornaments (Obergreißlau, 114 × 215 cm, *Abb. 9*; Zwochau-Grebehna, 97 × 200 cm, *Abb. 10*; Radefeld-Freiroda, 124 × 212 cm, *Abb. 3*; Leipzig-Seehausen), auf diese Weise erinnernd an das Paradies und an den Lebensbaum im Himmlischen Jerusalem, wie von ihm in Kapitel 22 der Offenbarung des Johannes berichtet wird.

Die theologische Orientierung, die damit sichtbar ist, hatte für das damalige Denken eine unmittelbare Begründung im Johannesevangelium Kapitel 10. Dort sagt Jesus: »Ich bin die Tür … wer durch mich eingeht, der wird gerettet werden.« Dieses Wort aus dem Gleichnis vom Guten Hirten wurde nicht einfach als werbendes Bild Jesu verstanden, sondern real mit der Funktion der Kirchentür in Verbindung gebracht. Denn wer durch diese Tür schritt, wechselte aus der weltlichen Ordnung in die göttliche und durfte sich Hoffnung auf die rettende Liebe Gottes machen. Vor allem an Kathedralen und großen Stadtkirchen ließ diese Heilsbotschaft eindrucksvolle Portalprogramme entstehen. Doch wenigstens in der Dringlichkeit der Aussage standen ihnen gegenüber die Portale an den dörflichen Kirchen nicht zurück. Sie präsentierten sich, üblicherweise ortseitig angelegt und farbig gefasst,[48] gleichfalls bewusst als Blickfang. Besonders wenn bei ihrer Ausstattung ein Tympanon fehlte, war es hier anscheinend die Aufgabe des Türbeschlags, vornehmlich durch die Sprache von Symbolen die Botschaft von der Rettung anzuzeigen.

Allerdings lassen sich im Rückblick nicht alle benutzten Symbole klar bestimmen. Auf der Radefeld-Wolteritzer Tür trifft man im Unterteil des Feldes links und rechts über dem Kreuz auf zwei Gebilde *(Abb. 14)*, die mehr als ein Ornament darstellen, doch ihre Aussage vermittelt sich nicht eindeutig.[49] Ähnlich verhält es sich mit der Schlange oder Wellenlinie, die wiederholt auf den Türblättern erscheint (Radefeld-Wolteritz, *Abb. 2*; Grimma-Beiersdorf, *Abb. 4*; Bad Lausick-Buchheim, *Abb. 5*; Kitzen-Eisdorf, *Abb. 6*; Waldkirchen; Kirchfährendorf [?] südlich von Merseburg; Rogslösa/ Schweden, *Abb. 12*). Handelt es sich um das fixierte Böse oder ist es ein Hinweis der geschenkten Wiedergeburt in der Taufe? Oder um beides?

Nicht auszuschließen ist, dass eine vergleichende Bedeutungsforschung zu diesen Fragen noch mehr Erklärungen erbringen wird. Sie hat freilich auch das Problem, dass sie bereits bei den zeitgenössischen Betrachtern mit wechselnden Interpretationen rechnen muss: Schon der ausführende Schmied verstand vielleicht nicht mehr das ihm vorgegebene Konzept aus dem »Physiologus«, und wiederum anders mag es dann der Betrachter vor Ort aufgenommen haben. Dieser Sachverhalt ist wenig anders auch bei dem vermutlichen Einsatz von symbolischen Zahlenwerten zu überlegen.[50]

Vorsicht ist bei apotropäischen Zuweisungen im Bereich des Kirchenportals geboten. Der Grundgedanke ist hier, wie zu sehen war, Gottes Einladung und nicht die Abschreckung des Teufels. Er wird als Gegenspieler Gottes – übrigens auch inner-

Abb. 7   Grimma-Höfgen.   *Abb. 8   Zschortau.*

halb des Kirchengebäudes[51] – bedrohlich ernst genommen, doch er wird dabei zugleich in der ihm von Gott begrenzt zugestandenen Macht gezeigt, wie beispielhaft die Drachenköpfe als das fixierte Böse belegen. Bezweckt ist der Hinweis: Des Teufels Versuchungen sind immer und überall vorhanden, doch an der Seite Gottes kann der Mensch ihnen widerstehen. Auf den Teufel bezogene Zeichen dienen daher, zumindest im Portalbereich, nicht als Schutz gegen die von ihm ausgehende Bedrohung, sondern signalisieren – auch dem Teufel selbst – eigentlich seine Besiegbarkeit.[52]

Abschließend soll hier eine noch vage Beobachtung zur Mehrfachfunktion der Türbeschläge angefügt werden. Anscheinend erfolgte, besonders in der romanischen Zeit, die Ausstattung der Dorfkirchenportale nicht nur unterschiedlich reich, sondern sofern es die äußeren Voraussetzungen zuließen, wurden zwei deutlich voneinander abweichende Verfahrensweisen benutzt. Danach begegnen uns vorwiegend ornamental gestaltete Türblätter offenbar dort, wo ein zusätzliches Tympanon am Portal die bildliche Unterweisung übernimmt (Obergreißlau, *Abb. 9*; Zwochau-Grebehna, *Abb. 10*; Jahnshain südwestlich von Rochlitz, *Abb. 13*).[53] Bei Portalen mit einer nur schlichten Rahmung herrscht dagegen ein Interesse an erzählenden Beschlägen auf dem Türblatt vor, indem entweder verstärkt Symbole (Radefeld-Wolteritz, *Abb. 2*; Grethen; Waldkirchen[54]; Jena-Zwätzen), mehrfach Bilder (Bad Lausick-Buchheim, *Abb. 5)* oder eindeutig Bildprogramme Verwendung finden

(Leipzig-Wahren, *Abb. 1*; Grimma-Beiersdorf, *Abb. 4*; Kitzen-Eisdorf, *Abb. 6).* Vor allem bei den drei letztgenannten Beispielen ist nicht auszuschließen, dass die auffällig gestaltete Tür dann auch die Funktion eines Statussymbols besaß.[55]

Vier ikonografische Programme
Die ältesten Beispiele dafür, dass man die Türflügel von Kirchen mit Bildgeschichten versah, haben sich jeweils holzgeschnitzt an den Portalen von San Ambrogio in Mailand (Ende 4. Jahrhundert) und Santa Sabina in Rom (um 432) erhalten. Damit übernahm man einerseits den Brauch der Umwelt, die ihre öffentlichen oder religiös genutzten Gebäude auf diese Weise besonders auszeichnete. Andererseits ist jedoch auch an eine Legitimation zu denken, die sich aus dem Baubericht des Jerusalemer Tempels unter König Salomo herleitete.[56] Nördlich der Alpen erinnert an die Fortsetzung der Bildpraxis u. a. die noch frühmittelalterliche Bronzetür von St. Michael in Hildesheim (1015). Später im Hochmittelalter verlagerten sich die Portalbildprogramme bei Kathedralen und Großkirchen zumeist in die Tympana und Gewände, während bei den damals in großer Zahl erbauten ländlichen Pfarrkirchen, zumal wenn das Tympanon wegfiel, sich die Möglichkeiten in der Hauptsache auf das Türblatt bezogen. Für seine Gestaltung hatte man als Material ein unterdessen technisch geeignetes Eisen zur Verfügung, das infolge verbesserter Produktionsverfahren und verglichen mit anderen Werkstoffen den geringsten Aufwand verlangte.

Abb. 9   Obergreißlau.   *Abb. 10   Zwochau-Grebahna.*

Einen Höhepunkt dieser Entwicklung scheinen die kunstvoll gestalteten Türfelder in Schweden dargestellt zu haben.[57]

Wie anderswo können dabei auch in Nordwestsachsen figürlich erzählende Bildgeschichten wohl mehr als Ausnahmen gelten. Bewahrt haben sich neben Bad Lausick-Buchheim *(Abb. 5)* als inhaltlich aussagekräftigste Beispiele – vorliegend geordnet nach ihrem Erhaltungszustand – die Beschläge von Kitzen-Eisdorf *(Abb. 6)*, Grimma-Beiersdorf *(Abb. 4)* und vor allem Leipzig-Wahren *(Abb. 1)*, die alle in die Zeit um 1200 fallen. Dies kommentierend sollte man vielleicht noch den Befund von Radefeld-Freiroda *(Abb. 3)* heranziehen, denn vermutlich zeigt er ein in der Spätgotik bewusst verändertes Konzept. Dass diese vier Beschläge ikonografisch eine ausführlichere Würdigung verdienen als andere bereits vorgestellte Beispiele, liegt nicht allein in ihrer handwerklichen Fertigkeit begründet. Sie sind vor allem auch deshalb von Interesse, weil durch sie ergänzende Auskünfte zum allgemeinen Denkhorizont der Zeit vermittelt werden und sie damit außerdem eine Verständnishilfe für jene Türfelder darstellen, die sich vornehmlich auf die Aussage durch Symbole beschränken.

Das Beispiel Kitzen-Eisdorf *(Abb. 6)*
In Eisdorf, damals eine große Landpfarrei und von jeher Zielpunkt merseburgischer Politik, ist inzwischen das originale Türblatt nicht mehr vorhanden, und auch der schmiedetechnisch bemerkenswerte Beschlag findet sich nur noch stark

verringert vor.[58] Mehrfach begegnen bei ihm die typischen C-Formen. Sie sind jedoch nicht nur wie auch in anderen Beispielen mit Kerbschlag ziseliert,[59] sondern enden in Drachen- oder Schlangenköpfen, die – einmalig für das Untersuchungsgebiet – als Halbreliefs gestaltet sind.[60] Ebenfalls anzutreffen ist die schon erwähnte Schlange/Wellenlinie, allerdings ohne das Kreuz wie in Radefeld-Wolteritz *(Abb. 2)*, wo demzufolge ein Hinweis auf die von Christus geschenkte Wiedergeburt durch die Taufe enthalten sein kann. Vor allem fällt das verwendete Programm aber dadurch auf, dass es eine – ursprünglich vermutlich reichere – Zusammenstellung von Symbolen aus dem »Physiologus« in sich vereint.

Nicht mehr genau zu bestimmen ist dabei jener Vogel, der – noch in alter Anordnung? – sich einem dreiendigen Symbol mit Drachenköpfen – vielleicht der teuflischen Trias Wollust, Hoffart, Habsucht[61] – durch die Flucht entzieht und so dem oft wiederholten Appell des »Physiologus« Folge leistet. Gleichfalls unklar bleibt ein lediglich als Rest erkennbares Tier am rechten Rand.[62] Eindeutig dagegen sind die Bilder von Hirsch und Panther.

Der Hirsch (Kap. 30) wird hier für die Sehnsucht der Seele stehen, und der Panther (Kap. 16) deutet auf Christus.[63] Dabei sollte man zum vollen Verständnis zusätzlich die angezeigte Laufrichtung beachten, die, wie auch den Programmen der zeitgleichen Tympana zu entnehmen ist, eine jeweils spezielle Zuordnung im damaligen Denken hat: Die in der Ansicht

Abb. 11   Großgöhren.

Abb. 12   Rogslösa.

linke Seite bildet in Wirklichkeit die rechte ab. Bezogen auf Gottes Thron ist sie die Ehrenseite und auch der Bereich der Geretteten im Weltgericht. Entsprechend ist die in der Ansicht rechte Seite eigentlich die linke und zugleich der Ort des Bösen, des Teufels und der ewigen Verdammnis. Insofern schlägt der für den Betrachter nach links eilende Hirsch, der ein erklärter Feind der Schlange, des Drachens und des Teufels ist, den richtigen Weg ein und bestätigt so das Wort des Psalmisten: »Wie der Hirsch schreit nach frischem Wasser, so schreit meine Seele, o Gott, zu dir.«[64] Der gesprenkelte (bunt gefleckte?) Panther hingegen, nach rechts laufend, ebenfalls feindlich dem Drachen (Teufel), ist in der Erzählung des »Physiologus«[65] ein sanftes Tier, von allen anderen geliebt. Nach dem Fressen schläft er drei Tage in seiner Höhle. Dann aber steht er auf und brüllt mit Wohlruch [ároma] in der Stimme so laut, dass alle Tiere in seine Nähe laufen … »So auch Christus: Erwachend am dritten Tag und auferstehend von den Toten, rief er laut: heute ist Heil widerfahren der Welt, der sichtbaren wie der unsichtbaren, und ist zu jeglichem Wohlruch [ge]worden uns, den Nahen und den Fernen im Frieden, wie der Apostel sagt. Ganz bunt aber ist die geistliche Weisheit Gottes, gleich wie auch der Psalmist sagt: ›Die königliche Braut steht zu deiner Rechten, angetan mit eitel köstlichem Goldgewand mannigfalt‹;[66] sie aber ist die Kirche. Ganz bunt aber ist Christus, da er selbst ist Jungfräulichkeit, Reinheit, Erbarmen, Glauben, Tugend, Großmut, Eintracht, Friede.«

Inwieweit den ländlichen Bewohnern diese verschlungenen Erörterungen, die über das allgemeine Wissen vom beständigen

Kampf zwischen Gott und Teufel um den Menschen doch wesentlich hinausgingen, eingängig oder geläufig waren,[67] sollte im Nachhinein zumindest offen bleiben. Möglicherweise ist die Entscheidung für den »Physiologus« als Türprogramm auf Kleriker aus Merseburg zurückzuführen, die von Amts wegen nach Eisdorf kamen und auch hier auf die ihnen vertraute Bild- und Gedankenwelt nicht verzichten wollten.[68]

Das Beispiel Grimma-Beiersdorf *(Abb. 4)*

Zunächst vielleicht das Prunkstück einer aufstrebenden Ministerialenfamilie,[69] hat das Beiersdorfer Türblatt (130 × 222 cm) in seiner weiteren Geschichte von 800 Jahren wiederholt Eingriffe erfahren.[70] Folgenreich für das ursprüngliche Programm war eine stabilisierende Maßnahme, deren Datum nicht überliefert ist. Damals fügte man wenigstens zwei Querbänder hinzu und scheint, wie u. a. die ungewöhnliche Vierteldrehung von zumindest zwei Vogelbildern nahe legt, deshalb auch Teile des Beschlags versetzt zu haben. Als 1886/87 der Neubau der Beiersdorfer Kirche erfolgte, gelangte die Tür nach Wunsch des Patronatsherrn auf das Rittergut Seelingstädt und wurde dort wiederum funktionstüchtig eingebaut. Von hier gab man sie nach 1945 aufgrund zunehmender Schäden an das jetzige Kreisheimatmuseum Grimma, wo sie seither Teil der Ausstellung gezeigt wird. Der Vergleich mit Abbildungen von 1897 und 1942 lässt unterdessen nochmals eingetretene Verluste und Veränderungen entdecken.[71] Zu dem Türblatt fehlt bislang eine angemessene Untersuchung einschließlich der Dendrochrono-

Abb. 13   Jahnshain.

logie (2010). Das Nachfolgende versteht sich lediglich als Anregung.

In seinem gegenwärtigen Zustand ist das Programm, auch bedingt durch die Änderungen und Verluste, nicht mehr in allen Teilen ikonografisch zu entschlüsseln. Als bekannt begegnen die Schlange/Wellenlinie[72] sowie die C-artigen Beschläge mit dem Drachenkopf, letztere in einer anscheinend regionaltypisch sich flach streckenden Ausformung.[73] Ebenso finden sich Hufeisen. Doch in fünf Fällen sind sie ein weiteres Mal ausgeschmiedet und nähern sich damit Tierabbildungen, unter denen Cornelius Gurlitt 1897 beispielsweise Salamander und Fische erkannte. Tatsächlich ist angesichts des Befundes der Bezug auf den »Physiologus« nicht auszuschließen.[74] Diese Überlegung wiederholt sich aufgrund der fünf dargestellten Vogelarten: Oben auf dem Türblatt – ein Verlust nach 1945 – vielleicht ein Rabenvogel, in der Mitte links wohl ein Blässhuhn, daneben – in Seelingstädt noch eindeutig zu bestimmen – ein Haushahn *(Abb. 15)*,[75] außerdem über die Mitte des Türblatts verteilt fünf kleinere auffliegende Vögel (Schwalben?) und unten schließlich ein Storch (Reiher?/Kranich?).[76] Allerdings machen die mutmaßlichen Entlehnungen aus dem »Physiologus« auch eine Ausnahme, denn dort wird der Haushahn nicht erwähnt.

Damit deutet sich entweder ein ergänzendes Programm an, oder es wurde hier überhaupt ein eigenes Konzept entwickelt. Und zwar könnte vor allem die Vielzahl der Vögel ein Indiz dafür sein, dass die Tür eine Paradiespforte darstellen sollte. Diese Absicht entsprach nicht nur damaligem Denken, sondern schon seit der Antike griff man zur Kennzeichnung des friedvollen Hauses, Gartens und des Paradieses gern auf das Bild einer unbekümmerten Vogelwelt zurück.[77] Auch war dem zeitgenössischen Lebensgefühl dieses Bild noch auf andere Weise geläufig: Nach dem langen Winterhalbjahr war die schönste Zeit stets der Aufbruch in den Frühsommer, der alles üppig wachsen ließ und endlich die Welt wieder mit Vogelstimmen erfüllte.[78]

Diese Erfahrung konnte auch im Beiersdorfer Bildprogramm einen Anhalt finden und wurde ihrerseits interpretiert durch die bebilderte Aussage der Tür, dass sich mit dem Öffnen die Nähe des Paradieses auftun werde. Doch – so die hinzugefügte Belehrung – dorthin gelangte endgültig nur, wer jetzt bereit war, sein sündiges Leben zu korrigieren. Die Anleitung dazu – nicht unähnlich der Absicht unserer modernen Verkehrszeichen[79] – boten die an der Tür erkennbaren Symbole, indem sie warnend oder ermunternd Bezug nahmen auf das christliche Verhalten. Aber auch wer im Umgang mit der Bildsprache in der Art des »Physiologus« wenig kundig war, erhielt immerhin summarisch eine Orientierung durch den in Augenhöhe platzierten Hahn *(Abb. 15)*. Für jedermann verständlich verwies er nicht ohne Doppelsinn zum einen auf die Verleugnung Christi durch Petrus in der Passionsgeschichte,[80] und zum anderen versinnbildlichte er den täglichen Weckruf, das eigene Leben verantwortlich zu führen.

Das Beispiel Leipzig-Wahren *(Abb. 1)*

Noch vor 1200 ließ die edelfreie Familie von Wahren[81] an ihrem Wohnsitz eine Kirche erbauen, die nicht nur fast ausschließlich mit dem neuartigen Backstein aufgemauert war, sondern außerdem auf dem Türblatt einen auffallend prächtigen Beschlag (128 × 212 cm) präsentierte.[82] Seit der Spätgotik geschützt durch eine Vorhalle, befand sich diese Tür bis 1844 vor Ort und wurde im Zuge damaliger Baumaßnahmen an die »Deutsche Gesellschaft zur Erforschung vaterländischer Sprache und Alterthümer« in Leipzig verkauft. Heute gehört sie zur Dauerausstellung des Stadtgeschichtlichen Museums Leipzig im Alten Rathaus.[83] Mit Ausnahme der rechts in Eichenholz erneuerten Bohle (Fälldatum um 1660) besteht das Türblatt aus Ahorn und gestattet daher (2005, zuletzt 2015) keine dendrochronologische Bestimmung. Ermittlungen zur ehemaligen Farbfassung stehen aus. In wenigen Fällen wurden Teile des Beschlags versetzt. Die Verluststücke beziehen sich typisch zumeist auf den unteren und rechten Bereich (der Einfluss von Fuß und Knie). Die überraschende Nähe zu Beispielen aus Schweden *(vgl. Abb. 12)* ist zumindest zu erwähnen.

Auf dem Türblatt vereinigen sich insgesamt vier Bildteile zu einer eindrucksvollen Gesamtaussage: Im Mittelfeld drängt ein Mann nach links (eigentlich nach rechts!),[84] hinter sich einen achtblättrigen Baum zurücklassend, vielleicht der Baum der Erkenntnis[85] oder der Baum Peridexion aus dem »Physiologus«,[86] der zum Wissen von bösen und guten Taten verhilft. Eigentlich kämpft der Mann mit einem Schwein, das heute lediglich noch als Abdruck (oben links) zu entdecken ist, und sein Jagdspieß ging – außer der Spitze? – unterdes überhaupt verloren.[87] In der kirchlichen Überlieferung bezieht sich dieses an Portalen häufig wiederkehrende Motiv der Eberjagd auf die Bibelstelle Psalm 79 (80), Vers 14.[88] Der dort im lateinischen Text (Vulgata) erwähnte Eber (Luther-Übersetzung: Säue), der

Abb. 14   Radefeld, Wolteritz, Detail.

Abb. 16   Radefeld-Freiroda, Detail.

Abb. 15   Grimma-Beiersdorf, Detail.

Abb. 17   Jahnshain, Detail.

den Weinberg (Gottes) verwüstet, wird in der christlichen Auslegungsgeschichte als verhullter Hinweis auf den Teufel verstanden, der die Kirche zerstören will. In der Anwendung erzählt das Bild: Der Mensch, ausgestattet mit der Erkenntnis von gut und böse, soll im Kampf mit dem Teufel nach der guten (rechten) und rettenden Seite streben.

Das untere Feld macht klar, dass wer sich nicht gegen das vom Teufel bewirkte Böse wehrt, schließlich dessen Opfer und von ihm unter Mithilfe des Cerberus in die Hölle geschleppt wird. Vergegenwärtigt durch züngelnde lanzenförmige Flammen ist sie der qualvolle Ort, aus dem es ewig kein Entrinnen gibt.

Als sachlichen Kontrapunkt dazu zeigt das obere Feld das Weltgericht und das Himmlische Jerusalem nach dem Bericht aus der Offenbarung des Johannes.[89] Wie oft bei großen Portalprogrammen der Kathedralen sind auch hier beide Themen zusammengeführt, erscheinen aber unter Zuhilfenahme symbolischer Zahlen und Abbreviaturen reduziert.[90] Abbild der zukünftigen Welt sind der in der Mitte stehende Lebensbaum bzw. das Gehölz, das zu beiden Seiten des Leben spendenden Wasserstromes wächst. Es bringt zwölffach Frucht und lenkt auf diese Weise zugleich auf die zwölf Apostel hin. Rechnet man jedoch alle – ursprünglich 24 – vorhandenen Blätter zusammen,

so rückt durch diese Zahl das Jüngste Gericht ins Bewusstsein, denn dort wird Christus im Kreis der 24 Ältesten sein Urteil fällen.[91]

Dass der Weg in den Himmel schwieriger ist als der in die Hölle, betonte offenbar die deutlich verschieden ausgeführte Abgrenzung der beiden Bereiche. Doch dem Betrachter wurde auch Hoffnung gemacht. Sie hatte einen Anhaltspunkt in dem üppigen Palmettenschmuck, der die drei Bildgeschichten rahmte. In jener Zeit ein oft eingesetztes Bildelement, erinnerte hier die vegetabile Rahmung als vierte Aussage des Türblatts offenbar an die Nähe des Paradieses, die im kirchlichen Handeln hinter der Tür bereits jetzt Gnade und Hilfe versprach.

Das Beispiel Radefeld-Freiroda (Abb. 3)
Das Dorf Freiroda wurde von der Familie von Üchtritz, ansässig in dem südlich anrainenden Lützschena, 1456 erworben[92] und diente seither zeitweilig als zweiter Herrensitz. Eine Folge des Kaufs war der nicht unbeträchtliche Umbau der Kirche,[93] der auch eine Veränderung des Portals im spätgotischen Stil einschloss. Man wechselte den Türstock aus, und das bisherige Schmiedewerk des Türblatts (124 × 212 [243] cm), bis heute teilweise als Abdruck auf dem Pappelholz wahrnehmbar (Abb. 16), wurde dem Zeitgeschmack folgend durch ein neues

ersetzt, das gegenwärtig noch zu sehen ist. Verhältnismäßig gut geschützt war die Tür bis zum Abgang der Vorhalle um 1980 und bewahrte auch darüber hinaus eine leicht rötliche Färbung *(Abb. 3)*. 2008 erfuhr der gesamte Portalbereich eine behutsame Restaurierung,[94] war danach durch ein Interimsvordach wenigstens der unmittelbaren Witterung entzogen und erhielt 2015 durch den Wiederaufbau der Vorhalle den nötigen Schutz zurück. Ermittlungen zur ursprünglichen Farbgestaltung des Türblattes – es besitzt Nut und Feder sowie Querhölzer mit Dübelung – fanden nicht statt, ebenso steht eine Erörterung des in Resten sichtbaren Abdrucks aus.

Bei der Datierung des jetzigen Beschlags kommt ein Vergleich mit anderen Beispielen zu Hilfe. Richtungweisend ist die stilisierte Art der geschmiedeten Blätter, die nahezu oval geformt und quer dazu in einer markanten Spitze auslaufen *(Abb. 16)*. Vielleicht sogar aus derselben Werkstatt stammend, begegnet diese Blattform ebenfalls nur wenig entfernt auf der – inzwischen verlorenen – zweiflügeligen Tür in Leipzig-Seehausen[95] sowie auf der Sakristeitür in Leipzig-Wiederitzsch. In beiden Fällen handelt es sich um Kirchen, deren Umbau jeweils durch die Jahreszahl 1455 an der Sakramentsnische festgehalten ist.[96] Dass der vegetabile Beschlag sich nunmehr auf Sakristeitüren wiederholte, hat seinen Grund sicher darin, dass die damals üblich werdenden Sakristeien nicht allein als Aufbewahrungsort für religiöse und auch säkulare Wertgegenstände dienten, sondern zugleich als Ort liturgischer Handlungen genutzt wurden, wie die dort errichteten und u. a. noch in Sietzsch, Wiedemar-Kölsa oder Glesien in situ vorhandenen Altäre und ihnen benachbarten Piscinen bezeugen.[97] Ein weiterer Beleg für die genannte Blattform findet sich in Lissa, wo die Tür der um 1450 angefügten Sakristei das typische Blatt außer an den Querbändern auch am Schlossblech besitzt.[98] Dass sich insgesamt ein zeitgebundenes Stilempfinden bei den hier aufgezählten Beispielen äußert, legt zudem ein zusätzlich vergleichender Blick auf die Beschläge von Großgöhren und Glesien nahe. In Großgöhren scheint die kräftige und betont runde Blattform altertümlicher *(vgl. Abb. 11)*, andererseits ist der auffällige Rechteckverband an der Sakristeitür von Glesien, in welchen geränderte große Rosetten gesetzt sind, erst für etwa 1519 nachweisbar.[99]

Sowohl das gehäuft verwendete stilisierte Blatt als auch die Rosetten, die in der Spätgotik gleichfalls zahlreich auf den Gittern der Sakramentsnischen erscheinen,[100] stellten die Verknüpfung mit dem Thema Paradies her. Aber der Freirodaer Türbeschlag, ausgestattet mit sprossendem Blattwerk und damit letztlich zurückgreifend auf die Johannesoffenbarung, Kapitel 22 (Gehölz des Lebens), behandelte das Thema anders als die romanischen Beschläge von Eisdorf, Beiersdorf oder Wahren. Sie hatten erweiternd in das Programm die sichtbare Warnung aufgenommen, dass man das Paradies letztlich auch verfehlen könne. In Freiroda vermisst man diesen Aspekt. Das Portal lädt uneingeschränkt als Paradiespforte oder Himmelstor ein.

Man trifft hier auf eine veränderte Theologie, die eben damals – man denke etwa auch an die zeitgenössische Gestaltung und Ausmalung von Gewölben in den Stadtkirchen und ebenso auf dem Lande[101] – das Thema des offenen Himmels und des herabkommenden Heils nochmals anschaulicher zu vermitteln begann.[102] Der Eintritt in das Kircheninnere be-

Abb. 18   Zwochau-Grebehna, Detail.

Abb. 19   Grimma-Höfgen, Detail.

stätigte dieses Angebot auf vielfache Weise. Dazu zählten die unterdessen vermehrte Summe von Reliquien in und auf den Altären, der vergrößerte Einfall des göttlichen Lichts, das Gold der Schnitzwerke, zusätzliche Messfeiern und der auch unabhängig von ihnen immer präsente Christus in der Monstranz. Eingefügt in dieses Konzept war zudem die Ausstattung der Sakristeitüren, die gleich den Gittern der Sakramentsnischen durch ihren Schmuck an das dahinter befindliche Heil erinnerten.[103]

Unsicher bleibt, ob an dem Freirodaer Beschlag die drei geschlitzten und dabei verschieden einfach oder doppelt aufgeweiteten Querbänder zu einer Zahlenallegorese – dem Zusammenspiel von Drei und Vier?[104] – anregen wollten. Dazu gibt ebenfalls der fast identische Beschlag des verlorenen linken Türflügels in Leipzig-Seehausen[105] keine befriedigende Auskunft. Bei ihm würde sich aufgrund der Verdoppelung durch den rechten Flügel die beziehungsreiche Zahl Acht[106] ergeben.

Nachbemerkung

Insbesondere die gezielte Frage nach Bedeutung und Funktion der Beschläge sorgte dafür, dass zu ihnen eine umfassendere Auskunft gegeben werden konnte, als sonst zumeist in der älteren kunstgeschichtlichen sowie in der eher volkskundlichen

Forschung zu finden ist. Angesprochen wurden durch diese Verfahrensweise handwerkliche, theologische und mentale Aspekte gleichermaßen. Sie blieben oft nicht vereinzelte Details, sondern ordneten sich während der Untersuchung, zunächst heute fremd, zu komplexen Informationen, die die damalige Lebenswelt überraschend verdeutlichen. Auch sozial- und landeskundliche Themen wurden dabei berührt, außerdem ergaben sich Aufschlüsse zur kirchlichen Bauarchäologie.

Nicht zuletzt macht diese breit gefächerte Aussagefähigkeit klar, dass auch künftig die mittelalterliche Türen- und Beschlagforschung ein aktuelles Thema sein sollte. Ob dieses Bemühen ähnlich wie bei der mittelalterlichen Glasmalerei oder bei den romanischen Tympana schließlich zu zusammenfassenden Inventaren führen wird,[107] ist gegenwärtig nicht abzusehen. Doch eine verstärkt sich fortsetzende Beschäftigung, und zwar auf interdisziplinärer Basis und möglichst im gebietsübergreifenden Kontakt, scheint angesichts der vielfältigen Thematik auf jeden Fall wünschenswert.[108]

Abkürzungen

BKDS	Beschreibende Darstellung der älteren Bau- und Kunstdenkmäler der Königreichs Sachsen (1882 ff.)
BKDPrS	Beschreibende Darstellung der älteren Bau- und Kunstdenkmäler der Provinz Sachsen (1879 ff.)
DHDKS 1	Georg Dehio: Handbuch der Deutschen Kunstdenkmäler: Sachsen I (1996)
DHDKS 2	Georg Dehio: Handbuch der Deutschen Kunstdenkmäler: Sachsen II (1998)
DHDKSA 2	Georg Dehio: Handbuch der Deutschen Kunstdenkmäler: Sachsen-Anhalt II (1999)
DHDKT	Georg Dehio: Handbuch der Deutschen Kunstdenkmäler: Thüringen (1998)
LCI	Lexikon der christlichen Ikonografie, 8 Bde. Sonderausgabe (1994)
LMA	Lexikon des Mittelalters, 9 Bde., Studienausgabe (1999)
TRE	Theologische Realenzyklopädie. 26 Bde. (1976–2007)

Anmerkungen

1   Z. B. Schröder, Albert: Schmiedeeiserne Beschläge auf Kirchentüren im Weißenfelder Land, in: Die Heimat. Blätter zur Erforschung der Heimatgeschichte und Pflege des Heimatgedankens, Folge II, Nr. 12, Juli 1937, S. 142–144 [= Beilage zum Weißenfelser Tageblatt]; Kohlmann, Max: Kossinnas Blitzzeichen, in: Mannus. Zeitschrift für Deutsche Vorgeschichte 34 (1942), S. 99–108; der Titel bezieht sich auf den Prähistoriker Gustaf Kossinna (1858–1931). Ders.: Alte deutsche Sinnbilder an Kirchen Mitteldeutschlands, in: Mitteldeutsche Blätter für Volkskunde 16 (1941), H. 1/2, S. 11–17.

2   Wohlfahrft, Dietrich: Schöne Tore Thüringer Dorfkirchen: ein Bildband, Berlin 1963.

3   DHDKT, München/Berlin 1998.

4   Eißing, Stephanie: Mittelalterliche Türbeschläge an Thüringer Dorfkirchen, in: Hausbau in Thüringen und angrenzenden Regionen/hg. vom Arbeitskreis für Hausforschung. Marburg 2002, S. 203–223 (Jahrbuch für Hausforschung 48).

5   Graf, Gerhard: Mittelalterliches Schmiedewerk als Frömmigkeitsgeschichte: eine Problemanzeige, in: Herbergen der Christenheit. Jahrbuch für deutsche Kirchengeschichte 26 (2002), S. 129–131. Ders.: Mittelalterliche Türbeschläge im Delitzscher Raum, in: Delitzscher Heimatkalender 2005, Bad Düben 2004, S. 29–37.

6   Schmutzler, Nikola: Mittelalterliche Türbeschläge im Vogtland: das romanische Portal zu Waldkirchen, in: Zur Kirche gehört mehr als ein Kruzifix. Studien zur mitteldeutschen Kirchen- und Frömmigkeitsgeschichte. Festgabe für Gerhard Graf zum 65. Geburtstag/hg. von Michael Beyer, Martin Teubner, Alexander

Wieckowski (= Herbergen der Christenheit: Jahrbuch für deutsche Kirchengeschichte, Sdbd. 13), Leipzig 2008, S. 214–228.

7   Deshalb bei der Erfassung von Beschlägen als Handzeichnung auch diejenigen von Türen, z. B. in: BKDPrS, S. 8: Kreis Merseburg (1883), S. 37 (Eisdorf); BKDS 16: Leipzig Land (1894), S. 138 (Wahren); BKDS 19: Amtshauptmannschaft Grimma (1897), S. 8 und 78 (Beiersdorf und Grethen).

8   Vgl. Anm. 1.

9   So fehlt z. B. in DHDKT (1998), S. 1375, die Erwähnung bei Wernsdorf; außerdem und wohl deshalb als Nachtrag bei Eißing [wie Anm. 4]: Battgen (kein Ortsartikel); Engerda, S. 282 f.; Geitersdorf, S. 437; Mosbach, Wartburg-Kreis (kein Artikel); Neumark, S. 874 f.; Röppisch, S. 1013; Schaala, S. 1069; Schlossvipach, S. 1091; Teutleben, S. 1229; Urbach, S. 1229. DHDKSA 2 (1999), Großgöhren, S. 234, beide Türblätter nicht erwähnt. Nicht vermerkt ist zu St. Micheln, S. 752, der Neuzugang aus Zorbau (devast.); Spergau, S. 793, Sakristeitür nicht genannt. Die ältere Erfassung ausgelassen, bzw. der Befund nicht nachgetragen in DHDKS 2 (1998), z. B. Bad Lausick-Buchheim, S. 56; Grethen, S. 337 f.; Grimma-Beiersdorf, S. 346; Grimma-Höfgen, S. 347 f. (zweite Außen- sowie die Sakristeitür), Großbardau-Kleinbardau, S. 356; Jahnshain, S. 411 f.; Kitzen-Eisdorf, S. 424; Leipzig-Wahren, S. 614 f.; Süptitz, S. 925; Leipzig-Wiederitzsch, S. 1033; Zschortau, S. 1073.

10 Um den Anmerkungsapparat zu entlasten, erhalten Orte, die im eigentlichen Untersuchungsgebiet, dem Regierungsbezirk Leipzig, liegen, nur im besonderen Fall einen literarischen Beleg aus BKDS oder DHDKS 2. Auch stehen die in Klammer genannten Beispiele oft für eine größere Zahl.

11 von Stülpnagel, Karl Heinrich: Monoxylone Behältnismöbel aus mitteldeutschen Kirchen, in: Zur Kirche gehört mehr als ein Kruzifix (wie Anm. 6), S. 229–250.

12 Wieckowski, Beate und Alexander: Sakramentsnischen in Dorfkirchen im nordwestsächsischen Raum, in: Zur Kirche gehört mehr als ein Kruzifix (wie Anm. 6), S. 251–264 (Lit.).

13 Die Möglichkeit besteht seltener als angenommen z. B. auch wegen bislang (2005, nochmals 2015) nicht zu datierenden Holzarten wie Ahorn (Leipzig-Wahren, Abb. 1) und Pappel (Radefeld-Freiroda, Abb. 3) oder wegen eines zu dichten Nagelbildes für den Bohrvorgang (Zwochau-Grebehna, Abb. 10; Radefeld-Wolteritz, Abb. 2); In letzterem Fall konnte für Wolteritz 2015 durch Fotografie der Stirnseiten 1214 +/-10 als Fälldatum ermittelt werden (Landesamt für Denkmalpflege Sachsen, SG Bauforschung).

14 Wieckowski (wie Anm. 12), S. 251–263, hier S. 261.

15 Zum sogenannten Sakristeischrank in Großbothen (südlich von Grimma), zu unbekannter Zeit eingekürzt und ursprünglich ähnlich dem Beispiel in Bad Kösen/Saale, vgl. von Stülpnagel, Karl Heinrich: Einbaumschränke als möbelkundliches Problem, in: Weltkunst 71 (2001), S. 1267–1269.

16 Wiederitzsch besitzt auf der gegenüberliegenden Laibung eine vermutlich gleichaltrige Aufhängung.

17 Vereinfachend anstelle der z. B. in Horburg (DHDKSA 2, 335) oder Wiedemar-Kölsa in Eisenblech gefertigten Tür, vgl. den Bildkatalog bei Wieckowski (wie Anm. 12), S. 263 f.

18 Graf, Gerhard: Zwischen Himmel und Hölle: zu Geschichte und Bildprogramm des romanischen Türflügels aus Wahren bei Leipzig, in: Vestigia pietatis: Studien zur Geschichte der Frömmigkeit in Thüringen und Sachsen. Ernst Koch gewidmet (hg. von Gerhard Graf, Hans-Peter Hasse, Markus Hein, Matthias Richter, Thomas A. Seidel; Dietmar Wiegand), Leipzig 2000, S. 49–60 (= Herbergen der Christenheit: Jahrbuch für deutsche Kirchengeschichte, Sdbd. 5).

19 Graf (wie Anm. 5), S. 33 f.; Die dringend notwendige Rettungsmaßnahme erfolgte durch Olaf Ehrhardt, Restaurierungswerkstatt historischer Möbel, 01097 Dresden. Außerdem wurde eine neue schützende Vorhalle errichtet.

20 Schmutzler (wie Anm. 6).

21 DHDKT, S. 739, hier 14. Jh.; Eißing (wie Anm. 4), S. 208, um 1223.

22 DHDKT, S. 669.

23 DHDKSA 2, S. 635.

24 In DHDKSA 2, S. 234, wird weder dieses Türblatt noch das andere mit dem Beschlag nach 1400 genannt.

25 Graf (wie Anm. 5), S. 32.

26 Eine handgezeichnete Abbildung in BKDS 19 (1897), S. 78. Auf der Westseite gelegen, besaß das Portal – vermutlich witterungsbedingt – eine Tür mit zwei ungleich großen Flügeln und entsprechend unterschiedlich ausgeführten Beschlag.

27 Graf (wie Anm. 18), S. 53 f.

28 Teuscher, Arthur: Das alte Universitätsdorf Hohenheida, Leipzig 1927, S. 3. Bereits in BKDS 16 (1894), S. 56 f., nicht mehr erwähnt.

29 BKDS 16 (1894), S. 114. Die Skizze in: Reuter, Brigitte/ Jadatz, Heiko/ Kirchner, Harald: Seehausen. Eine historische und städtebauliche Studie/ hg. von PRO LEIPZIG e. V., Leipzig 2000, S. 4.

30 Z. B. I[akob] H[einrich] von Alteneck: Ornamentik der Schmiedekunst des Mittelalters und der Renaissance, Frankfurt/ Main 1870 (Reprint 2001); Musterbuch für Kunstschlosser und Kunstschmiede, Stuttgart 1885 (Reprint 4. Aufl. Leipzig o. J. um 1997).

31 Leipzig-Wahren: Ahorn; Radefeld-Freiroda: Pappel; Jena-Zwätzen: Tanne (Auskunft vor Ort). Tanne ist auch bei 9 von 10 Türblättern des Klosters Maulbronn verwendet, vgl. den gleichfalls zur Herstellung interessanten Aufsatz von Bauer, Sibylle: Die Bohlentüren der Klosterkirche Maulbronn: dendrochronologisch datierte Zeugnisse des mittelalterlichen Holzhandwerks zwischen dem 12. und 15. Jahrhundert, in: Holzbau in Mittelalter und Neuzeit/ hg. von Diener, Andreas, Paderborn 2012, S. 171–198 (Mitteilungen der Deutschen Gesellschaft für Archäologie des Mittelalters und der Neuzeit 24). Vgl. auch Anm. 56.

32 Z. B. Grimma-Beiersdorf nicht.

33 Als Beispiel der ehemaligen Konstruktion vgl. den Türstock in Radefeld-Freiroda (Abb. 3).

34 Erhalten haben sich – ungewissen Alters – Holzschlosskästen, z. B. im Weißenfelser Raum in Großgöhren, Obschütz, Kirchfährendorf, auch Leipzig-Wiederitzsch, Radefeld-Hayna, Zaasch, in Lissa ein spätgotisches Blechkastenschloss. Zeitlich schwer zu bestimmen ist der Türschlüssel in Großbardau-Kleinbardau.

35 Aus verschiedener Zeit, auffällig Zschernitz: als abgewandelte geflochtene Schlaufe, gleichfalls Obergreißlau (Abb. 9); Grimma-Höfgen, Sakristeitür; Zaasch, romanisch: die Unterlage gestaltet zu vier halbreliefierten auseinander strebenden Drachenköpfen; gleiche Gestaltung, aber ohne Kopf in Jahnshain südwestlich von Rochlitz (Abb. 13), spätgotische Rosetten, nicht selten, z. B. in Lützschena-Hänichen Unterlage mit Muster durch Ausstanzung, in Lützschena (Schlosskirche) das typische Vierblatt.

36 Vgl. dazu die Maßangaben im fortlaufenden Text. Offenbar verbirgt sich hinter diesen Übereinstimmungen mehr, als jetzt erörtert werden kann.

37 Vgl. den Beleg bei Anstett, Peter R.: Kloster Maulbronn, München ⁴1989, S. 22–26; Bauer (wie Anm. 31), S. 176–179. In Nordwestsachsen mit aufgezogener Öffnung: Taucha-Sehlis; vielleicht aus gleicher Werkstatt Grimma-Beiersdorf (Abb. 4), Bad Lausick-Buchheim (Abb. 5), Großbardau-Kleinbardau, Grethen und Grimma-Höfgen, nördliche Tür (127 × 205 cm, Abb. 7), an der die geschlitzten Bänder mit Lilienschmuck, wie besonders bei Autopsie festzustellen, wohl aus anderer Zeit stammen (Abb. 19).

38 Längs wie quer u. a. Obergreißlau südlich von Weißenfels (Abb. 9), Radefeld-Wolteritz (Abb. 2), Zwochau-Grebehna (Abb. 10), Buschnaukirche nördlich von Leipzig-Wiederitzsch (1990 Abriss; die Tür, 128 × 200 cm, jetzt im Museum Schloss Delitzsch).

39 Z. B. Jena-Zwätzen, aber ähnlich auch Helden in Westfalen, vgl. Eißing: (wie Anm. 4), S. 207 f., Teuchern, Großgöhren (offenbar gleiche Werkstatt), Leipzig-Wahren.

40 In der behandelten Region haben die Kirchengebäude nur die Qualität einer letzten Zuflucht, vgl. Graf, Gerhard: Zum Für und Wider der Wehrhaftigkeit von mittelalterlichen Dorfkirchen in Nordwestsachsen, in: Die mittelalterliche Dorfkirche in den neuen Bundesländern, Bd. 2: Form – Funktion – Bedeutung (Hg. Höhne, Dirk/ Kratzke, Christine), Halle 2006, S. 43–50 (= Hallesche Beiträge zur Kunstgeschichte 8).

41 Dagegen im Weißenfelser Raum in einem Knopf endend, stets verbunden mit einem auffällig fließenden Formgefühl, auch die Gestaltung der Palmetten betreffend (Obergreißlau, Abb. 9, Teuchern, Pettstädt, Obschütz, Großgöhren). Allerdings mit Ausnahmen, so Zorbau (östlich von Weißenfels) auf beiden Türen. Ebenso hat in Großgöhren das zweite Türblatt (im Altarraum) neben einer spätgotischen Überarbeitung auch Drachenköpfe (Abb. 11). Das Verhältnis der Türblätter ist ungeklärt (letzteres aus einem ehemals zusätzlichen Nordeingang?).

42 Auf dem Türblatt heute noch 15 Hufeisen; eine weitere Tür in der Kirche, Fragment, vielleicht ursprünglich die zur Sakristei, ebenfalls mit Hufeisenbeschlag. Exemplarisch weiterhin St. Nikolai in Steinbühl/ Niederbayern mit 61 Hufeisen. Der entsprechende, inzwischen fast vergessene Passus der Legende ist erhalten im Altar aus der ehemaligen Nikolaikirche in Grimma (jetzt in der Friedhofskapelle), vgl. BKDS 19, S. 95. St. Martin in Chablis/ Burgund mit 96 Hufeisen, vgl. Bußmann, Klaus: Burgund. Kunst, Geschichte, Landschaft, Köln ¹²1992, S. 270. Pferdewallfahrten gelten u. a. auch den Heiligen Leonhard, Gangolf, Wolfgang. Von der Kirche Grimma-Beiersdorf (Abb. 4) mit drei bzw. sieben Hufeisen auf der Tür ist das Patrozinium unbekannt. Siehe auch Jauernig-Hofmann, Birgit: Schmied, Schmiede II., in: LMA 7, S. 1506–08.

43 BKDPrS 8, S. 36; In Engerda, vgl. Eißing: (wie Anm. 4), S. 215, zwei Hirsche. In Schwarzbach südwestlich von Colditz im Ansatzstein des Dachgesimses ein Hirsch unter einem Baum (um 1200), BKDS 19, S. 240 f. In allen diesen Beispielen wendet sich der Hirsch nach links.

44 Der Physiologus: Tiere und ihre Symbolik (übertr. und erl. von Otto Seel). Düsseldorf/ Zürich ⁵2000. Physiologus: Griechisch-Deutsch (übers. und hg. von Otto Schönberger), Stuttgart 2001; Alpers, Klaus: Physiologus, in: TRE 26 (1996), S. 596–602 (Lit.).

45 BKDPrS 8, S. 36; BKDS 19, S. 8. Wenig beachtet werden die beiden Vögel auf der Südtür des Hauptportals (um 1170) von Kloster Maulbronn, zu diesem vgl. Anstett (wie Anm. 37), S. 22–26. Abgebildet sind dort sowohl ein Specht, zu ihm im »Physiologus«, Kap. 50 bei Ausgabe Seel (wie Anm. 44), S. 74, bzw. Kap. 4 der Byzantinischen Redaktion bei Ausgabe Schönberger (wie Anm. 44), S. 100 f., als auch – geurteilt nach der Hals-Kopfpartie – ein Blässhuhn, Kap. 47 bei Seel, S. 69 f. bzw. bei Schönberger, S. 88–91 u. 127. (Erklärend ausgeführt ist dort zum einen: Der Teufel gleicht einem Specht, klopft und will in des Menschen Herz eindringen. Ist der Mensch aber fest und hat ein starkes Herz, so fliegt er davon. Und zum anderen: Wie das Blässhuhn sollst auch du, Christenmensch, nur einen Nistplatz und ein einzige Nahrung haben: die heilige Kirche und das Brot, das vom Himmel kommt, Jesus Christus. Rühre keine toten Lehren an und meide die Stätten der Irrgläubigen.) – Auf der Tür in Leipzig-Thekla finden sich zwei gegenüber stehende Tauben, erneuert (?) 1660; gleiches Motiv im Tympanon des Südportals von Burgkapelle Landsberg (gegen 1180), vgl. Neubauer, Edith: Die romanischen skulptierten Bogenfelder in Sachsen und Thüringen, Berlin 1972, S. 150 f. (= Corpus der romanischen Kunst im sächsisch-thüringischen Gebiet; Bd. 1). Der Beschlag im Bogenfeld der Tür von Jena-Zwätzen erinnert an Vogelköpfe, vgl. die Abb. bei Eißing (wie Anm. 4), S. 217.

46 U. a. Erstes Buch der Könige, Kap. 7, Vers 19 und 22 (in der Vulgata: capitella … columnarum quasi opere lilii fabricata).

47 Pfister-Burkhalter, Margarete: Lilie, in: LCI 3, S. 100–103.

48 Ein Problem bei den Türblättern sind spätere Anstriche (z. B. Zwochau-Grebehna, Abb. 10; Großgöhren, Abb. 11). Für Obschütz originale (?) Reste von rotem Bolus-Ton (Gutachten im zuständigen Pfarrarchiv); vgl. auch Abb. 3: Radefeld-Freiroda. Völlig unklar ist die Verwendung von Lederbezug, wie z. B. noch vorhanden in Maulbronn, vgl. Anstett (wie Anm. 37), S. 26.

49 Der oberhalb des Kreuzes befindliche links drei- und rechts vierendige Beschlag lässt an Zahlenallegorie denken und weckt Assoziationen zum westlichen Tympanon der Paradies-Vorhalle der Stiftskirche in Wechselburg/ Mulde (nach 1160). Drei steht für die Trinität, Vier für Kosmos/ Schöpfung, verbunden sind sie

hier durch das Lamm mit dem Kreuz. Das ergibt die sieben Tage der ersten Schöpfung, die aufgrund der Auferstehung Christi einen achttägigen Rhythmus von Sonntag zu Sonntag erhält; vgl. dazu auch Walter, Gerhard: Abwehrzauber oder Bekehrung? – Bemerkungen zur Portalsymbolik der spätromanischen Stiftskirche in Wechselburg, in: Vestigia pietatis (wie Anm. 18), bes. S. 38 f.

50 Holl, Oskar: Zahlen, Zahlensymbolik, in: LCI 4, S. 560 f. und dortige Verweise.

51 Z. B. Thietmar von Merseburg: Chronik (neu übertr. und erl. von Werner Trillmich), Darmstadt 1985, Nachdruck von ⁶1957, I, 24; III, 2 f (= Freiherr vom Stein-Gedächtnisausgabe 9).

52 Dieser Gesichtspunkt ist beispielsweise auch zu überlegen bei Kapitellen, Wasserspeiern, Drachen im Fußbereich von Leuchtern oder »Neidköpfen« mit fratzenhaft verzerrtem Gesicht (Zwochau, Wurzen, St. Wenzeslai, Jahnshain).

53 Zu Obergreißlau eine Nachzeichnung in BKDPrS 3, S. 16; Die Darstellung bezieht sich auf Offenbarung des Johannes, Kap. 4 u. 5. In Grebehna, DHDKS 2, S. 1109, liegt das Fälldatum des später im Türsturz erneut verbauten Holzes um 1108 (Dendro-Gutachten 21.8. 2005, im Pfarrarchiv Schenkenberg); Auffällig altertümlich wirkt auch das Tympanon mit einem Lebensbaum in Spiralform. Demgegenüber scheint der Beschlag des Türblattes jünger (Beprobung wegen Nageldichte nicht möglich). Sein heute nicht mehr korrekt durchgehaltenes Muster ist vielleicht die Folge einer erneuten Behandlung des Türblatts in der Gotik, vgl. die Bänder. In Jahnshain, DHDKS 2, S. 412 f., ist das Tympanon heute leer.

54 Hier wahrscheinlich deshalb, weil sich das Bild im Tympanon auf ein einfaches Kreuz beschränkt, vgl. Schmutzler (wie Anm. 6), bes. S. 226.

55 Eisdorf war spätestens seit Beginn des 11. Jahrhundert kirchlicher Stützpunkt des Merseburger Bistums und auch Gerichtsort, vgl. Schlesinger, Walter: Kirchengeschichte Sachsens im Mittelalter, Bd. 1: Von den Anfängen kirchlicher Verkündigung bis zum Ende des Investiturstreites, Köln/Graz 1962, S. 160 f. (= Mitteldeutsche Forschungen, Bd. 27/1. Bei Beiersdorf ist umstritten, welcher gleichnamige Ort für die seit 1161 nachweisbaren wettinischen Ministerialen zutreffend war, vgl. Baudisch, Susanne: Lokaler Adel in Nordwestsachsen: Siedlungs- und Wirtschaftstrukturen vom späten 11. bis zum 14. Jahrhundert, Köln/Weimar/Wien 1999, S. 166 (= Geschichte und Politik in Sachsen 10). Vielleicht sollte auch die aufwändige Tür den Ausschlag für das Beiersdorf westlich von Grimma geben. – Die Edelfreien von Wahren, aktiv im Landesausbau sowie politisch und kirchlich erfolgreich, gehörten bis zum Tode des Merseburger Bischofs Heinrich von Wahren 1265 zu den führenden Familien der Region, vgl. Schieckel, Harald: Herrschaftsbereich und Ministerialität der Markgrafen von Meißen im 12. und 13. Jahrhundert, Köln/Graz 1956, S. 14 (= Mitteldeutsche Forschungen 7). Auch in Bezug auf Buchheim ist ein Herrensitz zu erwägen, vgl. Schieckel, ebd., S. 88, 103.

56 1 Könige, Kap. 6, S. 34 f. (ältere Lutherübersetzung): »zwei Türen von Tannenholz [Vulgata: duo ostia de lignis abiegnis] … und Schnitzwerk darauf von Cherubim, Palmen und Blumenwerk«. Vgl. auch Anm. 31.

57 Wikinger – Waräger – Normannen: 22. Kunstausstellung des Europarates. Katalog. Berlin 1992, hier S. 348, Nr. 458. Vgl. auch Abb. 12: Kirchentür Rogslösa, östlich des Mälarsee/Schweden, um 1200.

58 BKDPrS 8, S. 35 (mit Abb.); DHDKS 2, S. 424, keine Erwähnung, dagegen aber Stuttmann, Ferdinand: Beschlag, in: Reallexikon zur deutschen Kunstgeschichte, Bd. 2, Stuttgart 1948, S. 316.

59 Hier besonders kunstvoll. Diese Behandlung von Beschlägen in der Romanik findet sich sehr häufig, u. a. Zorbau, Zaasch, Zwochau-Grebehna (Abb. 10, 18), Leipzig-Wahren (Abb. 1), Jahnshain südwestlich von Rochlitz (Abb. 13). Vielleicht kommt die Anregung dazu aus dem lateinischen Tempelbaubericht der Vulgata, dort wird (1. Könige, Kap. 6, 35) bei der Beschreibung der zweiflügeligen Tür das Wort »celatura« verwendet, das sich von »caelo – mit dem [Grabstichel] ziselieren [!], mit Bildwerk verzieren« ableitet; »Blumenwerk« (Luther) ist demnach bereits eine Interpretation.

60 Das Beispiel in Zaasch als Unterlage des Türziehers fällt demgegenüber deutlich ab, vgl. Anm. 35.

61 Schade, Herbert: Drei Gesichter, Drei Köpfe, in: LCI 1, S. 537–539.

62 Vermutlich kein Vogel, sondern vielleicht das Wiesel (Kap. 21), der Biber (Kap. 23) oder der Fischotter (Kap. 25).

63 Vgl. die Ausgaben von Seel sowie Schönberger (wie Anm. 44) zu Kap. 16: S. 27 f. bzw. 31 f.; zu Kap. 30: S. 43 f., bzw. 48–53.

64 Psalm 41, Vers 2. – Die Wendung des Hirsches nach links auch in Engerda und Schwarzbach, vgl. Anm. 43.

65 Das Folgende verkürzt nach der Übersetzung von Seel (wie Anm. 44), S. 27 f., die häufigen biblischen Bezüge, ebd., S. 109.

66 Psalm 45, Vers 10.

67 Den Kontrast zur städtischen Welt zeigt extrem die seit 1220 erbaute Johanniskirche in Schwäbisch Gmünd mit 70 Bildern in den Steinfriesen der Westseite, die in großer Zahl aus dem »Physiologus« stammen, vgl. Strobel, Richard: Die Johanniskirche in Schwäbisch Gmünd: Stauferdenkmal und »Luxusbau« von 1870, o. O. 1997, bes. S. 59–70.

68 Bauarchäologisch stellt sich die Frage, ob der Beschlag einst zu der heute verunklärten, aber ursprünglich romanischen Nordpforte gehörte. An das Pfarrgelände anschließend, wurde sie von den Klerikern bei Eintritt in die Kirche benutzt.

69 Vgl. Anm. 55. Für einen Herrensitz spricht auch die Topografie: Das Kolonistendorf liegt unmittelbar südlich der alten Verbindung Grimma-Leipzig, dagegen nördlich davon auf einer Anhöhe die Kirche, die auffälligerweise keinen ortseitigen Eingang besitzt, sondern diesen im Norden hat und damit Bezug nimmt auf den vermutlich hier anschließenden Herrensitz. Siehe auch [Riedel, Karl Julius]: Beiersdorf, in: Sachsens Kirchen-Galerie. Bd. 9: Die Inspectionen Leipzig und Grimma, Dresden o. J., S. 232 u. Bildbeilage. Die alte Ortsanlage z. B. bei Petri, [Isaak Jakob]: Situations- und Cabinets.Carte … des Churfürtenthums Sachsen … auf beiden Seiten der Elbe- und Muldaustroms …, o. O. u. J. (aufgenommen vor 1763).

70 Mit Abb. bei BKDS 19, S. 8 und Kohlmann (wie Anm. 1), S. 106; genannt auch bei Stuttmann (wie Anm. 58), S. 316.

71 BKDS 19, S. 8; Kohlmann (wie Anm. 1), S. 106.

72 Auch Kitzen-Eisdorf (Abb. 6), Radefeld-Wolteritz (Abb. 2), Bad Lausick-Buchheim (Abb. 5); Waldkirchen/Vogtland, Kirchfährendorf (?), Rogslösa/Schweden (Abb. 11).

73 Eine deutliche Verwandtschaft zeigen die Beschläge von Grimma-Höfgen (Abb. 7, 19), Großbardau-Kleinbardau, Grethen, Taucha-Sehlis, vgl. Anm. 37.

74 BKDS 19, S. 8. Infrage kommen die Kapitel 2: Eidechse; 10: Natter; 11: Schlange; 31: Salamander; 21: Wiesel, das wie die Schlange auch paarweise dargestellt werden kann, vgl. Strobel (wie Anm. 67), S. 66.

75 Noch 1942 war eine stilisierte Feder am Schwanz vorhanden, inzwischen sind alle drei über das Türblatt verteilt.

76 Rabenvogel/ Krähe? (Kap. 40), Deutung aber sehr heikel; Blässhuhn (Kap. 47); Schwalben (Kap. 33); Storch (Kap. 52), der Reiher entfällt, sofern oben ein Blässhuhn, da beide austauschbar; der Kranich, erst nachträglich im »Physiologus«, verweist auf Undank, vgl. Dinkler-von Schubert, Erika: Kranich., in: LCI 2, S. 357 f.

77 U. a. Pompeji: Portal am Grundstück der Eumachia; Rom: Villa Livia und S. Clemente, hier Apsismosaik sowie ehemalige Portaleinfassung. Außerdem die Senfkornstaude, in der die Vögel nisten, vgl. Matthäusevangelium, Kap. 13, 31 f.

78 Stellvertretend für dieses Gefühl vgl. die Lyrik des Heinrich von Veldecke (um 1145 – nach 1200), der deshalb in der Manessischen Liederhandschrift auch inmitten der Vogelwelt abgebildet ist. Dazu de Boor, Helmut: Die höfische Literatur: Verbreitung, Blüte, Ausklang. 1170–1250. München 1960, bes. 251–254 (= Geschichte der deutschen Literatur: von den Anfängen bis zur Gegenwart 2).

79 Der Vergleich angelehnt an Strobel (wie Anm. 67), S. 62.

80 Markusevangelium, Kap. 14, 30 und 66–72.

81 Anm. 55.

82 Graf (wie Anm. 18), S. 49–60; inzwischen ergänzungsbedürftig.

83 Graf, Gerhard: Kirchentür aus der Kirche Leipzig-Wahren, um 1200, in: Leipzig original: Stadtgeschichte vom Mittelalter bis zur Völkerschlacht. Katalog zur Dauerausstellung des Stadtgeschichtlichen Museums Leipzig im Alten Rathaus. Bd. 1/ hg. von Volker Rodekamp, Altenburg 2006, S. 65 f; Ders.: Türflügel aus der Kirche Wahren, in: 1015: Leipzig von Anfang an. Begleitband zur Ausstellung des Stadtgeschichtlichen Museums Leipzig 20. Mai–25. Oktober 2015(Hg. Rodekamp, Volker/ Smolnik, Regina), Markkleeberg 2015, S. 184 f.

84 den Text vor Anm. 64.

85 Flemming, Johanna: Baum, Bäume, in: LCI 1, hier S. 264–268; Holl, Oskar: Seligpreisungen, in: LCI 4, S. 1148 f.

86 Kap. 34, vgl. Ausgabe Seel (wie Anm. 44), S. 51 f. und 114.

87 Neu befestigt an oberen Ende des C-Beschlags?

88 Beispiele bei Graf (wie Anm. 18), S. 56–58.

89 Insbesondere Kap. 19–22.

90 Ein eindeutiges weiteres Beispiel der Zahlenallegorese begegnet im Tympanon von Zwochau-Grebehna, vgl. DHDKS 2, 1109; siehe auch Abb. 10.

91 Außerhalb der bildlichen Darstellung findet sich ein aufschlussreicher Beleg, der die Vertrautheit mit den 24 Ältesten bezeugt, in einem Phylakterium von 1142, vgl. Koch, Ernst: Das Beschwörungstäfelchen des 12. Jahrhunderts von der Liebfrauenkirche in Halberstadt, in: Nordharzer Jahrbuch 14 (1989), S. 33–44 (= Veröffentlichungen des Städtischen Museums Halberstadt 22). Auch Hoffmann, Konrad: Älteste, Vierundzwanzig, in: LCI 1, S. 107–110.

92 So die Ortschronik Freiroda (Die an sich vorhandene urkundliche Quelle ist derzeit nicht zu belegen). König, Valentin: Genealogische Adels-Historie oder Geschlechts-Beschreibung derer Im Chur-Sächsischen und angraentzenden Landen … Adelichen Geschlechter, Dritter Theil, Leipzig 1736, S. 1142–1158.

93 U. a. die neuen Fenster für den erweiterten Altarraum mit Mittelsäule und Maßwerk (inzwischen Verlust).

94 Die Tür wurde restauriert von Olaf Ehrhardt, Restaurierungswerkstatt historischer Möbel, 01097 Dresden (mit Dokumentation), vgl. auch Anm. 19.

95 Vgl. Anm. 29.

96 Seehausen: BKDS 16, S. 114. Wiederitzsch: 1877 zerstört, aber eine Pause vorhanden; Nach Abnahme des Putzes 1994 zeigte sich die einheitliche Baumaßnahme von Sakristeitürstock und Sakramentsnische (Unterlagen dazu im Ev.-Luth. Pfarramt).

97 Zu Sietzsch und Kölsa kein Beleg in DHDKS 2, S. 790, bzw. S. 1032; zu Glesien BKDPrS 16 (1892), S. 99; in Lützschena-Hänichen 1906 aufgefunden, vgl. Bautagebuch (Pfarrarchiv Lützschena).

98 Diese Tür in DHDKS 2, S. 651, nicht erwähnt, ihre dendrochronologische Einordnung um 1450 (2005; Pfarrarchiv Schenkenberg). Außerdem: als Ausnahme unter den Türbeschlägen im Merseburger Dom auf dem Schlossblech an der Tür zur Nordsakristei; in Obergreißlau, DHDKSA 2, S. 629, den ergänzten spätgotischen Beschlag abschließend (Abb. 9); Falkenberg östlich von Bad Duben, DHDKS 2, S. 992 f., sekundär Sakristeitür innen; Süptitz westlich von Torgau, Südtür; die Blattform sehr angenähert gleichfalls auf dem überarbeiteten romanischen Beschlag in Jahnshain südwestlich von Rochlitz besonders am Ende der Querbänder (Abb. 17).

99 Inschrift am neu erbauten Chor, DHDKS 2, S. 331 f.

100 Vermutlich zugleich auf das Martyrium und das Paradies hinweisend; z. B. Lissa, Wiedemar-Kölsa, Krostitz-Hohenleina. Vgl. auch Wieckowski (wie Anm. 12), hier S. 257.

101 Z. B. Leipzig-Wiederitzsch, Leipzig-Seehausen, Podelwitz, Zschortau; auch die bemalte Holzdecke in Bad Lausick-Etzoldshain, DHDKS 2, S. 57.

102 Magirius, Heinrich: Denkmalpflege an Kirchenbauten der obersächsischen Spätgotik, in: Denkmalpflege in Sachsen: Ihre Erhaltung und Pflege in den Bezirken Dresden, Karl-Marx-Stadt, Leipzig und Cottbus, Weimar 1978, hier S. 174.

103 Neben den genannten Beispielen (vgl. Belege zu Anm. 15–17) ist auch die – historistisch überarbeitete? – Sakristeitür in Krostitz-Hohenleina mit Rautengitter und je in die Mitte gesetzten gemalten Rosetten zu erwähnen. Gleichfalls sollte man die zahlreichen Türzieher mit Rosettenunterlage beachten.

104 Vgl. Anm. 49.

105 Vgl. Anm. 29.

106 Vgl. Bandmann, Günter: Acht, Achteck, in: LCI 1, S. 40 f.

107 U. a. für die Glasmalerei, in europäischer Dimension, territorial geordnet, das Corpus Vitrearum Medii Aevi, 1956 ff. Für die Tympana exemplarisch Neubauer (wie Anm. 45).

108 Abschließend nochmals ausdrücklich gedankt wird für Auskünfte, Abbildungen und technische Hilfe Helmut Böttcher, Wolf Dähne, Dr. Friedrich Gentzsch, Dr. Heiko Jadatz, Susanne Riemer-Ranscht, Armin Rudolph, Dr. Günter Thiel, Beate und Alexander Wieckowski und Reinhard Wilke.

Abbildungsnachweis
1–19 Autor.

Das Gewandhaus in Zwickau

Neue Erkenntnisse zur Baugeschichte und naturwissenschaftliche Untersuchungen historischer Baumaterialien in Vorbereitung der Sanierungsmaßnahmen

Norbert Oelsner, Matthias Zötzl

Abb. 1   Zwickau, Gewandhaus, Nordgiebel (2016).

Zu den bedeutendsten und identitätsstiftenden historischen Gebäuden der Stadt Zwickau gehört das Gewandhaus, dessen grundlegende Sanierung gegenwärtig vorbereitet wird. Das Gewandhaus befindet sich direkt neben dem Zwickauer Rathaus an der Südseite des Hauptmarktes *(Abb. 1)*. Errichtet wurde der eindrucksvolle Bau in den Jahren 1522 bis 1525 als städtisches Kaufhaus.[1] Die Bezeichnung Gewandhaus ist auf die einstige Hauptfunktion des Gebäudes – die Präsentation und den Verkauf von Tuchwaren mit der sogenannten Tuchschau im großen Saal des Obergeschosses – zurückzuführen, setzte sich aber erst seit Anfang des 19. Jahrhunderts durch. Nachdem das Obergeschoss schon zuvor für Theateraufführungen genutzt worden war, wurde das Haus 1853 bis 1855 zum festen Stadttheater umgebaut. Bis dahin waren im Erdgeschoss u. a. die Ratswaage, die Salzkammer und vor allem die Fleisch- sowie die Brotbänke untergebracht.[2] Die ursprüngliche Raumstruktur ist hier noch weitgehend nachweisbar *(Abb. 2)*.

Das Gewandhaus besaß einen mittelalterlichen Vorgänger. Auf Grund des festgestellten baufälligen Zustandes traf der Zwickauer Rat 1521 die Entscheidung, dieses Gebäude abbrechen und einen Neubau errichten zu lassen.[3] Zur bestmöglichen Vorbereitung des Vorhabens holte man sich den fachlichen Rat angesehener Werkmeister aus Annaberg und Naumburg ein. Diese kamen am 16. November 1521 nach Zwickau.[4] Der Werkmeister aus Annaberg dürfte mit Jakob Heilmann von Schweinfurt, dem Baumeister der Annenkirche und Schüler des berühmten Prager Werkmeisters Benedikt Ried, zu identifizieren sein. Bei dem Meister aus Naumburg handelte es sich nach neuestem Erkenntnisstand mit großer Wahrscheinlichkeit um Hans von Witzleube (seit 1517 Ratssteinmetz und seit 1523 Ratswerkmeister), unter dessen Leitung u. a. von 1517 bis 1528 das Naumburger Rathaus weitgehend neu errichtet wurde.[5] Im Ergebnis der Beratungen in Zwickau erhielt der »Meister aus Naumburg« den Auftrag ein »Muster zum Newhe kauffhawße abzureyßen«. Dieses wurde im Dezember 1521 nach Zwickau geliefert.[6] Der architektonische Entwurf für das Zwickauer Gewandhaus stammt also nicht von Jakob Heilmann, wie in der Forschung noch immer behauptet wird, sondern offensichtlich von Hans von Witzleube. Für Jakob Heilmann ist von einer bauvorbereitenden beratenden Tätigkeit auszugehen.

Am 9. April 1522 begann der Abbruch des alten Kaufhauses und am 9. Mai 1522 wurde der Grundstein für den Neubau gelegt.[7] Die Bauausführung übernahmen ausschließlich Zwickauer Meister. Die Bauleitung und Detailplanung oblag Meister Friedrich (Schultheiß), dem Steinmetz. An der Spitze der Zimmerer stand Meister Martin Wagner. Für die Maurerarbeiten und damit auch für die verwendeten Steinbaumaterialien zeichnete neben Friedrich Schultheiß Meister Erhard verantwortlich.[8]

Zu Beginn des Jahres 1525 war das Gewandhaus weitgehend fertiggestellt. Allerdings entsprach die Entwurfsplanung zum großen Giebel inzwischen nicht mehr den ambitionierten Vorstellungen des Zwickauer Rates. Laut Ratsprotokoll vom Februar 1525 sollte selbiger »des gewirres halb« nicht nach einem 1524 von Friedrich Schultheiß vorgelegten »Muster« aufgeführt werden, sondern man wollte nun »in ander wege einen leichtfurigen, guten ansehnlichen gibel«[9] errichten lassen. Nach Emil Herzog, dem verdienstvollen Zwickauer Stadtchronisten, wurde der Hauptgiebel in seiner uns bekannten Gestalt erst 1539 vollendet.[10] Dies kann nun im Ergebnis eines nochmaligen Prüfens der Schriftquellen bestätigt werden. 1538/39 fanden tatsächlich in einer zweiten Bauphase wiederum intensive Arbeiten am »Newen Kauffhaus« statt. Am umfangreichsten

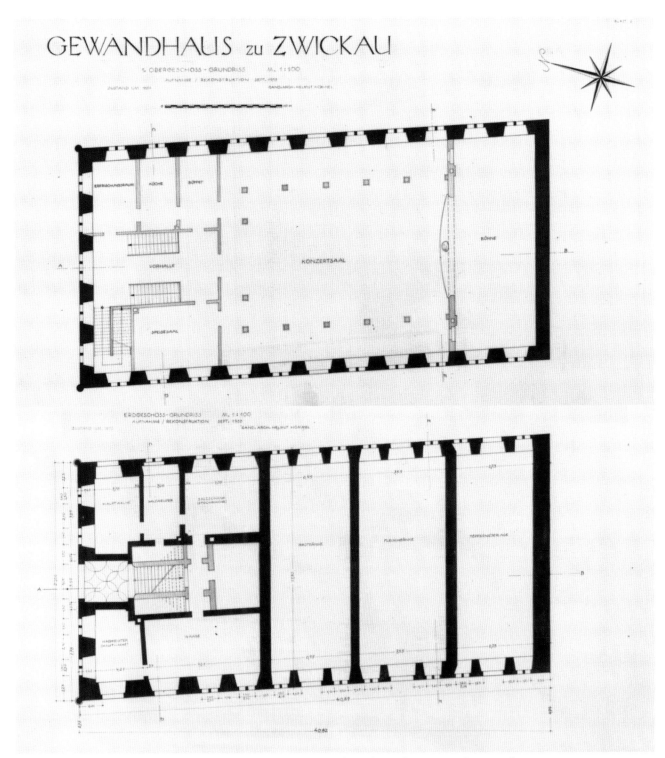

Abb. 2   Zwickau, Gewandhaus, Grundriss Erdgeschoss (unten) und 1. Obergeschoss, Zustand um 1854.

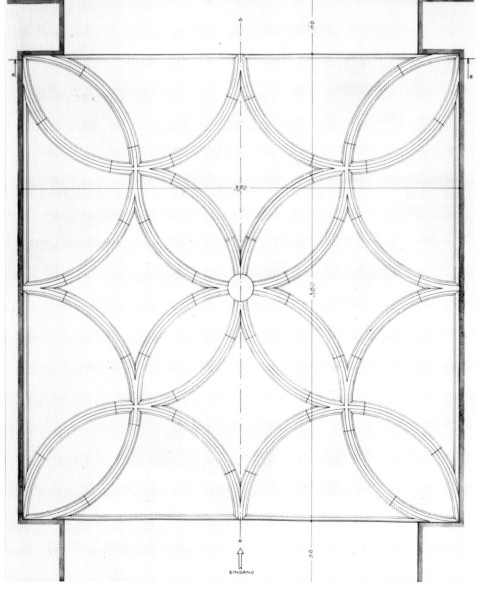

Abb. 3   Zwickau, Gewandhaus, Schlingrippengewölbe der Eingangshalle (oben: Zustand 2016, unten: Zeichnung 1954).

Abb. 4   Dresden, ehemaliges Residenzschloss, Schlosskapelle mit rekonstruiertem Gewölbe im Rohbau (2013).

waren dabei die Arbeiten an »den gibeln«.[11] Es ist folglich davon auszugehen, dass mit dem großen Hauptgiebel auch der rückwärtige Giebel erst jetzt seinen baulichen Abschluss erhielt. Gebaut wurde weiterhin auch an den Erkern. Eine weit über Zwickau und Sachsen hinausreichende Bedeutung kommt dem Eingangsgewölbe des Gewandhauses zu *(Abb. 3)*. Der architekturgeschichtlichen Forschung gilt dieses kleine Schlingrippengewölbe »als Vorentwicklung der Berliner Schlosskapellenwölbung (1540), die wohl von Konrad Krebs entworfen wurde … Kurze Zeit später folgte das Gewölbe der Dresdner Schlosskapelle«[12] (Fertigstellung wohl 1552/ 53) *(Abb. 4)*. Dabei ging die Forschung bisher davon aus, dass das Zwickauer Gewölbe 1525 entstand und von Jakob Heilmann entworfen wurde. (Krebs wiederum war Heilmanns Mitarbeiter gewesen.)[13] Die neu erschlossenen Schriftquellen des Zwickauer Stadtarchivs besagen aber in Bezug auf die Gewölbeentstehung Anderes. Das »gewelbe im kauffhaus« wurde erst 1538/ 39 errichtet und stammt – bisher nicht bekannt – von Paul Speck, der wohl für die gesamte Baumaßnahme am Gewandhaus verantwortlich zeichnete.[14]

Der von 1534 bis 1543 mit seiner Werkstatt in Zwickau ansässige Paul Speck gehört zu den herausragenden sächsischen Werkmeistern, Steinmetzen und Bildhauern der Renaissance, deren Werk bis in die jüngere Vergangenheit zu Unrecht nur wenig Beachtung gefunden hat. Es sei deshalb auf die 2010 erschienene fundierte Würdigung dieses vielseitigen Meisters durch Wolfram Günther hingewiesen. Sie kann hier um einige wichtige Erkenntnisse zu Specks Wirken – vielleicht sogar als Schöpfer des meisterhaften Schlingrippengewölbes der Dresdner Schlosskapelle, das inzwischen auf spektakuläre Weise rekonstruiert werden konnte – erweitert werden.[15]

Erst mit der Fertigstellung/ Umgestaltung des Gewandhauses durch Paul Speck 1538/ 39 erhielt der stattliche spätgotische Bau der Meister Hans Witzleube und Schultheiß – ganz im Sinne des Zwickauer Rates – sein damals neuartiges und bis heute beeindruckendes Gesamterscheinungsbild. Das Zwickauer Gewandhaus zählt damit zu den frühesten Monumenten bürgerlichen, dem Gemeinwohl verpflichteten Bauens nicht nur in Sachsen, sondern in der gesamten Bundesrepublik, bei denen die neuartige Formensprache der Renaissance ihren Ausdruck fand.

Norbert Oelsner

Im Rahmen restaurierungsvorbereitender und baugeschichtlicher Forschung wurden am Gewandhaus naturwissenschaftliche Untersuchungen an den historischen Baumaterialien an Mauersteinen und Mörteln durchgeführt.[16] Ein erster Teil dieser Untersuchungsergebnisse, die Gesteinsbestimmung und Mörteluntersuchungen des bauzeitlichen (1522–25) Setzmörtels im Fundamentbereich sowie Befunde eines vermutlich bauzeitlichen Fassadenputzes, wird im Folgenden vorgestellt. Das Gewandhausfundament wurde nach Ergebnissen umlaufender punktartiger Sondierungen aus einem Bruchsteinmauerwerk verschiedener Gesteine der Region erbaut. Dabei dominieren im Bereich der Westseite Planitzer Pechstein neben Kohlesandstein und auf der Ostseite, der ebenfalls in Planitz abgebaute »grüne« Porphyr und untergeordnet Kohlesandstein. Das aufgehende Mauerwerk bis zum Giebel, der aus Ziegeln besteht, wurde aus Natursteinquadern der grauen Varietät des Kohlesandsteins erbaut und später bei Umbauten und Vierungen mit unterschiedlichen Materialien ergänzt. Durchgeführte Umbauten an der Giebelseite erfolgten mit einem grünlich-beigen Feinsandstein bisher ungeklärter Herkunft, der – lagig aufgebaut – Anteile an Feldspat sowie Dolomit und Calcit im Bindemittel enthält. Nach dieser Umbauphase wurde hauptsächlich

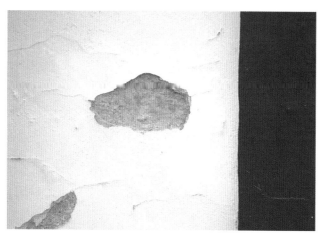

Abb. 5   Gewandhaus, Giebelfassade, Bereich links neben westlicher Kohlesandsteinsäule, Sondierungspunkt mit vermutlich bauzeitlichem Putz auf Kohlesandsteinoberfläche.

Abb. 6   Gewandhaus, Giebelfassade, Bereich links neben westlicher Kohlesandsteinsäule, vermutlich bauzeitlicher Putz auf Kohlesandsteinoberfläche.

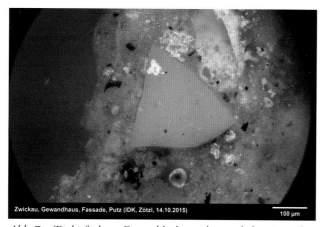

Zwickau, Gewandhaus, Fassade, Putz (IDK, Zötzl, 14.10.2015)   100 µm

Abb. 7   Türkisfarbene Eisenschlacke im bauzeitlichen Fassadenputzmörtel; lichtmikroskopische Aufnahme, Auflicht, Dunkelfeld.

Elbsandstein (Cottaer Varietät) als Ersatzmaterial für den Kohlesandstein verwendet. Für Mörteluntersuchungen wurden Mörtel-Anschliffe des dem westlichen Fundamentbereich entnommenen bauzeitlichen Setzmörtels und eines vermutlich bauzeitlichen Fassadenputzes der Giebelfassade mit mikroskopischen Methoden analysiert.

Der Putzbefund *(Abb. 5, 6)*, ein weißer bis hellbeiger Mörtel, an der Fassade teilweise überdeckt durch einen deutlich beigefarbenen Putz jüngeren Datums, zeigt eine feste Anbindung zum Kohlesandsteinmauerwerk. Es wurde ein Bindemittel-Zuschlag-Verhältnis von ca. 1:1 (Angabe in Volumenteilen) bestimmt. Neben einer kalkspatzenreichen Matrix wurden unterschiedliche Komponenten im Zuschlag identifiziert, dessen Basis ein quarzreicher Flusssand ist, der wahrscheinlich aus Sedimenten der Zwickauer Mulde stammt. Es wurden kantengerundete, hauptsächlich türkisfarbene bis milchigweiße Schlackekomponenten beobachtet, die mit dem Flusssandzuschlag in den Mörtel gelangten und vermutlich ebenfalls aus der Zwickauer Mulde stammen. In den türkisfarbenen Schlacken *(Abb. 7)* konnten tropfenförmige metallische Einschlüsse beobachtet werden, die auf Eisenschlacken hinweisen *(Abb. 8)*. Dies wurde mittels Rasterelektronenmikroskopie (REM) und energiedispersiver Röntgenanalyse (EDX) bestätigt. Ähnliche Schlacken wurden in historischen Mörteln der Alten Münze und der St. Katharinenkirche gefunden. Auch in der bauzeitlichen Fassadenputzprobe wurde eine große Zahl an Steinkohlekomponenten gefunden *(Abb. 9, 10)*, die tonreiche Schlieren und winzige punktartig oder wolkig ausgebildete Eisendisulfid-Einschlüsse zeigen. Diese bestehen aus vielen sehr kleinen, radialstrahlig aufgebauten Eisendisulfid-Kristallen *(Abb. 11)*, die bei der Nutzung der Steinkohle als Brennstoff zersetzt werden und in der Vergangenheit maßgeblich mit zur Schwefeldioxid-Belastung der Luft beigetragen haben. Daher kann angenommen werden, dass die Steinkohle nicht als Relikt des Kalkbrennens mit dem Kalk in den Mörtel gelangte, sondern vermutlich mit dem Zuschlag. Durch den intensiven Kohleabbau führte die Mulde im Zwickauer Raum, zur Bauzeit des Gewandhauses vermutlich einen Anteil an Steinkohle in der Flusssedimentfracht. Schriftlich belegt ist der Steinkohleabbau in Zwickau seit dem 14. Jahrhundert (Hoth et al. 2008, vgl. Anm. 16). Analysen der im Mörtel enthaltenen Kalkspatzen erlauben Rückschlüsse auf die Zusammensetzung des bauzeitlich eingesetzten Kalk-Bindemittels, da hier der Kalk ohne Verunreinigungen durch Zuschläge vorliegt. REM- und EDX-Analysen weisen auf reine Luftkalke hin. Es wurden keine hydraulischen Anteile in den Kalkspatzen vorgefunden, die auf eine bauzeitliche Anwendung von aus Mergeln gebrannten natürlich-hydraulischen Kalken schließen lassen. Allerdings wurden dem Mörtel in Verbindung mit einer rekristallisierten schwarzen Schlacke hydraulisch reagierende Komponenten bewusst oder unbewusst zugegeben, die zu einer Festigkeitssteigerung beitrugen. REM- und EDX-Analysen zeigen eine Vielzahl großer, nicht vollständig hydratisierter Klinkerkörner im Mörtelgefüge. Diese sind größtenteils mit schwarzen Schlacken assoziiert oder direkt im Gefüge der Schlacken eingeschlossen *(Abb. 12)*. Sie enthalten zum Teil gut differenziert die unter anderem auch im Portlandzementklinker typischen Mineralphasen: Belit (C_2S), Tricalciumaluminat (C_3A) und

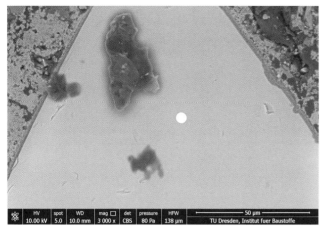

Abb. 8   Tropfenförmiger Fe-Einschluss in der türkisfarbenen Eisenschlacke, REM-Aufnahme.

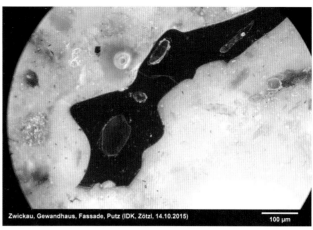

Abb. 9   Steinkohlekomponente im bauzeitlichen Fassadenputzmörtel, lichtmikroskopische Aufnahme Auflicht, Dunkelfeld.

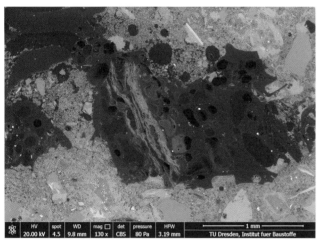

Abb. 10   Steinkohlekomponente mit Tonschlieren (Kaolinit) im
bauzeitlichen Fassadenputzmörtel, REM-Aufnahme.

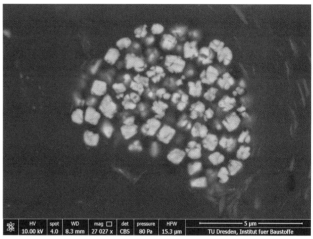

Abb. 11   Eisendisulfid-Sonnen im bauzeitlichen Fassadenputzmörtel, REM-Aufnahme.

Abb. 12   Bauzeitlicher Fassadenputzmörtel: Schlacke mit Klinker-
anteilen, die eine Lösungs- und Reaktionssaum zeigt; REM-Aufnahme.

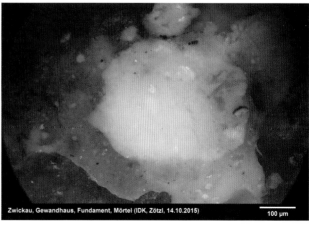

Abb. 13   Historischer Kalkmörtel aus Fundamentbereich; Kalk-
spatz lichtmikroskopische Aufnahme Auflicht, Dunkelfeld.

Aluminatferrat (C$_4$AF). Dieses Zementklinkerinventar trägt zu einer langsamen spannungsarmen Festigkeitsentwicklung bei.

In der Setzmörtelprobe, die dem westlichen Fundamentbereich in ca. 100 Zentimeter Tiefe entnommen wurde, werden in einer kalkspatzenreichen Matrix *(Abb. 13)* keine hydraulischen Komponenten nachgewiesen. Mittels REM und EDX untersuchte Kalkspatzen zeigen keine hydraulischen Bestandteile des Kalkrohstoffs. Das Bindemittel-Zuschlag-Verhältnis wird mit ca. 1:1 (Angabe in Volumenteilen) bestimmt. Der Quarzsandzuschlag mit einem Größtkorn von sechs Millimetern enthält keine Schlackekomponenten.

Für die Nachstellung der historischen Fassadenputzoberflächen wurde empfohlen, die Rezepturen für Mörtelergänzungen und Putzmuster an den historischen Befund farblich-strukturell anzupassen und vor der Ausführung Musterflächen anzulegen. Das Mischungsverhältnis muss dabei auf moderne Bindemittel (Oberfläche, Schüttdichte) abgestimmt werden.

Besonderer Dank gilt Frau Dipl.-Ing. Simone Hempel, TU Dresden, Institut für Baustoffe, für die REM-Analysen und Herrn Dipl.-Rest. Stefan Reuther, Landesamt für Denkmalpflege Sachsen, für die lichtmikroskopischen Aufnahmen.

Matthias Zötzl

Anmerkungen

1 Einen guten Überblick zur Baugeschichte bietet noch immer Hommel, Helmut: Das Gewandhaus in Zwickau, Dresden 1954, masch.schr. Manuskript im LfD Sachsen. Siehe inzwischen auch Herrmann, Claudia: Gewandhaus Zwickau – Restauratorische Untersuchung an historischen Bereichen, Bericht 2016, Dokumentationssammlung LfD Sachsen.

2 Schmidt, Tobias: Chronica Cygnea oder Beschreibung der sehr alten, löblichen und Churfürstlichen Stadt Zwickau … Zwickau 1656, Teil 1, S. 36 f.; Herzog, Emil: Chronik der Kreisstadt Zwickau, Teil 1, Zwickau 1839, S. 191–194.

3 Stadtarchiv Zwickau, Ratsprotokolle 1521 Bl. 16 b. Ebenda, Ratsrechnungen RR 1519–1522 Nr. 2, Bl. 47 b–54 a.

4 Ebenda Bl. 49.

5 Herrn Reinhard Schmitt, Halle, ist für seine Hinweise herzlich zu danken.

6 Sadtarchiv Zwickau, Ratsrechnungen (wie Anm. 3), Bl. 53 b u. 54 a.

7 Schmidt (wie Anm. 2), S. 36.

8 Stadtarchiv Zwickau Ratsrechnungen RR 1519–1522, Bl. 31 – Bl. 40 sowie Hommel (wie Anm. 1), hier S. 5.

9 Stadtarchiv Zwickau, Ratsprotokolle 1522–1525, Bl. 12 u. 39.

10 Herzog, Emil: Chronik der Kreisstadt Zwickau, Teil 2, Zwickau 1845, S. 249.

11 Stadtarchiv Zwickau, Rechnungen 1536–1538, Karton 16, Nr. 19, Einnahme und Ausgabe im Bauamt 1537/38, Bl. 244 und Bl. 254 f.

12 Bürger, Stefan/Anwand, Jens-Uwe: Das Schlingrippengewölbe – Zur Methode der Formfindung, in: Staatsministerium der Finanzen. Freistaat Sachsen (Hrsg.): Das Schlingrippengewölbe der Schlosskapelle in Dresden, Altenburg 2013, S. 39–69, hier S. 60. Siehe auch Wendland, David: Wie haben die spätgotischen Architekten die Kurven der Bogenrippen geometrisch konstruiert, in: ebenda, S. 34–38, hier S. 37.

13 Ebenda S. 60. Laut Bauakten zum Gewandhaus im Zwickauer Stadtarchiv war der Hauptgiebel Mitte des 19. Jahrhunderts statisch gefährdet. Er sollte abgetragen und nach historischem Vorbild wiedererrichtet werden. In welchem Umfang dies dann bei der vorgenommenen Sanierung 1854/55 erfolgt ist, bedarf noch der genaueren Untersuchung.

14 Stadtarchiv Zwickau (wie Anm. 11).

15 Speck war, wie u. a. auch seine erhaltenen Werkzeichnungen/ Entwürfe zur Wölbung großer sächsischer Hallenkirchen, so der Zwickauer Marienkirche (Dom St. Marien) und der Wolfgangs-
kirche in Schneeberg zeigen, einer der ausgesprochenen Spezialisten auf dem Gebiet der Wölbkunst im mitteldeutschen Raum. 1543 mit seiner Werkstatt nach Leipzig übergesiedelt, stand er von 1546–1555 in kurfürstlichen Diensten und war vor allem für den dortigen Festungsbau zuständig. Siehe Günther, Wolfram: Paul Speck – Werkmeister, Bildhauer und Bauunternehmer im Dienste von Bürgern, Städten, Adel und Landesherren, in: Neugebauer, Anke und Jäger, Franz (Hg.): Auff welsche Manier gebauet. Zur Architektur der mitteldeutschen Frührenaissance (= Hallesche Beiträge zur Kunstgeschichte 10), Bielefeld 2010, S. 253–275. Bürger, Stefan: Figurierte Gewölbe zwischen Saale und Neisse – Spätgotische Wölbkunst von 1400 bis 1600. Weimar 2007, Teil 2, S. 285–289.
Zu folgendem siehe künftig ausführlich Oelsner, Norbert und Prinz, Henning: Das Residenzschloss unter Kurfürst Moritz und Kurfürst August, in: Das Residenzschloss zu Dresden (1547–1694), Bd. 2 (in Druckvorbereitung). In die Zeit der Tätigkeit Paul Specks für die Landesherren fällt nun gerade auch die Errichtung des kurfürstlichen Residenzschlosses in Dresden mit seiner einzigartigen Schlosskapelle. Leider finden sich in den Schriftquellen keine Angaben darüber, von wem die Entwürfe für das meisterhafte Schlingrippengewölbe stammen. Während Heinrich Magirius als bester Kenner der Baugeschichte der Schlosskapelle sich deshalb hinsichtlich einer Zuschreibung zurückhält, derselbe: Die evangelische Schlosskapelle zu Dresden aus kunstgeschichtlicher Sicht, Altenburg 2009, sehen Stefan Bürger und Matthias Müller den kurfürstlichen Obersteinmetzen Melchior Trost als den Schöpfer des Gewölbes an. So M. Müller in einem Vortrag am 11. Juli 2015 in der Dresdner Schlosskapelle. Im Unterschied zu dieser nicht genauer begründeten Annahme legen es die vorstehend erläuterten Sachverhalte und neuen Forschungsergebnisse vielmehr nahe, Paul Speck als entwerfenden Baumeister für das Gewölbe der Dresdner Schlosskapelle in Betracht zu ziehen. Vielleicht war Speck sogar an der Errichtung der Berliner Schlosskapelle beteiligt. Jedenfalls war er durch gemeinsame Arbeit an Schloss Hartenfels in Torgau mit Konrad Krebs, der den dortigen Schlossbau leitete und auch maßgebenden Anteil am Bau des Berliner Schlosses hatte, gut bekannt.

16 Hoth, K. et al.: Steinkohlenlagerstätte Zwickau. Reihe Bergbau in Sachsen, Bd. 15 (2008), Oberbergamt; Meinhard, J./Zötzl, M. (2012) Analysis in Monument Preservation – Characterisation of Historical Mortar and Concrete by Microscopy. Proceedings of the 34th International Conference on Cement Microscopy association (ICMA), Halle, S. 222–227; Middendorf, B./Hughes, J. J./ Callebaut, K./Barino, G./Papayianni, I.: Investigative methods for the characterization of historic mortars – Part 1: Mineralogical characterisation. Mat. Struc. 38, S. 761–769, Part 2: Chemical characterisation. Mat. Struc. 38, 2005, S. 771–780; Schlütter, F.; Juling, H.; Hilbert, G. (2001): Mikroskopische Untersuchungsmethoden in der Analytik historischer Putze und Mörtel, in: »Historische Fassadenputze – Erhaltung und Rekonstruktion«, Fraunhofer IRB-Verlag, Stuttgart (Hg. Andreas Boué), 2001, S. 45–68; Zötzl, M./Herrmann, C., Oelsner, N.: Naturwissenschaftliche Untersuchungen an schlackehaltigen historischen Mörteln aus der »Alten Münze« in Zwickau, in: T. Gluhak, S. Greiff, K. Kraus, M. Prange (Hg.), Archäometrie und Denkmalpflege 2015, Jahrestagung an der Johannes-Gutenberg-Universität Mainz, 25.–28. März 2015, Metalla, Sonderheft 7, Bochum 2015, S. 148–150; Zötzl, M./Oelsner, N.: Naturwissenschaftliche Untersuchungen historischer Mörtel im Rahmen der Bauforschung in der Sakristei der St. Katharinenkirche in Zwickau, in: Interdisziplinäre Forschung in der Denkmalpflege (Hg.: Institut für Diagnostik und Konservierung an Denkmalen in Sachsen und Sachsen-Anhalt e. V.), 2016, S. 174–184.

Abbildungsnachweis

1 Messbildstelle Dresden; 2 Aufnahme und Rekonstruktion, Zustand um 1854 aus H. Hommel, 1954; 3 Torsten, Remus, LfD Sachsen (oben), Aufmaß aus H. Hommel, 1954 (rechts); 4 Norbert Oelsner (2013), LfD Sachsen; 5–13 IdK.

Soweit das Auge reicht – die Welt en miniature: Kurfürst August, Friedrich Bercht und Heinrich Göding d. Ä.

Andreas Dubslaff

Beim Betrachten einer modernen Landkarte steht einzig deren Genauigkeit und Benutzbarkeit im Mittelpunkt. Es käme niemandem in den Sinn, sie als Werk der bildenden Kunst zu betrachten. Und doch waren es auch Künstler, die am Entstehen von Karten in den vergangenen Jahrhunderten beteiligt waren. Die Namen vieler von ihnen sind heute nicht mehr bekannt, andere hingegen bringt man nicht in erster Linie mit der Kartografie in Verbindung wie Albrecht Dürer, der u. a. Sternenkarten schuf.

Wieweit Künstler beim Entstehen von Karten mitarbeiteten, welche Rolle der Kupferstich dabei spielte und in welchem Maße bestimmte Elemente und Symbole in anderen Bereichen wiederverwendet wurden, sollen die folgenden Ausführungen zeigen.

Die im 16. Jahrhundert verstärkt einsetzende Tendenz der Landesherren, ihr Territorium mit Hilfe der Kartografie bis ins Kleinste zu visualisieren, hatte viele Gründe – der unzweifelhaft offensichtlichste ist jener, den eigenen Besitz zu kennen und abzugrenzen. Die Kleinteiligkeit der dargestellten Gebiete ermöglichte es, vieles detaillierter darzustellen als dies auf einer großmaßstäblichen Karte möglich war. Umso größer waren in einigen Fällen die Symbole, die etwa Städte, Dörfer, Flüsse usw. kennzeichneten. An dem Punkt, an dem aus einem Symbol ein Bild wird, auf dem man Einzelheiten erkennen kann, sei es das Gefüge einer Ortschaft oder eines bestimmten Gebäudes, wie stilisiert es auch sein mag, wird diese Darstellung für die Kunst- und Geschichtswissenschaft interessant.

Es gilt als Allgemeinplatz, einen Herrscher als außergewöhnlich und seiner Zeit voraus zu bezeichnen. An dieser Stelle müssen die Werke im Bereich des Kunstgewerbes, der Kartografie und der Landvermessung für ihren Schöpfer Kurfürst August von Sachsen sprechen. Dem Interesse und der aktiven Teilnahme von Kurfürst August am Vermessungswesen wurde nach über einem Jahrhundert der Ruhe unlängst wieder verstärkt Bedeutung geschenkt.[1] Der beteiligten Künstlern wird dabei nur am Rande gedacht.

Im Folgenden ist ein Auftrag von Interesse, den August an einen seiner Hofkünstler, Friedrich Bercht, übermitteln ließ: »Vnser gnädigstes begeren vnnd beuhelen ist du wollest vnsern Mahler Friedrich Brechte zu Dressden von vnsertwegen beuhelen, Vff ein Kupferblech, Stedte, Schlösser, Merckte, Dorffer, Forwege, Scheffereien, Krüge oder Wirdtshäuser, Mühlen, Schiffreiche Wasser, Gemeine ströme, Beche, teiche, Holz, desgleichen eine Compassscheibe, vff 90 geteilt, vfs gefugste vnd subtilste als sich leiden wil, dermassen vnterschedlich zu stechen, das vnter Jdes, was es sei, gezeichnet werde vnd man

auss den Abdrücken ein Jdes sonderlich vnuerletzt des andern abschneiden könne. Wann solche Kupferstich fertig, wollest du vonn vier Buch Pappier abdrücke machen lassen vnd vns förderlichst zufertigen … Datum Mulberg den 7. Sept. Anno 75«.[2]

Zwei Wochen später präzisierte der Herrscher seine Wünsche und ließ den Künstler folgendes wissen: »Wir haben die anderen nachgeschickten Kupferstich empfangen vnd haben vns dieselbigen besser dann die ersten gefallen, begehren derhalben, du wollest vns derselben Kupferstich mehr drucken vnd sampt dem Kupferblat anhero schickenn, vnd geben lassen …«[3]

Wozu August diese Kupferstiche verwendete, ist bekannt.[4] Er nutzte sie zur Anfertigung der Routenrollen von seinen Reisen. Das Datum, an dem der Auftrag an Bercht erging, war bewusst gewählt. Kaum einen Monat später, im Oktober des Jahres 1575 machte sich der Kurfürst auf den Weg zum Kurfürstentag nach Regensburg. Von dieser Reise wie auch von weiteren haben sich die Routenrollen oder Örtungen, wie August sie nannte, erhalten.[5]

Laut Ruge existieren zwei verschiedene Versionen jener Kupferstiche, ohne dass der Autor jedoch nähere Angaben zu ihnen macht.[6] Schmidt hat versucht, die erste und zweite Version der Stiche aufgrund von Qualitätsunterschieden der in den Rollen verwendeten Darstellungen aufzuzeigen.[7] Der Autor benannte die Routenrolle von Annaburg nach Schwerin als älteste Rolle, was jedoch aufgrund der Tatsache, dass das in der Karte aufgeführte Schloss Glücksberg erst ab 1576 gebaut wurde, nicht möglich ist.[8]

Der ausführende Künstler, der aus Chemnitz stammende Friedrich Bercht, arbeitete in den folgenden Jahren noch öfter für seinen Landesherren. Neben künstlerischen Arbeiten, wie etwa Entwürfen für Ritterspiele, unterrichtete er Kurfürst August auch im Zeichnen und in der Perspektive.[9]

Bisher war es nicht möglich die Kupferstiche zu lokalisieren, was u. a. daran lag, dass sie einem anderen Künstler zugeschrieben wurden. Die Rede ist von Heinrich Göding dem Älteren, ebenfalls Hofmaler am kursächsischen Hof und ein Zeitgenosse von Friedrich Bercht.[10] Die Verbindungen zwischen beiden Künstlern sind vielfältig, beide waren für den kurfürstlichen Hof tätig, beide zählten zu den Gründungsmitgliedern der Dresdner Malerinnung, sie genossen – zumindest zeitweise – das besondere Wohlwollen des Kurfürsten.[11] Göding wie auch Bercht bildeten Lehrlinge aus, die ihnen in einigen Fällen vom Kurfürsten zugewiesen wurden und arbeiteten auch zusammen, etwa als Göding nach Entwürfen von Bercht Malereien im Stallhof ausführte.[12] Auch an einem Buchprojekt waren beide Künstler gemeinsam beteiligt, an den »Künstliche/ Wolgeries-

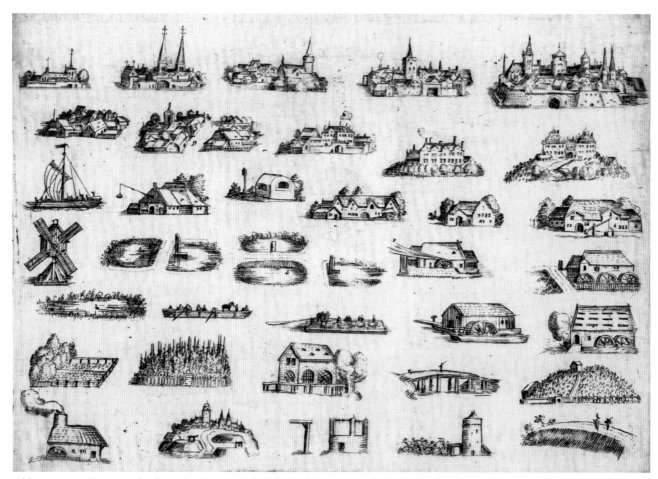

Abb. 1   Darstellung verschiedener Siedlungen, Gebäude, Mühlen etc., Friedrich Bercht (1575).

sene Figuren der Sieben Planeten / auch Sieben Wunderwercke der Welt«, die zumindest zwei Holzschnitte Berchts enthalten.[13]

Der Kupferstich, der das Bindeglied zwischen den Reiserollen des Kurfürsten und dessen Auftrag an Bercht darstellt, befindet sich in zwei Zuständen im Dresdner Kupferstichkabinett (Nummer A 129541 bzw. in Band 237,2) *(Abb. 1).* Das querformatige Blatt zeigt in sieben Reihen insgesamt 37 Einzelszenen.[14] Die Darstellungen reichen von Städten, Dörfern, Schlössern über Mühlen, Höfe und Schiffe bis hin zu Gärten, Wegen, Fischteichen und einer Richtstätte. Das zweite Exemplar, bei dem die Einzelszenen zerschnitten sind, trägt folgende Tuscheunterschriften: Scheferei, Kloster, Mühl, Schlos, Stadt, Festung, Schifraichwasser und Forweg.[15] Der Kurfürst hatte in seinem Auftrag an Bercht gefordert, dieser möge »Stedte, Schlösser, Merckte, Dorffer, Forwege, Scheffereien, Krüge oder Wirdtshäuser, Mühlen, Schiffreiche Wasser, Gemeine ströme, Beche, teiche, Holz« darstellen.[16] Auf Grund dieser Quelle und dem Stich im Kupferstichkabinett sind diese Arbeiten eindeutig Bercht zuzuschreiben. Diese Kupferstiche stimmen mit jenen in den Routenrollen verwendeten überein.

So finden in der Rolle, die den Weg von Annaburg nach Schwerin wiedergibt, etwa die Szenen sieben und acht (von oben links nach unten rechts gezählt) zur Darstellung von Annaburg Verwendung *(Abb. 2).*[17] Daneben sind es Fischteiche, Mühlen und Brücken, die immer wieder auf den Rollen erscheinen und in verschiedenen Positionen eingeklebt sind – je nach

ihrer Lage zur Reiseroute. Zur Darstellung des Schlosses Glücksburg, für Kurfürst August in den Jahren von 1576 bis 1580 erbaut, wird die Ansicht neun verwendet – ein Indiz für den Umstand, dass es der Darstellung eines Jagdschlosses wohl am ehesten entsprach *(Abb. 3).* Ein Beleg dafür ist die Verwendung des gleichen Kupferstichs zur Wiedergabe von Jagdschloss Letzlingen in der Gardelegener Heide, wo August möglicherweise 1577 weilte, um der Vermählung von Kurfürst Johann Georg von Brandenburg beizuwohnen.[18]

Zahlreiche der auf dem Kupferstich wiedergegebenen Szenen finden sich auf den Routenrollen wieder, doch gibt es einige eingeklebte Kupferstiche, die aus anderen Quellen zu stammen scheinen. Am augenfälligsten wird dies bei den verwendeten Stichen, die Wald wiedergeben. Bei der Reise zum Kurfürstentag in Regensburg sind es stark stilisierte Darstellungen, die schon auf der Routenrolle des Rückweges nach Augustusburg zum Teil durch Stiche ersetzt werden, die eine weitaus detailliertere Darstellung zeigen. Um etwa sumpfiges bzw. wasserreiches Gelände wiederzugeben, wurde eine weitere unbekannte Stichvorlage verwendet, z. B. bei der Darstellung der Gegend um Bad Liebenwerda.[19] Daneben sind es aber auch Stadtansichten, die nicht dem überlieferten Stich von Bercht entnommen sind, so etwa das Signet einer großen befestigten Stadt, das Torgau wiedergibt.[20] Die Vermutung liegt nahe, dass es einen weiteren, von Bercht gefertigten Stich gibt, doch dagegen spricht die Reihenfolge und Ordnung des erhaltenen Blattes. Hier scheinen alle notwendigen Symbole vereint. Ob es sich bei den anderen Stichen, die in den Routenrollen auftauchen, möglicherweise um Darstellungen aus der ersten, vom Kurfürsten abgelehnten Version handelt, ist nicht mehr festzustellen.

Dass der Kupferstich Nummer A 129541 nur im Dresdner Kupferstichkabinett überliefert ist und im Bartsch bzw. Hollstein keine Erwähnung findet, spricht unter den gegebenen Umständen für die Exklusivität des Blattes, d. h. dass es nur einem begrenzten Kreis von Rezipienten zugänglich war und damit letztendlich einzig den Belangen des Kurfürsten diente. Dass dieses Blatt nicht als Kunst verstanden wurde, sondern nur Mittel zum Zweck war, ist ein weiterer Grund, weshalb sich wohl keine weiteren Abdrücke erhalten haben.

Umso mehr mag es verwundern, dass einzelne Elemente dieser Stiche von einem anderen Künstler übernommen wurden. Es ist Heinrich Göding der Ältere, der sich am Werk Berchts bediente und eine ganz ähnliche Zusammenstellung der verschiedensten Orte, Gebäude und baulichen Anlagen entwarf *(Abb. 4)*.[21] Die Zuschreibung der Grafiken an Göding ist verworren. Andresen kannte die Arbeiten nicht, ebenso wenig Berling.[22] Eine erste Zuschreibung an Göding erfolgte 1892 durch Singer, der damit die Zuschreibung von Bartsch an Augustin Hirschvogel in Frage stellte.[23] Noch im Illustrated Bartsch von 1982 werden die Arbeiten unter Augustin Hirschvogel geführt, allerdings mit dem Zusatz »scholars have correctly eliminated this series of eighty-one village and landscape scenes of B 44 from Hirschvogels oeuvre«.[24]

Soweit bekannt, existiert eine Folge von 83 Szenen im Dresdner Kupferstichkabinett (eine weitere dort im bereits erwähnten Band 237,2) und eine, insgesamt 81 Darstellungen umfassende, in Wien – jene, die im Illustrated Bartsch wiedergegeben wurde.[25]

Was bringt diese, mit einem Durchmesser von 3,6 Zentimetern recht kleinen Szenen nun in Verbindung mit dem Werk von Friedrich Bercht? Die Antwort ist einfach. Es wurden jeweils dieselben Sujets dargestellt. Zu Beginn sind es große, meist befestigte Städte, ihnen folgen kleinere Orte, Schlösser, danach Weiler, einzelne Gehöfte und Dörfer. Im Anschluss daran werden meist einzelne Objekte wiedergegeben. Es sind wiederum Mühlen, Flusskähne, Fischweiher, Gärten und Felder, verschiedene Szenen aus dem Montanbereich, Vogelfänger und nicht zuletzt die fast schon obligatorische Richtstätte.

Die Szenen wurden ebenso wie die Bercht'schen Arbeiten zerschnitten. Alle sind nummeriert, doch handelt es sich um keine fortlaufende Nummerierung, da einige Darstellungen unter einer Nummer zusammengefasst sind. Auch sind nicht mehr alle Nummern zu erkennen. Bei den zu Gruppen zusammengefassten Darstellungen handelt es sich meist um Gebäudegruppen, Städte, Dörfer und Schlossanlagen.

Im direkten Vergleich mit den Arbeiten, die Bercht für Kurfürst August schuf, zeigen sich teilweise fast identische Übernahmen der Darstellungen. Dies gilt für das auf einer Anhöhe gelegene Schloss, das Göding nur minimal variierte (B 44-25) oder für den Bildstock vor einer Hütte (B 44-44), weitere Beispiele sind die Darstellung der Richtstätte und das Wirtshaus (B 44-60 und 44-61).[26] *(Abb. 5)* Auch die anderen Szenen verweisen in vielen Punkten auf die Vorlage von Bercht. Die Rundszenen sind detailreicher, fast möchte man von einer erzählenden Handlung sprechen. Damit sind sie jedoch weniger für die Belange der Kartografie geeignet als ihre Vorgänger. Viele der

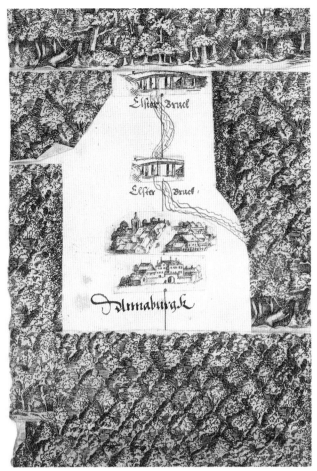

Abb. 2   Schloss Annaburg, Ausschnitt aus der Routenrolle von Annaburg nach Schwerin, Kurfürst August von Sachsen (1575).

Abb. 3   Schloss Glücksburg, Ausschnitt aus der Routenrolle von Annaburg nach Schwerin, Kurfürst August von Sachsen (1575).

Rundszenen zeigen Menschen, wogegen diese auf den Stichen von Bercht nur auftauchen, wenn es unumgänglich ist, als Besatzung des Kahns bzw. des Floßes oder auf der Brücke – wohl als Größenvergleich. Bei den Arbeiten Gödings zeigt sich vor jedem Schloss ein Hirsch, ein Fuhrwerk steuert auf den Gasthof zu, unter dessen abgeschlepptem Vordach einige Gäste sitzen, und auf dem Feld vor dem Dorf pflügt ein Bauer.

Abb. 4   Heinrich Göding d. Ä., Städte und Landschaften im Rund (1590er-Jahre).

Um sich der Frage nach der Funktion dieser Grafiken zu nähern, muss zuerst der Zeitpunkt ihrer Entstehung geklärt werden. Ein Terminus post quem – der Herbst des Jahres 1575 – ist durch den Auftrag von Kurfürst August an Bercht gegeben.[27]

Trotz seiner langen Schaffenszeit – er war über 40 Jahre für drei Kurfürsten tätig – setzt Gödings Beschäftigung mit der Grafik erst in den 1590-er Jahren ein.[28] Doch sind es diese zehn Jahre zwischen 1590 und 1600, in denen er sein umfangreiches grafisches Oeuvre schuf, das trotz einiger Schwächen in der Darstellung als durchaus innovativ gelten kann.

Ein von Göding datiertes und signiertes grafisches Blatt fällt aus der oben genannten Chronologie heraus. Die Anbetung der Könige entstand 1575, in jenem Jahr also, in dem Kurfürst August seine Routenrollen mit den Bercht'schen Kupferstichen versah.[29] Doch ist diese, wenngleich qualitätvolle, Arbeit in diesem Zusammenhang bedeutungslos. Die vielfigurige Szene spielt sich auf einem Platz ab, der von zahlreichen Architekturversatzstücken umgeben ist. Nichts jedoch weist auf eine Kenntnis oder Verwendung der kleinteiligen Szenen hin, die oben besprochen wurden.

Betrachtet man hingegen die 1595 entstandene sechsteilige Stichfolge mit Szenen aus der Abrahamsgeschichte, wird schnell deutlich, wie sehr sich Stil und Vorbilder Gödings im Laufe der Zeit geändert haben.[30] Die Szenen, die alle vor einer Landschaftskulisse stattfinden, zeigen eine deutliche Abhängigkeit von niederländischen Arbeiten zum gleichen Thema. Konkret bedient sich Gödings Blatt mit Abraham und den drei Engeln an den Arbeiten gleichen Themas von Lucas van Doetechum

(nach Lukas Gassel), entstanden zwischen 1560 und 1564 und einem weiteren Stich von Johann Sadeler I. (nach Hans Bol), 1580–1600.[31] Wenn Göding die Gesamtkomposition der niederländischen Vorbilder übernimmt, so variiert er sie stark im Detail. Und dazu nutzt er seine Darstellungen im Rund, die ihm als Vorlage dienen, er kopiert sich somit selbst. Blatt eins der Serie, Abraham zieht nach Kanaan, zeigt im Mittelgrund eine Brücke und dahinter ein Schiff, was stark an die Rundszene 44-49 erinnert, die Mühle unterhalb der Brücke erscheint in ähnlicher Form in den Mühlendarstellungen 44-46 und 44-47 und die rechts und links wiedergegebenen Rundtürme erinnern an die Darstellung im Rund mit der Nummer 44-24 *(Abb. 6)*. Auch das zweite Blatt der Reihe, Gott verspricht Abraham einen Sohn, verwendet wieder eine Wassermühle, auf dem dritten Blatt sind es Ansichten von Ortschaften, ein Floß sowie ein Meiler, der in dieser Form nicht in den Rundbildern vorkommt, jedoch aus den Darstellungen des Montanwesens abgeleitet zu sein scheint *(Abb. 7, 8)*. Die vierte Szene, die vor einer Stadtkulisse angesiedelt ist, fällt etwas aus dem Rahmen, doch selbst hier verwendet Göding ein Architekturzitat, das an anderer Stelle in seinem Werk wieder erscheint.[32] Die letzten beiden Blätter weisen weniger eindeutige Übernahmen aus der Serie der Rundbilder auf.

Ein anderes, 1599 entstandenes Blatt von Gödings Hand, eine Allegorie auf die vier Elemente, nutzt wiederum die Vorlagen der Darstellungen im Rund *(Abb. 9)*.[33] Die vier Elemente sind hier als verschiedene Tätigkeiten in einer Felslandschaft dargestellt. Es sind besonders die beiden Schmelzöfen im Mittelgrund, welche den Einfluss der Vorlagen zeigen.

Abb. 5   Heinrich Göding d. Ä., Darstellungen von Schlössern, aus: Städte und Landschaften im Rund (1590er-Jahre).

Abb. 6   *Heinrich Göding d. Ä., Abraham zieht nach Kanaan (1595).*

Abb. 7   *Heinrich Göding d. Ä., Gott verspricht Abraham einen Sohn (1595).*

Abb. 8   Heinrich Göding d. Ä., Abraham und die Drei Engel (1595)

Abb. 9   Heinrich Göding d. Ä., Allegorie auf die vier Elemente (1599)

Abb. 10   Heinrich Göding d. Ä.,
Das Bergwerk zu Freiberg, aus:
Auszug der Eltisen und fürnembsten
Historien, Dresden 1598, Bd. 2.

Abb. 11   Heinrich Göding d. Ä.,
Die Krönung Heinrich I., aus: Aus-
zug der Eltisen und fürnembsten
Historien, Dresden 1598, Bd. 2.

Abschließend sei Gödings zweibändiges Werk »Außzug Der Eltisen und fürnembsten Historien des uralten streitbarn und beruffenen Volcks der Sachssen« angeführt.[34] Die insgesamt 130 Kupferstiche sind mehr als nur Beiwerk zu einer Historiografie. Die Taten der legendären und historischen Herrscher der Sachsen verlegt Göding – wie durchaus üblich – in seine Gegenwart, das ausgehende 16. Jahrhundert. So kann der aufmerksame Betrachter einen Einblick etwa in das Baugeschehen jener Zeit erlangen, das Göding immer wieder darstellte und das er selbst aus eigener Anschauung kannte.[35] Zahlreiche Blätter zeigen Stadtansichten und Schlachtszenen sowie Innen-

räume. Die Komplexität der Darstellungen wird bedingt durch die abstrakten Szenen, die sie teilweise illustrieren. Doch auch dieses Werk zeigt an einigen Stellen den Einfluss der kleinen runden Darstellungen, deren Vorbild Friedrich Bercht fast ein Viertel Jahrhundert zuvor schuf.

Blatt 24 des zweiten Teils zeigt das Bergwerk zu Goslar (Andresen II-24), Blatt 49 jenes zu Freiberg (Andresen II-49) (Abb. 10). Beide Szenen zitieren verschiedene derjenigen Rundbilder, die das Montanwesen darstellen (B 44-62, 63, 66 und 69). Die Krönung Heinrich I. (Heinrich der Vogler) wird vor die Tore einer Stadt an einen Vogelherd verlegt, vgl. Andresen II-13

(Abb. 11).[36] Wieder integriert der Künstler verschiedene Elemente der Rundbilder im Stich (B 44-75, 76 u. 77), was u. a. für die Popularität dieser Freizeitbeschäftigung zu jener Zeit spricht. Göding kannte Vogelherde aus eigener Erfahrung, wie eine Quelle zeigt, in der Kurfürst August folgendes von ihm verlangte: »Dogegen aber wollen wir dir hirmit auferlegt Vnd befohlen haben, Das du einen Jungen vf der Meisenpfeiffen mit allem vleiss Vnnd dermassen abrichten, das er das locken so viel kan als du.«[37]

Dass viele der kleinen Rundbilder sich an realen Vorbildern orientieren und Göding sie kannte, wird nicht zuletzt durch den Umstand belegt, dass der Künstler selbst eine Mühle bei Pirna besaß und ein »stuck Fischwasser« von August zur Pacht erhielt.[38]

Die Verwendung seiner eigenen Vorlagen in den 1590er-Jahren spricht dafür, dass Göding sie auch in diesem Zeitraum schuf. Es erscheint unwahrscheinlich, dass er diese Grafiken, sollten sie denn in den späten 1570er-Jahren entstanden sein, erst nach 20 Jahren verwendete.

Wozu die Rundbilder dienten, ist nicht zweifelsfrei geklärt. Sicher waren sie kein Kinderspielzeug und dienten auch nicht zum Bekleben von Spielsteinen.[39]

Möglicherweise kannte Göding die Originale von Bercht, der sie ihm bei der gemeinsamen Arbeit gezeigt haben könnte. Ebenso ist vorstellbar, dass er sie erst später sah, etwa in der Kunstkammer, zu der er als Hofmaler begrenzten Zugang hatte.[40] Ähnlich wie Kurfürst August die Darstellungen Berchts in seine Routenrollen integrierte, nutzte Göding seine eigenen Rundbilder als Versatzstücke für seine grafischen Serien und Bücher. So wurde aus einer kartografischen Auftragsarbeit im Laufe eines Vierteljahrhunderts ein Werk der bildenden Kunst.

Anmerkungen

1 Vgl. Baumgärtner, Ingrid (Hg.): Fürstliche Koordinaten. Landesvermessung und Herrschaftsvisualisierung (= Schriften zu sächsischen Geschichte und Volkskunde Bd. 46), Leipzig 2014.Der Autor dankt Jörg Wickmaier für seine Hinweise zur historischen Kartografie.

2 Zit. nach Ruge, Sophus: Geschichte der sächsischen Kartografie im 16. Jahrhundert, Schauenburg 1881, S. 230.

3 Ebd.

4 Vgl. Melzer, Christien: Von der Kunstkammer zum Kupferstich-Kabinett. Zur Frühgeschichte des Grafiksammelns in Dresden (1560–1738), Hildesheim u. a. 2010, S. 18; Dolz, Wolfgang: Kurfürst August als Geodät und Kartograf, in: Baumgärtner (wie Anm. 1), S. 75.

5 Es handelt sich dabei um Mscr. Dresd. L. 451–456; Nachweis der Deutschen Fotothek: www.deutsche-digitale-bibliothek.de/searchresults?query=%C3%B6rtung&thumbnail-filter=on&isThumbnailFiltered=true

6 Ruge (wie Anm. 3).

7 Schmidt, Ludwig: Kurfürst August als Geograf. Ein Beitrag zur Geschichte der Erdkunde, Dresden 1898, S. 13.

8 Ebd.

9 Spiller, Monika: Bercht, Friedrich, in: Allgemeines Künstlerlexikon, Berlin/ Boston 2016; Zum Zeichenunterricht vgl. Marx, Barbara: Ergreifen, begreifen. Das Reißgemach des Kurfürsten August in der Kurfürstlichen Kunstkammer im Residenzschloss Dresden, in: Baumgärtner (wie Anm. 1), S. 50.

10 Dülberg, Angelica: Göding, Heinrich (1531), in: Allgemeines Künstlerlexikon. Berlin/ Boston 2016.

11 Berling, Karl: Die Dresdner Malerinnung, in: Neues Archiv für sächsische Geschichte und Altertumskunde, Bd. 11 (1890), S. 265.

12 Berling, Karl: Der kursächsische Hofmaler und Kupferstecher Heinrich Göding, in: Neues Archiv für sächsische Geschichte und Altertumskunde, Bd. 8 (1887), S. 340; Distel, Theodor: Einiges über den kursächsischen Hofmaler Friedrich Bercht in: Zeitschrift

für Museologie und Antiquitätenkunde, Nr. 5 (1884), S. 35; Spiller, Monika (wie Anm. 9).

13 Das Werk wird nicht im VD 17 aufgeführt. Vgl. Berling (wie Anm. 12), S. 338. Zum Zeitpunkt des Druckes im Jahr 1610 waren beide Künstler bereits verstorben. Im Vorwort des Druckers Gimel von 1600 werden sowohl Göding als auch Bercht (hier die Namensform Berg) genannt.

14 Das Blatt ist nach Wissen des Autors weder im Illustrated Bartsch noch im Hollstein verzeichnet; Vgl. Singer, Hans Wolfgang: Zusätze zum Werk des Heinrich Gödig, in: Repertorium für Kunstwissenschaft 15 (1892), S. 356. Bei den vom Autor angeführten und Göding zugeschriebenen Arbeiten unter der Nummer III 84–146 handelt es sich um das Werk Berchts.

15 Kupferstichkabinett Dresden, Bd. 237,2; Singer (wie Anm. 14), S. 356.

16 Wie Anm. 2.

17 Mscr. Dresd. L. 456; www.deutschefotothek.de/documents/obj/90011132.

18 Mscr. Dresd. L. 452; www.deutschefotothek.de/documents/obj/90011128; hier fälschlich mit Notzling in Bayern identifiziert. Vgl auch Dolz (wie Anm. 4), S. 77

19 Mscr. Dresd. L. 452.

20 Mscr. Dresd. L. 453.

21 Vgl. Anm. 10.

22 Berling (wie Anm. 12), Andresen, Andreas: Der deutsche Peintre-Graveur, Leipzig 1864, Bd. 1, S. 71 ff.

23 Singer (wie Anm. 14), S. 355

24 The Illustrated Bartsch. German Masters of the sixteenth century, Volume 18, New York 1982, S. 254.

25 Ebd.

26 Die Nummerierung folgt jener im Illustrated Bartsch.

27 wie Anm. 2.

28 Berling (wie Anm. 12), S. 335.

29 Hollstein, German engravings, etchings, and woodcuts, ca. 1400–1700, Amsterdam 1975, Bd. X, S. 169, Nr. 7.

30 Hollstein (wie Anm. 29), Bd. X, S.168, Nr. 1–6; Kupferstichkabinett Dresden: A 4542-A4547.

31 The new Hollstein Dutch & Flemish etchings, engravings and woodcuts 1450–1700, The Van Doetecum family, Roosendaal 1998, 4. Bde., Nr. 291; Hollstein (wie Anm. 29), Bd. 22, Aegidius Sadeler to Raphael Sadeler, Amsterdam 1980, Nr. 565.

32 Die Rede ist von der zuckerhutförmigen Säule, die als Pyramide im Buch der Planeten und Weltwunder wieder auftaucht.

33 Hollstein (wie Anm. 29), Bd. X, S.176, Nr. 20; Kupferstichkabinett Dresden: A 4548.

34 VD16 ZV 25043 und VD16 W 1680; Andresen, Peintre-Graveur, Bd. 1, S.77–90.

35 Einige Beispiele, die das Baugeschehen zeigen: Andresen I-18, I-24, I-42, II-36; Berling (wie Anm. 12), S. 292 f. (mit Beispielen für Stolpen), S. 298 f. (mit Beispielen für Augustusburg). Anhand der Quellen zeigt sich, dass Göding auf zahlreichen Baustellen sächsischer Schlösser zugegen war.

36 Der Ort wurde wohl als Reminiszenz an seinen Beinamen gewählt.

37 Zit. nach Berling (wie Anm. 12), S. 314.

38 Ebd.

39 Singer (wie Anm. 14), S. 335 und Anm. 2 mit Verweis auf Lehrs.

40 Melzer (wie Anm. 4), S. 13.

Zwölf Kaiser, ein Kurfürst und das Magische Quadrat

Das Aufstellungssystem der Kaiserbüsten am Palais im Großen Garten in Dresden und dessen Zusammenhang mit der Gesamtanlage

Stefan Dürre

Das ikonografische Programm des seit 1678 errichteten Palais im Großen Garten in Dresden *(Abb. 1)*[1] war bisher nicht in allen Einzelheiten betrachtet worden.[2] Deshalb gab das Sächsische Immobilien- und Baumanagement im Zusammenhang mit einer umfassenden Bauforschung[3] auch die Untersuchung der zur ursprünglichen Gestaltung des Palais gehörigen Kunstwerke nach ihrer inhaltlichen Bedeutung in Auftrag.[4] Neben vielen neuen Erkenntnissen, die dabei gewonnen wurden, offenbarte sich das Aufstellungssystem der Kaiserbüsten im äußeren Mezzanin als eine außergewöhnliche Entdeckung und Schlüssel zur inhaltlichen Konzeption des Palais sowie zur Ausrichtung der Gartenanlage.

Insgesamt 80 eigenständige Kunstwerke waren an der Verbildlichung des ikonografischen Programms im Innern und an der Fassade des Palais beteiligt – 34 Gemälde und 46 Skulpturen,[5] nicht eingerechnet die im gemalten und plastischen Dekor zahlreich integrierten und sich wiederholenden figürlichen und gegenständlichen Elemente. Dies lässt sich vor allem

durch historische Fotos rekonstruieren, die oft Kunstwerke zeigen, die nicht mehr erhalten sind. Von einigen Artefakten ist die Kenntnis sogar nur durch ältere Schriften übermittelt. Im Innern sind nur zwei Fresken im Hauptsaal des Erdgeschosses und einige Stuckelemente materiell überliefert. An der Fassade jedoch sind fast alle Skulpturen erhalten. Besonders aus einer virtuell rekonstruierten Anordnung der Kunstwerke[6] ergaben sich viele berichtigende Benennungen, Aufschlüsse über inhaltliche Bedeutungen und eine Erhellung von Beziehungen der Kunstwerke untereinander. Klar erkennbar war das große Deckenbild mit der Apotheose Johann Georg III. (1647–1791), und damit die Verherrlichung Kursachsens, im Festsaal des Obergeschosses das räumlich-ikonografische Zentrum *(Abb. 2)*, um das sich alle weiteren Bild- und Figurenzyklen mehr oder weniger wie Ringzonen gruppierten. Sie sind der Allusion des Kurfürsten nachgeordnet zu verstehen, auch wenn sie mit den so zu benennenden Themenkreisen »Lustschloss«[7] und »Gartenpalais« zunächst mehr Bezug auf die Gartengestaltung oder

Abb. 1   Palais im Großen Garten in Dresden, von Westen.

Abb. 2   Palais im Großen Garten, Ober-
geschoss, Mittelsaal, Deckenbild mit der
Apotheose Johann Georgs III., Samuel
Bottschild, Öl auf Leinwand (um 1690/
1693, 1945 zerstört).

das Gebäude als Festraum zu nehmen scheinen. Vergleichbar ist hierin der rund 30 Jahre später entstandene Zwinger, dem als sozusagen steinerner Garten der Hesperiden mit der Allusion auf August den Starken (1670–1733) inmitten typischer Gartenskulpturen der inhaltliche Schwerpunkt gesetzt wurde. Im großen Garten wurde das Thema »Gartenpalais« besonders durch die beiden Zyklen der Jahreszeiten verkörpert: die vier sandsteinernen Figuren auf den Giebeln der Fassade, die vier runden Deckengemälde in den Ecksälen des Obergeschosses, unterstützt durch die vier Früchte tragenden Stuckfiguren der Ceres, Juventas, Pomona und Flora im Festsaal des Obergeschosses sowie durch die wohl als Pomona und Vertumnus anzusprechenden Skulpturen in den Seitensälen des Erdgeschosses. Doch besaß das genannte Thema eine weitere, höhere Bedeutungsebene, denn ein geordneter Garten galt als Sinnbild für das sogenannte »gute Regiment«. Somit weist auch der Apfel in der Hand des Protagonisten des Paris-Urteils im Erdgeschoss der Fassade weniger auf den Garten der Hesperi-

den, als auf die »Tragweite menschlicher Entscheidung«,[8] mit der hier eine kurfürstliche gemeint ist. In diese Auslegung sind die beiden Götterpaare in den eine Ebene höher gelegenen westlichen und östlichen Fassadennischen einzubeziehen, von denen das westliche Paar als Diana und Apoll anzusprechen ist und das östliche wohl Ceres sowie eine männliche, schwer deutbare Figur darstellt.[9]

Einen Anspruch auf Legitimation jenes »Regiments« finden wir bereits in dem wiederholten Hinweis auf unverrückbare Naturgesetze und Gestirnkonstellationen, so etwa im Mittelsaal des Erdgeschosses in den ehemals zwölf Fresken mit Tierkreiszeichen (gleichermaßen als Monatsbilder zu verstehen) oder wiederum bei den genannten Darstellungen der Jahreszeiten. Sie alle wurden im Uhrzeigersinn bzw. dem Verlauf der Sonne entsprechend und damit nach kalendarisch-astronomischem Prinzip angeordnet[10] und verwiesen als zyklisch orientierte, also die Ewigkeit symbolisierende Programme auf den Wirkungsbereich bzw. -anspruch des Herrscherhauses. An Letzteres wiederum

Abb. 3–14   Palais im Großen Garten Dresden, Kaiserbüsten im Mezzanin, umlaufend vom stadtseitigen inneren Südostflügel her Nero, Augustus, Caligula, Vespasianus, Otho, Domitianus, Titus, Galba, Vitellius, Tiberius, Julius Caesar, Claudius (nach Gurlitt 1901), unbekannter Bildhauer, Sandstein (1683–1686).

schließen sich auch die vier äußeren Giebelreliefs mit Götterbildern, Machtattributen und der Nennung des Herrschers und seines Hauses an sowie die Kaisergalerie im Mezzanin *(Abb. 3–14)*. Diese verkörpert das römische Imperium, das als »Vorbild eines geordneten Staatswesens«[11] galt, und versinnbildlicht entsprechend dem Typus der Ahnengalerie die ideelle Abkunft des Potentaten und Bauherrn von den römischen Caesaren.

Kaisergalerien in dieser Bedeutung, ob als Werke der Malerei oder Bildhauerkunst, wurden in Renaissance und Barock zahlreich geschaffen. Gemeinhin sind die ersten zwölf Kaiser des Römischen Reichs von Caesar bis Domitian in historischer Abfolge dargestellt:

Julius Caesar	(100 v. Chr. – 44 v. Chr.)	Imperator 44 v. Chr.
Augustus	(63 v. Chr. – 14 n. Chr.)	Kaiser 30 v. – 14 n. Chr.
Tiberius	(42 v. Chr. – 37 n. Chr.)	Kaiser 14 – 37 n. Chr.
Caligula	(12 – 41 n. Chr.)	Kaiser 37 – 41 n. Chr.
Claudius	(10 v. Chr. – 54 n. Chr.)	Kaiser 41 – 54 n. Chr.
Nero	(37 – 68 n. Chr.)	Kaiser 54 – 68 n. Chr.
Galba	(3 v. Chr. – 69 n. Chr.)	Kaiser 68 – 69 n. Chr.
Otho	(32 – 69 n. Chr.)	Kaiser 69 n. Chr.
Vitellius	(15 – 69 n. Chr.)	Kaiser 69 n. Chr.
Vespasianus	(9 – 79 n. Chr.)	Kaiser 69 – 79 n. Chr.
Titus	(39 – 81 n. Chr.)	Kaiser 79 – 81 n. Chr.
Domitianus	(51 – 96 n. Chr.)	Kaiser 81 – 96 n. Chr.

Grundlage war stets das Buch »De vita Caesarum« des römischen, zur Zeit Kaiser Trajans lebenden Kanzleiangestellten und Schriftstellers Gaius Suetonius Tranquillus (um 70–nach 122). Dieser hatte in den Viten anekdotenreich und oft hochdramatisch über das Leben und Sterben der Genannten berichtet. Man darf annehmen, dass es für die Galerie am Palais, wo die Kaiserbüsten in runde Nischen gestellt wurden, gestalterische Vorbilder gab. Eine sehr ähnliche Situation zeigt das Nymphäum der Villa Aldobrandini in Frascati, geschaffen um 1600 nach Entwürfen von Giacomo della Porta (1532–1602). Vergleichbar sind ebenso die zwölf Büsten der Sala terrena im Augsburger Fuggerpalais von Friedrich Sustris (1540–1599), Carlo Pallago (1538–1598) u. a. von 1570/71 und sogar der gemalte Gewölbeprospekt im Schwarzen Saal der Münchener Residenz von Hans Werl (?–1608) aus dem Jahr 1602.[12] Aber auch das Inventar der kurfürstlich-sächsischen Kunstkammer in Dresden vom Anfang des 18. Jahrhunderts weist »Zwölff Imperatores Romanorum« von »Johann Maria Nosseni Churfürstl: Gnaden vereh(ret) gar groß gemahlet«[13] aus, chronologisch geordnet nach Sueton, und ebenso »Brustbilder der ersten Zwölff Römischen Käyser vor und nach des Herrn Christi Geburth von Gips, weiß angestrichen, welche Köpfe nach den rechten Original zu Rom abgeformet, die Brüste von Carl de Cesar allhier gemachet«.[14] Im Jahr 1716 erwarb Raymond Leplat (um 1664–1742) für August den Starken (1670–1733) in Paris sogar eine Kabinettserie aus sehr kleinen Kaiserbüsten, geschnitzt aus Marmor und Speckstein.[15] Noch wenigstens bis zur Mitte des 18. Jahrhunderts wurden Kaiserbildnisse der suetonischen Folge in Palästen und Freianlagen aufgestellt, so auch im Dresdener Großen Garten. Auf jeweils einer der an beide Kentaurengruppen an der westlichen Hauptallee anschließenden Balustraden standen seit etwa 1730 sechs, also insgesamt »Zwölf Brustbilder derer Röm. Kayser, Die Köpfe von weißen Cararischen Marmor, Die Bruststücken von grauen sächß. Marmor«.[16] Die Büsten sind zum Teil noch heute erhalten.[17] Mindestens eine weitere Kaisergruppe des Großen Gartens, allerdings bestehend aus 14 Köpfen, ist sogar vollständig überliefert.[18]

Im Vergleich zu den künstlerisch wertvollen Marmorskulpturen aus dem Garten wirken die zwölf Kaiserporträts in den runden Nischen des Palais-Mezzanins kaum hervorhebenswert. Schwerlich einer bekannten Künstlerhandschrift zuzuordnen,[19] etwas steif und eher abseits ihrer üblichen Identifikationsmuster, stehen sie in einer das Palais umlaufenden Reihe, die gegliedert wird durch vier anonyme Frauenbüsten. Allein die Anordnung der Kaiser am Bau ist höchst bemerkenswert. Schaut man nach den in die jeweilige Plinthe eingehauenen Namen der Kaiser, liest man wie einst schon Cornelius Gurlitt (1850–1938) von der Mitte der Stadtseite her nach rechts um das Gebäude herum: »Nero, Augustus, Caligula, Vespasianus, Otho, Domitianus, Titus, Galba, Vitellius, Tiberius, Julius Caesar, Claudius«.[20] (Abb. 3–14) Diese Reihe entspricht an keiner Stelle der suetonischen, also chronologischen Folge, was allerdings weder von Gurlitt, noch zu späterer Zeit vermerkt wurde. Zunächst läge die Vermutung nahe, dass die Büsten während einer Restaurierung des Palais durcheinander geraten sind. Dies ist jedoch nicht der Fall.[21] Die bis heute überkommene Aufstellung der Kaiserbüsten ist originär.

Man bediente sich dafür eines ungewöhnlichen, sehr anspruchsvollen Systems. Es lässt sich nur auf geometrisch-

Abb. 15   Albrecht Dürer, Melencolia I, 1514, Kupferstich, 24 × 18,8 cm, Ausschnitt Magisches Quadrat.

arithmetischem Wege erschließen und verrät Verwandtschaften zum Magischen Quadrat. Jene mathematische Konstruktion und deren Varianten sind schon seit alters her ein beliebtes Thema der Unterhaltungsmathematik. Erinnert sei an das Magische Quadrat auf Albrecht Dürers (1471–1528) berühmtem Kupferstich »Melencolia« von 1514, der mit seiner Fülle ikonografischer Hinweise der Wissenschaft noch heute Rätsel aufgibt (Abb. 15).[22] Das Grundprinzip beruht darauf, dass man die Zahlen einer bestimmten Folge so zu einem Quadrat anordnet, dass die Summe der Zahlenreihen untereinander, nebeneinander oder diagonal immer dieselbe ist. So beruht auch das Aufstellungssystem der Kaiserbüsten auf der symmetrischen Anordnung von Zahlenbeziehungen, Summen und Differenzen über dem Gebäudegrundriss (Abb. 16). Jene Zahlenwerte erhält man, indem den Kaisern entsprechend ihrer historischen Abfolge laufende Nummern gegeben werden, wodurch Caesar die Nummer 1 erhält und Domitianus schließlich die Nummer 12. Die Summen und Differenzen werden folgendermaßen gebildet. Man addiert bzw. subtrahiert zwei der Zahlenwerte, die sich – über dem Grundriss betrachtet – am entferntesten gegenüberliegen. Dasselbe Rechenergebnis stellt sich ein, wenn man die beiden Zahlenwerte an den im Grundriss sich symmetrisch entsprechenden Stellen – die wichtigste Symmetrieachse verläuft quer von Nordwesten nach Südosten – miteinander addiert bzw. subtrahiert. Im Beispiel stellt sich das folgendermaßen dar. Caesar im Nordwesten mit der Nummer 1 plus Otho im Südosten mit der Nummer 8 ergeben zusammen 9, und auch Galba im Nordosten mit der Nummer 7 und Augustus im Südwesten mit der Nummer 2 zählen zusammen 9. Solche Beziehungen lassen sich aber noch verfeinern und etwa zwischen den vier Dreiergruppen von Kaisern an jedem Kopf der Gebäudeflügel herstellen. Bildet man etwa im Nordwesten die Differenzen zwischen den Nummern von Tiberius und

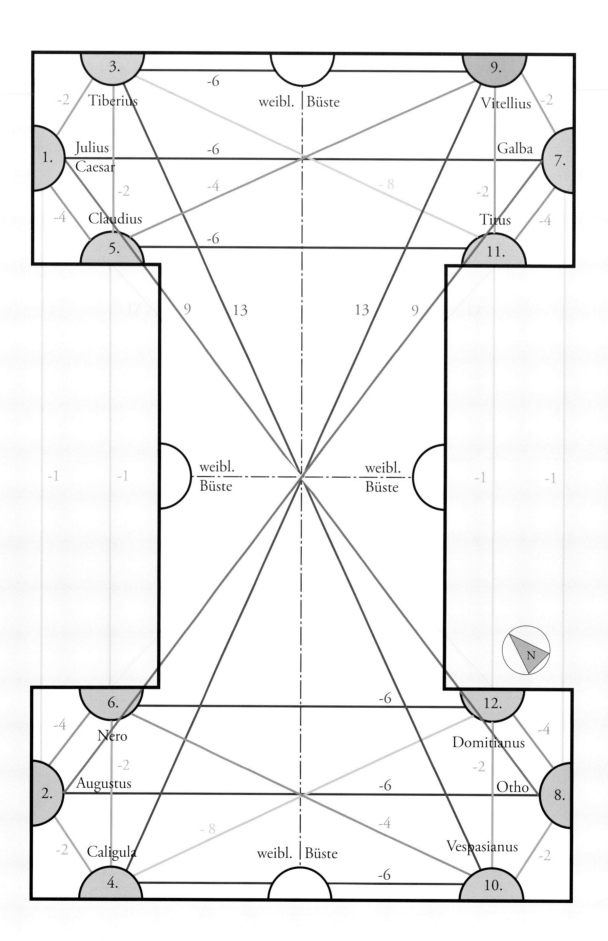

Abb. 16   Palais im Großen Garten Dresden, Aufstellungssystem der Kaiserbüsten im Grundriss mit Zahlenbeziehungen.

Caesar (3 minus 1), Claudius und Tiberius (5 minus 3) sowie Claudius und Caesar (5 minus 1) und addiert sie, erhält man 8. Geht man an den übrigen drei Gruppen von Kaisern dementsprechend vor, erhält man ebenfalls 8. Gesamtdifferenzen, die an allen vier Kaisergruppen gleich sind, lassen sich auch bilden, indem man Minuend und Subtrahend jeweils vertauscht, das heißt, etwa die Rechnung 3 minus 1 in 1 minus 3 ändert usw. und als Gesamtdifferenz bei allen Kaisergruppen die negative Zahl -8 erhält. Aber man kann auch Paare von Kaisern bilden und deren Nummern in sich entsprechenden Summen gegenüberstellen, wenn die Kaiser sich an – über dem Grundriss gesehen – spiegelgleichen Standorten befinden. So ergibt sich z. B. aus der Addition der Paare 9 und 11 sowie 6 und 4 die Summe 30. Dieselbe Zahl ergibt sich aus den entsprechenden Paaren 3 und 5 sowie 12 und 10. Für viele andere Paare lassen sich vergleichbare Rechnungen aufstellen.[23] Die grafische Sichtbarmachung der Rechenergebnisse in jeweils zueinander gehörenden Farben unterstützt die Erkenntnis beeindruckend und regt zur Auffindung weiterer Zahlenbeziehungen an. Vielfältig und zahlreich sind die Möglichkeiten. Darüber hinaus wird deutlich, dass es ebenfalls eine Symmetrieachse gibt, die von Südwesten nach Nordosten verläuft. Alle Hauptlinien kreuzen sich jedoch in einem Punkt in der gedachten Gebäudemitte, und somit über dem Deckengemälde im Festsaal, das etwa im selben Gebäudehorizont Johann Georg III. verherrlichte. Auf diese Weise wurde der Kurfürst wiederum gestalterisch im Zentrum der weltlichen Macht fixiert, aber auch seine ideelle Abkunft von den römischen Kaisern unterstellt.

Des Weiteren fällt auf: Bildet man die Quersumme aller Kaiser-Nummern, addiert also 1 mit 2, 3, 4, 5, 6, 7, 8, 9, 10, 11 und 12, erhält man die Zahl 78. Diese Summe wird auch optisch durch jene von Nordwesten nach Südosten durch das Gebäude verlaufende Achse in zweimal 39 geteilt. Die Nummern an der nordöstlichen Gebäudehälfte sind darüber hinaus sämtlich ungerade, jene an der südwestlichen Hälfte gerade Zahlen. Dieses Gleichgewicht kann zunächst als Symbol für (göttliche) Harmonie verstanden werden, als deren Erhalter auf Erden wiederum der Kurfürst im Zentrum der Gesamtgestaltung gilt. Doch nicht nur die Summen auf beiden Seiten sind gleich, sondern sich davon ableitend ist auch die gesamte geometrische Figur der durch Linien verdeutlichten Zahlenbeziehungen vollkommen symmetrisch. Dies könnte als Symbol des Sternbildes Zwillinge interpretiert werden, unter dem der Bauherr Johann Georg III. geboren wurde (20. Juni 1647). Bekanntlich wurde das Denken und Handeln noch bis ins 18. Jahrhundert hinein weitgehend durch die Ausdeutung von Sternbildern und deren Wandel bestimmt. Eventuell spielt die Zahl 39 aber noch eine weitere Rolle. Soweit sich der Bauablauf am Palais nachweisen lässt, wäre es möglich, die Aufstellung der Kaiserbüsten auf das Jahr 1686 zu datieren. 86 wäre in diesem Fall als Summe aus dem Geburtsjahr (47) und dem Lebensalter des Kurfürsten (39) zu diesem Zeitpunkt zu deuten.

Teil des Aufstellungssystems sind in gewisser Weise auch die vier Frauenbildnisse ohne Namensbezeichnung in der Plinthe. Sie stehen im Horizont der Kaiserbüsten jeweils in Fassadenmitte. Ihre alleinige Funktion im Hinblick auf das System ist es anscheinend, die Enden der genannten Symmetrieachsen Südwest–Nordost sowie Südost–Nordwest zu markieren (Abb. 16).

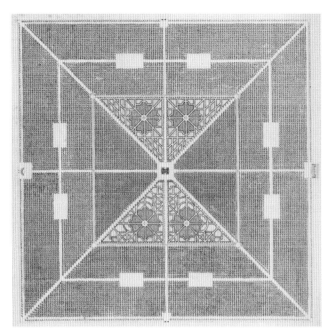

Abb. 17   Martin Göttler (zugeschrieben), Großer Garten, Grundriss zur Planung (um 1676).

Abb. 18   Palais im Großen Garten, Mittelpunktstein im Hauptsaal des Erdgeschosses.

Das gesamte gedachte, bzw. auf dem Grundriss grafisch sichtbar gemachte Liniensystem um einen gemeinsamen Schnittpunkt herum kann man sich weiter in die kultivierte Landschaft ausgedehnt vorstellen. Die Planung des Gartens durch den Hofgärtner Martin Göttler (tätig um 1665 – um 1685) und deren begonnene Umsetzung zwischen 1676 und 1683 könnte diesen Zusammenhang mit der absoluten Symmetrie einer strahlenförmigen Wegeführung visualisieren (Abb. 17).[24] Geht man von der Richtigkeit dieser Beobachtung aus, ist man geneigt, auch die Gesamtanlage des Gartens eingebettet in ein größeres System zu vermuten. Während Planungs- und Entstehungsgeschichte sowie Autorenschaft der Entwürfe des Großen Gartens und des Palais als weitestgehend geklärt gelten können[25] und auch eine Begründung für die Wahl des Standortes vorliegt,[26] ist die Frage nach der Ausrich-

Abb. 19   Palais im Großen Garten Dresden, Giebel Nordseite, links, Sonnenscheibe, Kupfer, Nachbildung der 1990er-Jahre nach dem Original von um 1686.

tung des Gartens bisher offenbar nicht gestellt worden. Topologische Beziehungen des frei in der Landschaft eingerichteten Ensembles zur Stadt oder zu anderen Fixpunkten der Umgebung lassen sich in seiner Entstehungszeit kaum herstellen.[27] Eine ganz andere Orientierung scheint schlüssiger. Angesichts des hier beschriebenen Ausstellungssystems für die Kaiserbüsten liegt es nahe, sich auch die Ausrichtung des Gartens mit geometrisch-arithmetischer und astrologischer Bezugnahme zu erklären. Der Geburtstag des Bauherrn Johann Georg III. am 20. Juni fiel im Prinzip mit der Sommersonnenwende zusammen, und zumindest im ausgehenden 17. Jahrhundert ging die Sonne an diesem Tag exakt über dem westlichen Ende der Hauptallee des Gartens unter,[28] sandte ihre letzten Strahlen zum Palais, und wenn das Tor geöffnet war, genau dorthin, wo der »rechte Mittel-Punct des Gartens … auff einen Stein … gezeichnet«[29] worden war. Den Stein, wenn auch mittlerweile ohne Markierung, findet man inmitten gleichförmiger Bahnen von Fußbodenplatten im Mittelsaal des Erdgeschosses noch heute *(Abb. 18).*[30] Die Linie Sonneneinfall–Hauptallee entspricht wiederum der beschriebenen Symmetrieachse zwischen der Nordwest- und der Südosthälfte der genannten Quersumme 78 und stellt damit offenbar einen Bezug zu den Kaiserbüsten her. Einen weiteren Hinweis auf die Sommersonnenwende könnten wir in den wohl als Sonnensymbole zu verstehenden runden Scheiben aus Kupferblech über den beiden Gauben des nordöstlichen und südwestlichen Seitenflügels finden *(Abb. 19).*

Die ausgeklügelte Anordnung der Kaiserbüsten in der Fassade sowie die damit anscheinend in Verbindung stehende Ausrichtung des Palais und des gesamten Gartens erinnert uns daran, dass bei der inhaltlichen Ausdeutung von Kunstwerken möglichst die Perspektive derer einzunehmen ist, die sie einst schufen. Das Barock war in philosophischer Hinsicht ein Zeitalter der Systeme. Erinnert sei in diesem Zusammenhang an den Rationalismus in der Denkweise von René Descartes (1596–1650), Baruch de Spinoza (1632–1677) oder Gottfried Wilhelm Leibnitz (1646–1716). Eine gewisse mechanistische

Vorstellung der Welt wurde ebenso in die Konstruktion von Inhalten komplexer Kunstwerke hineingetragen. Es wurde gern eine in sich schlüssige Oberfläche vorgeführt, hinter der sich jedoch mindestens eine zweite inhaltliche Ebene mit eigener Struktur und Bedeutung verbarg. Man liebte das Enigmatische, dass jedoch mit einer klaren Formel zu lösen war.

Anmerkungen

1   Der ganze Bau wurde einschließlich der Innenarbeiten erst 1694 fertig gestellt. Vgl. Dürre, Stefan: Das Palais im Großen Garten in Dresden. Historie, Ikonografie und Bautypologie. Unveröffentlichte Forschungsarbeit im Auftrag des Sächsischen Immobilien- und Baumanagement, Niederlassung Dresden I, Dresden 2008, 365 Seiten, hier S. 2–4.

2   Zentrale Arbeiten der jüngeren Zeit, die sich vor allem mit anderen Aspekten des Palais auseinandersetzen: Werner, Winfried: Das Palais im Großen Garten zu Dresden. Notizen zum Bau und seiner denkmalpflegerischen Wiederherstellung, in: Sächsische Schlösserverwaltung (Hg.): Der Große Garten zu Dresden. Gartenkunst in vier Jahrhunderten, Dresden 2001, S. 57 ff.; Reeckmann, Kathrin: Anfänge der Barockarchitektur in Sachsen. Johann Georg Stracke und seine Zeit, Köln / Weimar / Wien 2000, S. 143–147.

3   Olbrich, Hartmut: Bauvorbereitende Forschungen zur Planungs-, Bau- und Ausstattungsgeschichte des Palais im Großen Garten zu Dresden unter Einbeziehung der Untersuchungen und Dokumentationen von Dr. Stefan Dürre, Dr. Jan-Michael Lange, Martin Lehman, Prof. Roland Lenz und Tanja Müller. Unveröffentlichte Forschungsarbeit im Auftrag des Sächsischen Immobilien- und Baumanagement, Niederlassung Dresden I, Dresden 2008. S. 1–350.

4   Dürre (wie Anm. 1), S. 1–356. Darüber hinaus waren etliche unzutreffende Benennungen der am Programm beteiligten Kunstwerke in Gebrauch sowie deren Interpretation aus älterer Literatur. Auch die ehemaligen Standorte vieler besonders im Krieg zerstörter Kunstwerke waren nicht gesichert. In der Untersuchung konnten 17 Skulpturen und Gemälde mit den richtigen bzw. mit passenderen oder präzisierenden Benennungen versehen werden. Für fünf Werke konnten nur verbessernde Vorschläge gemacht werden. In diesen Fällen waren z. B. die Attribute der Figuren nicht mehr nachweisbar.

5   Dürre (wie Anm. 1), S. 89–126.
6   Die 80 Kunstwerke wurden in Grundrisspläne aller drei Geschosse an ihre entsprechenden Standorte in den Innenräumen und an der Fassade hineinprojiziert bzw. eingetragen. Vgl. Dürre (wie Anm. 1), Abbildungen, Pläne.
7   Das Thema »Lusthaus« wurde im Palais besonders durch die Gemäldeausstattung an den Seiten des Festsaals mit mythologischen Liebespaaren und Damenporträts oder den bacchantischen Szenen an den Decken der Seitensäle illustriert, in gewisser Weise aber auch mit der Skulpturengruppe des Paris-Urteils im Erdgeschoss der Außenfassade angesprochen.
8   Findeisen, Peter: Dresden. Volkspark Großer Garten. Baudenkmale 32, Leipzig 1971, o. S.
9   Möglicherweise handelt es sich um Merkur, doch ist dieser Gott mythologisch kaum mit Ceres zu vereinen. Vgl. Dürre (wie Anm. 1), S. 97–100.
10 Eine Ausnahme bilden die Skulpturen der Jahreszeiten auf den Giebeln, da der Sommer mit dem Frühling vertauscht wurde. Der Grund hierfür ist nicht nachvollziehbar, zumal die Attribute der Figuren eindeutig sind. Das gleiche Vertauschen ist bei den Skulpturen der vier Jahreszeiten über der Attikazone des Kronentores am Zwinger festzustellen. Vgl. Dürre, Stefan: Die Skulpturen des Dresdner Zwingers. Untersuchung zu Aufstellung, Ikonografie, Stil und den Veränderungen 1712–2002. Diss., 3. Bde. Dresden 2003, Bd. I, S. 8.
11 Findeisen (wie Anm. 8), o. S., hier zitiert nach Reeckmann (wie Anm. 2), S. 142.
12 Weiteres zum Thema in Hagen, Bernt von: Römische Kaiserbüsten als Dekorationsmotiv im 16. Jahrhundert, Diss. Augsburg 1987.
13 Sä HStA Dresden, Sammlungen und Galerien, Staatliche Kunstsammlungen Dresden, Inventare, Nr. 10–11, F 32763 [Inventar der sächsisch-kurfürstlichen Kunstkammer, ohne Deckblatt, S. 1–233, nach 1710], S. 3 f. Giovanni Maria Nosseni (1544–1620) war ein aus der Schweiz stammender Bildhauer und Maler, der vor allem für den Dresdner Hof arbeitete.
14 Sä HStA Dresden (wie Anm. 13), S. 5. Gemeint ist Carlo di Cesare del Palagio (1538–1598), ein aus Italien stammender Bildhauer und Bronzegießer, der seit 1588 in Sachsen an der Seite von Nosseni arbeitete.
15 Zwölf Kaiserbüsten nach Sueton (Künstler unbekannt), Marmor und Speckstein, Standfuß aus Messing, spätes 17. Jahrhundert, Staatliche Kunstsammlungen Dresden, Grünes Gewölbe, Inv.-Nr. V 147/1–12.
16 Sä HStA Dresden, 10024 Geheimer Rat, Loc. 4447/07, Korrespondez des Grafen Rex mit dem Oberlandbaumeister Julius Heinrich Schwarze: Schäden und Baumaßnahmen in Dresden nach dem preußischen Bombardement 1760 wie auch an anderen landesherrlichen Schlössern und Gebäuden 1760–61, S. 33 f.
17 Dürre, Stefan: 5.1 Katalog des Bestandes an Marmorskulpturen des Großen Gartens im 18. Jahrhundert, in: Großer Garten Dresden, 4. BA, 1. TBM, Instandsetzung Parkeisenbahn. Skulpturen in der Gartenanlage. Entwurfsunterlage EW-BAU, Oktober 2015, unveröffentlichte Forschungsarbeit im Auftrag des Sächsischen Immobilien- und Baumanagement, Niederlassung Dresden I, S. 46–63.
18 Dürre (wie Anm. 17), S. 66–72.
19 Bildhauer, die als am Fassadenschmuck des Palais beteiligt gelten, sind Jeremias Süßner (um 1653–1690) und sein Bruder Conrad Max (um 1655–um 1700), George Heermann (um 1640–nach 1700), wahrscheinlich auch Johann Heinrich Böhme d. Ä. (um 1636–um 1680), Marcus Conrad Dietze (um 1656–1704) und Conrad Abraham Buchau (1623–1701). Nur wenige Bildwerke, wie das Paris-Urteil im Erdgeschoss (Heermann) lassen sich jedoch bestimmten Künstlern zuweisen.
20 Gurlitt, Cornelius (Bearb.): Beschreibende Darstellung der älteren Bau- und Kunstdenkmäler des Königreiches Sachsen, H. 22: Stadt Dresden, 2. Teil. Dresden 1901, S. 469.
21 Eine Umstellung der Büsten lässt sich über die detailreich nachweisbare Restaurierungsgeschichte einschließlich historischer Abbildungen nicht belegen. Vgl. Dürre (wie Anm. 1), S. 10–82.
22 Die Summe aller dortigen Zahlenreihen ergibt senkrecht, waagerecht und diagonal jeweils 34. Die untere Reihe enthält die Zahl 1514 – das Jahr, in dem das Kunstwerk geschaffen wurde und

zudem das Todesjahr von Dürers Mutter. Links und rechts der Jahreszahl 1514 befinden sich die Zahlen 4 und 1, die anscheinend für Dürers Initialen nach ihrer Position im Alphabet stehen.
23 Die dem genannten Beispiel zunächst direkt entsprechenden Rechnungen lauten: (7+11) + (6+2) = 26 = (1+5) + (8+12); (7+9) + (2+4) = 22 = (3+1) + (8+10); (1+5) + (8+10) = 24 = (6+2) + (7+9).
24 Göttler wird vom Autor jedoch nicht als Ideengeber für jene geometrisch-mathematische Konstruktion angesehen, ebenso wenig der Kurfürst selbst, auch wenn Oberlandbaumeister Johann Georg Starke (ca. 1640–1695) den Garten als »nach Dero selbst gnädigst gemachten Dessin« angelegt nennt (Sä HStA Dresden, Copial in Cammersachen 1684, fol. 578r.), hier zitiert nach Reeckmann, Kathrin: Das »communiciren« der Risse und Modelle, Zum Verhältnis von Gartengestaltung und Architektur bei der Planung des Großen Gartens, in: Sächsische Schlösserverwaltung (wie Anm. 2), S. 35. Auf einen Gestaltungszusammenhang von Architektur und Garten haben bereits andere Autoren hingewiesen. Vgl. Blanke, Harald: Die Entwicklungsgeschichte des Großen Gartens zu Dresden, in: Sächsische Schlösserverwaltung (wie Anm. 2), S. 42. 1683 wurde bekanntermaßen eine Kommission zur Überprüfung der Baufortschritte und der weiteren Gestaltung eingesetzt, infolgedessen der Garten seine allseitige Symmetrie verlor und die Ost-West-Achse die Priorität erhielt.
25 Blanke, Harald: Der Große Garten zu Dresden. Geschichte und Gestaltung im Zeitalter Augusts des Starken, 1676–1733, Diss. (ms.) TU Dresden 2000; Ders. (wie Anm. 24), S. 21–24; Reekmann (wie Anm. 23), S. 35–42; Jöchner, Cornelia: Der Große Garten als »Festort« in der Dresdner Residenzlandschaft, in: Sächsische Schlösserverwaltung (wie Anm. 2), S. 73–88.
26 Blanke (wie Anm. 23), S. 21.
27 So standen etwa Türme, Bastionen, Kirchen usw. nicht im Schnittpunkt verlängerter Achsen des Großen Gartens. Auch hatte die Anlage – im Unterschied zu anderen Dresdner Gärten – an ihrem Standort keine Vorgänger und war »voraussetzungslos ‚auf die grüne Wiese‘ gesetzt« worden (Jöchner 2001, wie Anm. 24, S. 74). Auch waren die zahlreichen durch Johann Georg III. aufgekauften Grundstücke, an deren Stelle der Garten eingerichtet werden sollte, in ihrer Anlage völlig verschieden von der des geplanten Gartens (vgl. Sä HStA Dresden, Bestand Karten, Risse und Bilder, Schrank VIII, Fach II, Nr. 12, Vermessung und kartografische Darstellung der Kaufparzellen des Großen Gartens, Hans August Nienborg, nach 1687, kopiert durch C. F. Halch, 1726).
28 Für Bekräftigung und Präzisierung der Theorie dankt der Autor Herrn Prof. Dr. Michael Soffel und seinem Assistenten Dr. Ralf Langhans vom Lehrstuhl Astronomie der TU Dresden.
29 Iccander (Crell, Johann Christian): Das auf dem höchsten Gipfel seiner Vollkommenheit und Glückseligkeit prangende Königliche Dreßden, Leipzig 1720, S. 87 ff.; Vgl. auch Anonymus: Kurtze Nachricht von denen zwey vor der Stadt befindlichen Kgl. Lust-Gärten, in: Der neu-erscheinende Postillion, 1721, Zehntes Felleisen, S. 152–157.
30 Im Prinzip verweist schon Walter Bachmann (1883–1958) darauf, dass der Mittelpunkt des Palais auch Planungszentrum für die Gesamtanlage war, als er von dem sich zwischen 1676 und 1683 stufenweise wesentlich erweiterndem 1., 2., 3. und 4. Quadrat des Gartens spricht: »Genau im Schnittpunkt der Diagonalen des Quadrats findet man … den Grundriß des Palais.« (Bachmann, Walter: Entstehung und Frühgeschichte des Großen Gartens, in: Sitzungsberichte und Abhandlungen der Flora in Dresden, Neue Folge, 36–38. Jg, Dresden 1934, S. 87) Allerdings weist Bachmann noch nicht auf einen möglichen Zusammenhang dessen mit der Ikonografie des Palais oder gar der Ausrichtung des Gartens hin.

Abbildungsnachweis
1, 3–14, 16, 18, 19 S. Dürre 2008; **2** Abbildungsnachweis: SLUB/Deutsche Fotothek (Foto: Rolf Werner Nehrdich, 1943/1945), Aufn.-Nr.: df_wm_0004739; **15** Panowsky, Erwin: Dürers »Melencolia I«. Eine quellen- und typengeschichtliche Untersuchung, in: Studien der Bibliothek Warburg, Leipzig 1923, Tafel I; **17** Hauptstaatsarchiv Dresden, Signatur/Inventar-Nr.: Kartensammlung M 105, Nr. 26; hier: SLUB/Deutsche Fotothek (Unbekannter Fotograf, vor 1931), Aufn.-Nr.: df_hauptkatalog_0172156.

Die verschlüsselte Botschaft des Chinesischen Zimmers

Zum ikonografischen Programm der Napoleonzimmer in Dresden-Friedrichstadt

Ulf Kempe, Xiaoli Wang

Im ehemaligen Marcolini-Palais, dem jetzigen städtischen Krankenhaus in Dresden-Friedrichstadt *(Abb. 1)*, haben sich Zeugnisse sächsischer Adelskultur von einer für das stark zerstörte Dresden seltenen Authentizität erhalten. Dazu zählt die großartige Neptunkaskade, errichtet 1745/46 von Lorenzo Matielli (1687–1748), die durch eine fast in letzter Minute erfolgte spektakuläre Rettung vor einigen Jahren wieder stärker in das allgemeine Bewusstsein gerückt ist. Die 1874/75 erstmals restauriert Kaskade[1] war nach teilweisem Einsturz im November 2006 von Oktober 2009 bis Mai 2013 restauriert und teils rekonstruiert worden. Schon Fritz Löffler hat den Neptunbrunnen als eine der wichtigsten barocken Brunnenanlagen in Europa gewürdigt.[2] Nach der Restaurierung ist dieser heute – bis auf das schon im 18. Jahrhundert abgängige große Nagelwerk, das nur entlang der heutigen Institutsgasse eine Fernsicht ermöglichte[3] bzw. die noch im 18. Jahrhundert unter Graf Marcolini an dessen Stelle angelegte rückwärtige Gehölzpflanzung,[4] die beide jeweils einen wirkungsvollen Hintergrund für die Anlage bildeten – wieder in seinem ursprünglichen Zustand erlebbar. Leider wirkt sich auch die durch ein 1872 erbautes

Krankenhausgebäude[5] unterbrochene Blickbeziehung zum Palais an der Friedrichstraße immer noch nachteilig auf die ursprünglich beabsichtigte Fern- und Gesamtwirkung des Brunnens aus.[6]

Viel weniger gewürdigt werden, obwohl nicht weniger bedeutend, zwei erhaltene Raumausstattungen in den so genannten Napoleonzimmern im Westflügel des Kernbaus des Marcolini-Palais und der Festsaal im Mitteltrakt, der den Gegenpol zum Neptunbrunnen bildet. Trotz der seit etwa 1845 erfolgten Krankenhausnutzung blieben die beiden erstgenannten Zimmer weitestgehend unverändert, weil sich Napoleon Bonaparte während des Waffenstillstandes mit den Alliierten vom 10. Juni bis 25. Juli und nochmals vom 4. bis zum 15. August 1813 hier aufhielt.[7] Er hatte sein Hauptquartier aus Sicherheitsgründen vor den Toren von Dresden aufgeschlagen – nahe dem Ostragehege, wo seine Truppen kampierten. Im Marcolini-Palais fanden am 26. und 30. Juni die erfolglosen Verhandlungen mit dem Vertreter Österreichs – dem Außenminister Graf Metternich – statt, die letztlich zum Eintritt Österreichs auf Seiten der Alliierten in den Krieg, zur Völkerschlacht bei Leipzig und zum

Abb. 1   Ehemaliges Palais Marcolini, heute Krankenhaus Dresden-Friedrichstadt (Nordfassade an der Friedrichstraße).

Sturz Napoleons führten. Wegen dieser Umstände wurden die beiden Zimmer bereits im 19. Jahrhundert museal genutzt[8] und nicht wie die anderen Räume für die Krankenhausnutzung grundlegend umgestaltet. Eine Gedenktafel an der Straßenseite des an das ursprüngliche Palais an der Friedrichstraße angefügten separaten Westflügels erinnert noch heute an den Aufenthalt des Kaisers *(Abb. 2)*.[9] Napoleon bewohnte die Suite des Grafen Marcolini im Westflügel des Kernbaus mit dem in dieser Form nicht mehr existierenden Arbeitszimmer – ein Teil davon dient heute als Vorzimmer zum Chinesischen Zimmer musealen Zwecken –, gelegen zwischen dem Großen Saal (heute im Erdgeschoss Eingangshalle und im Obergeschoss Festsaal des Krankenhauses) und dem als »Gartensaal« bezeichneten Chinesischen Zimmer, dem Chinesischen Zimmer selbst sowie dem Pompejanischen Zimmer, das damals als Schlaf- und Toilettenzimmer diente.[10] Interessanterweise entsprach die Raumaufteilung der Paradezimmer einschließlich der Lage der Kamine und der Bettnischen in diesem Teil damals noch exakt der aus den Zeiten des Grafen Brühl, wie aus einem auf um 1745 datierten Grundriss des Palais ersichtlich ist, der sich im Landesamt für Denkmalpflege erhalten hat *(Abb. 3)*.[11]

»Dieser vortreffliche Garten wurde zuerst von der Fürstin von Teschen angelegt.«[12]
Zur älteren Baugeschichte von Palais und Park

Auf die Baugeschichte von Palais und Park soll hier nur kurz eingegangen werden.[13] Eine ausführliche Untersuchung zur früheren Baugeschichte des Palais findet sich bei Walter Hentschel.[14] Die in den 1990er-Jahren erfolgte grundlegende Restaurierung der Napoleonzimmer hat einige neue Erkenntnisse geliefert, die jedoch nicht Gegenstand dieser Publikation sind. Vor kurzem legte Barbara Bechter eine umfangreiche Darstellung insbesondere der Brühlschen Periode der Entwicklung des Gartens vor.[15] Die Entstehung des Brühlschen, später Marcolinischen Gartens geht auf die auf Initiative von Kurfürst August (1526–1586) erfolgte Verlegung des Dorfes Ostra nach Zschertnitz und Leubnitz-Neuostra zur Schaffung des Kammergutes Ostra-Vorwerk zurück.[16] 1670 erließ Johann Georg II. (1613–1680) ein Patent zur Bebauung der späteren Friedrichstadt. Wegen des Widerstands der Dresdner Gilden siedelten sich in den folgenden Jahren jedoch statt der vom Kurfürsten beabsichtigten Handwerker mehrheitlich Bürger und Adlige an, die Sommerhäuser und Gärten anlegten. Der Bereich des heute noch in Resten erhaltenen späteren Brühlschen bzw. Marcolinischen Gartens war zu jener Zeit noch stark parzelliert. Das erste größere zusammenhängende Grundstück entstand an dieser Stelle erst 1717, als Kabinettsminister Reichsgraf Ernst Christoph von Manteuffel (1676–1749) mehrere zusammenhängende Flächen kaufte. Er ließ dort auch ein Brauhaus errichten, das bei den folgenden komplizierten Eigentumsübertragungen unter Beteiligung des Kurfürsten und des Grafen Brühl wegen seiner ökonomischen Bedeutung immer wieder eine wichtige Rolle spielen sollte. 1725 kaufte Kurfürst August der Starke (1670–1733) sowohl das Brauhaus als auch den Manteuffelschen Garten, wobei er letzteren noch im gleichen Jahr an den Herzog Friedrich Ludwig von Württemberg (1690–1734), Ehemann der vorher geschiedenen Ursula Catharina Fürstin von Lubomirska, ab 1727 Reichsfürstin von

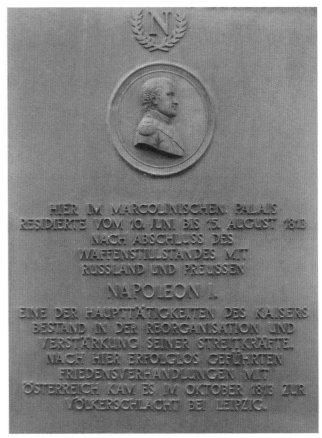

Abb. 2   Gedenktafel an der Straßenfront (Nordfassade) des Westflügels, gewidmet den Aufenthalten von Napoleon Bonaparte im Sommer 1813.

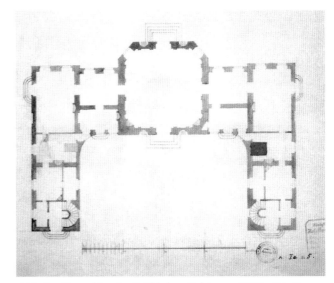

Abb. 3   Grundriss des Brühlschen Palais um 1750. Die Raumfolge des Grafen befindet sich im rechten (westlichen) Flügel. Die Bettstatt ist schwarz markiert. Reste des danebenbefindlichen Durchgangs wurden bei der letzten Restaurierung aufgefunden.

Abb. 4   Marcolini-Palais, Chinesischen Zimmers, heutiger Zustand, Blick nach Nordosten (2016). Links neben dem Marmorkamin befindet sich eine kaschierte Diensttür, deren Lage an dem Klingelzug aus Messing mit Holzgriff zu erkennen ist.

Teschen, einer ehemaligen Märesse von August dem Starken, weiterverschenkte. Zu diesem Zeitpunkt befand sich auf dem Grundstück ein barocker Garten mit einem kleinen Sommerpalais. Wohl an Stelle dieses Lusthauses wurde vermutlich durch Johann Christoph Naumann (1664–1742) nach 1727 ein neues Gebäude errichtet, das schon im Wesentlichen die Abmessungen des heutigen Kernbaus aufwies. 1736 kaufte Graf Heinrich von Brühl das Grundstück von der Reichsfürstin von Teschen mit allen Gebäuden und Zubehör und vergrößerte es durch weitere Zukäufe. Bis 1746 wurden Garten und Schloss unter Leitung von Johann Christoph Knöffel (1686–1752) weiter ausgebaut. Unter anderem wurden die Seitenflügel des Palais zur Friedrichstraße hin verlängert, der separate Westflügel und östlich des Palais die Orangerie errichtet. Auch der Bau des Neptunbrunnens fällt in diese Zeit. Die Brühlsche Ära stellt zweifelsohne die glanzvollste Periode in der Entwicklung von Schloss und Garten dar. Im Siebenjährigen Krieg und nach dem Tode Brühls 1763 gerieten Palais und Garten, die bis 1772 (bzw. 1768) unter staatlicher Zwangsverwaltung standen, in Verfall. Erst danach gelangten sie über Umwege in den Besitz des Grafen Marcolini, der die Gebäude und Parkanlagen wieder herrichten und teilweise umgestalten ließ. In diese letzte Blütezeit der Anlage fällt auch die Entstehung des Chinesischen und des Pompejanischen Zimmers.

»Alle Bauteile sind im Sinne eines Gesamtkunstwerkes konsequent im chinoisen Stil ausgeführt …«[17]
Das Chinesische Zimmer
Das Chinesische Zimmer befindet sich im Erdgeschoss des Südwestteils des Hauptgebäudes mit zwei Achsen zum großen Gartenparterre nach Süden und zwei Achsen, bestehend aus einer Tür und einem Blindfenster zum Garten nach Westen. Das nördlich anschließende Pompejanische Zimmer ist mit nur einer Fensterachse nach Westen wesentlich kleiner.

Seit der letzten umfassenden Restaurierung von 1989 bis 1999 wird der Raumeindruck des Chinesischen Zimmers von den für den heutigen Betrachter ungewöhnlich hellen rosa und apfel- bzw. dunkelgrünen sowie weißen Farbtönungen der Sockelzonen der Wände, der Wand- und Spiegelrahmungen, des Kamins, der Supraporten und der Decke bestimmt, wobei der Plafond durch hellblaue und goldgelbe Farben zusätzlich hervorgehoben ist. Diese Farbpalette war im 18. Jahrhundert auf die ähnlich hellen originalen chinesischen Papiertapeten an den Wänden abgestimmt.[18] Letztere sind jedoch im Laufe der Jahre durch Licht- und atmosphärische Einwirkungen stark gedunkelt (Abb. 4). Die ursprüngliche Farbigkeit der Tapeten hat sich nur hinter den rahmenden Holzleisten (Abb. 5) und auf einem bei den Restaurierungsarbeiten entdeckten fehlgeklebten Bogen, der heute hinter der Diensttür des Raumes präsentiert werden kann, erhalten.

Der Raum hat mit 5,00 Metern Länge, einer Fensterfrontbreite von 5,10 Metern und einer Höhe von 5,12 Metern[19] fast die Dimension eines Kubus. Der Fußboden wird von noch größtenteils originalem Tafelparkett eingenommen, in dem neben Tierdarstellungen in den Randbereichen und Drachen im Mittelfeld zahlreiche chinesische Schriftzeichen als Intarsien erscheinen (Abb. 6). Diese finden sich auch im Parkett direkt vor der Fensterfront und der gegenüberliegenden Wand. Den Hauptteil der Wandflächen nehmen die chinesischen Papiertapeten ein. Sie sind als zwei Sätze in der Art einer Panorama-

Abb. 5   Chinesisches Zimmer, restaurierte Tapetenbahn mit der unter der Holzrahmung erhaltenen ursprünglichen Farbigkeit (rechts im Bild). Die Bahn ist rechts neben dem Marmorkamin (vgl. Abb. 4) angebracht.

Abb. 6   Chinesisches Zimmer, Tafelparkett mit Drachen- und Tierdarstellungen sowie chinesischen Schriftzeichen als Intarsien, Blick nach Norden (2016).

tapete gemalt und montiert, sodass bei einem 360 Grad Rundblick ein geschlossenes Bild entsteht, bei dem sich die Motive jeweils einmal wiederholen.[20] Den Tapeten sind vertikale und horizontale Holzdeckleisten als Rahmung vorgeblendet, die mit pseudochinesischen Bandornamenten verziert sind. Die Ornamentierung setzt sich in den ebenfalls hölzernen Sockelverkleidungen und Türrahmungen fort (Abb. 4, 6). An der Ostwand befindet sich neben der Fensterfront eine zum ehemaligen Arbeitszimmer führende Tür mit gekuppelten Rundbögen, die heute als Besucherzugang zum Chinesischen Zimmer dient. Ihr genau gegenüber befindet sich an der Westwand eine ähnlich gestaltete Gartentür. Beide Türen werden nach oben von geschnitzten Supraporten mit geflügelten pseudochinesischen Drachendarstellungen abgeschlossen. Links neben der Tür an der Westwand befindet sich der Marmorkamin. Der Sturz wird an den Seiten von zwei stilisierten

Abb. 7   Chinesisches Zimmers,
Nordwand mit Tür im neogotischen
Stil (2016).

Abb. 8   Pompejanisches Zimmer.
Zentrales Motiv der Deckengestal-
tung ist die Darstellung der vier
Jahreszeiten (2016).

marmornen Chinesenköpfen geziert *(Abb. 4)*. Der originale Spiegelaufsatz wird von zwei Marmorpilastern mit pseudochinesischen Bandornamenten gerahmt und nach oben hin von einer geschnitzten Blende abgeschlossen. Das runde Lüftungsgitter in der Mitte der Blende ist eine bei William Chambers[21] entlehnte Zutat der letzten Restaurierung; vielleicht befand sich hier früher eine Uhr.[22] Kamin und Pilaster sind in Lasurfarben mit denselben Farbtönen gefasst wie die restliche Raumausstattung. Ein ähnlicher Spiegel mit gleich gestalteten Pilastern zwischen den beiden Fenstern des Raumes wird nach oben hin von einem Holzrelief mit einer Vogeldarstellung abgeschlossen. Links neben dem Marmorkamin befindet sich eine durch die Tapeten kaschierte Diensttür, deren Lage an einem aus Messing gefertigten Klingelzug mit Holzgriff zu erkennen ist *(Abb. 4)*. An der Nordwand zum Pompejanischen Zimmer fällt eine Tür im neogotischen Stil auf, die den Zugang vom Pompejanischen Zimmer vermittelt *(Abb. 7)*. Dieses überraschende Element der Raumgestaltung wird in der Literatur meist als ein dem Zeitgeist geschuldetes modisches Versatzstück betrachtet.[23]

Im Bereich der Wände finden sich ebenfalls chinesische Schriftzeichen – wenn auch nicht so häufig wie auf dem Fußboden – so über den Fenstern, am Kaminsturz und um die neu gestaltete Rundöffnung oberhalb des Spiegelaufsatzes. Bei genauer Betrachtung kann man erkennen, dass auch auf den originalen chinesischen Tapeten stellenweise Schriftzeichen – z. B. auf Fächern und auf den Spruchtafeln an den dargestellten Gebäuden und in den zum Betrachter hin geöffneten Räumen – verwendet wurden.

Ein umlaufendes, gekehltes hölzernes Kranzgesims und ein Festonfries in der Deckenkehlung bilden den Übergang zur Decke *(Abb. 4)*. Die verwendeten Motive (Akanthus, Doppelringe, Festons mit gelben Kordeln) muten eher klassizistisch als chinois an – ähnlich wie die Festons am oberen Abschluss der beiden Spiegel am Kamin und an der Fensterfront. An der Stuckdecke selbst fallen wiederum zahlreiche chinesische Schriftzeichen ins Auge. Den Mittelpunkt im Plafond bildet eine Sonnendarstellung, die von sechszackigen Sternen und vier Darstellungen der Mondphasen umgeben ist. Zur Raumausstattung gehört auch der von Manfried Eisbein wiederhergestellte so genannte Napoleonsekretär,[24] der in der Raumecke zwischen Fenster und Gartentür Aufstellung gefunden hat.

»Das anstossende Nebenzimmer zeigt eine Dekoration im pompejanischen Stil.«[25]
Das Pompejanische Zimmer

Das an das Chinesische Zimmer nördlich angrenzende ehemalige Schlafzimmer hat mit 5,48 Metern eine dem Gartensaal vergleichbare Breite, ist jedoch durch die nur 3,80 Meter messende Fensterfront wesentlich kürzer. Auch die niedrigere Decke (Raumhöhe 4,30 Meter) weist auf die Funktion des Raumes als Vor- bzw. Nebenzimmer hin.[26] Die Raumausstattung des Pompejanischen Zimmers ist weitaus schlichter und schlechter erhalten. Die wohl ursprünglich vorhandenen Wandbespannungen sind verloren gegangen; stattdessen sind die Wände entsprechend den Angaben von Gurlitt bei der letzten Restaurierung gelb gestrichen worden.[27] Das Tafelparkett ist aus dreieckigen Einzelteilen kaleidoskopartig zusammengesetzt.[28] Die Holztafeln in der Sockelzone der Wände sind in einfachem Stil mit schwarzem Untergrund gestaltet und mit

blauen und roten Linien sowie goldenen Verzierungen (u. a. Palmetten) abgesetzt, wobei sich jeweils ein Stuckmedaillon mit Amphorenmotiv in der Mitte der Tafeln befindet.[29] Farblich ganz ähnlich gestaltet sind die beiden Türen des Raumes. Klassizistisch gehalten ist auch der Kamin aus weißem Naturmarmor mit einer nunmehr erneuerten Vorlage aus Stuckmarmor auf dem Fußboden. Unter dem Sturz erkennt man zwei Adler im Halbrelief, die eine Rosette halten. Auch die Zierrosetten am Kamin und die Rahmung des originalen Spiegelaufsatzes sind aus Stuckmarmor. Der Spiegel wird nach oben durch einen Akanthusfries und ein gerahmtes Festonrelief abgeschlossen. Neben dem Kamin ist die Decke der am reichsten gestaltete Teil des Raumes. Der Übergang wird durch ein umlaufendes Flechtband in der Kehlung gebildet. Darüber finden sich Darstellungen von Vasen, Ranken, Girlanden und Getreide sowie zwei Merkurmasken in pompejanischer Manier.[30] Die Mitte der Decke wird von vier im Kreis angeordneten, jeweils ebenfalls kreisförmig gestalteten Darstellungen sitzender Figuren eingenommen, die die vier Jahreszeiten versinnbildlichen *(Abb. 8)*.

»Der betreffende Salon ist noch jetzt in der Hauptsache in demselben Zustande erhalten, wie er sich an jenem denkwürdigen Tag befand … Auch die chinesischen Tapeten, der Spiegel, der Marmorkamin, der Parkettfußboden sind noch vorhanden.«[31]
Datierung und Erhaltungszustand

Bisher sind keine archivarische Quellen bekannt geworden, die eine genaue Datierung der Napoleonzimmer gestatten würden. Die Angaben in der Literatur variieren erheblich, wobei sie in der Regel nicht näher begründet werden. Im »Dehio« von 2005 nennt Barbara Bechter für den Umbau des gesamten Schlosses die Jahreszahl 1778 und bezeichnet als ausführende Architekten Johann Daniel Schade (1730–1798) und Johann Gottfried Kuntsch (1735–1795).[32] Nach Fritz Löffler entstanden die Raumfassungen nach 1780 und werden von ihm Johann Daniel Schade (Architekt) in Zusammenarbeit mit Johann Ludwig Giesel (1747–1814) als ausführenden Künstler zugeschrieben.[33] Vermutlich in Anlehnung an diesen Autor datiert auch Daniel Jacob beide Innenraumgestaltungen nach 1780, benennt als Künstler – vermutlich in Anlehnung an Cornelius Gurlitt[34] – jedoch Christian Traugott Weinlig (1739–1799).[35] Barbara Bechter lässt die Zuschreibung an Giesel oder Weinlig offen.[36] Im Untersuchungsbericht zur Restaurierung 1989 bis 1999 wird unter Bezug auf Löffler für den Umbau sogar ein Zeitraum um 1794 angenommen.[37]

Nach einer weit verbreiteten Version, die zuerst von Fiedler publiziert wurde, kaufte Marcolini Schloss und Park 1774.[38] Bereits am 6. Mai 1778 gab Marcolini in Anwesenheit der kurfürstlichen Familie auf seinem neuen Landsitz einen Empfang aus Anlass seiner Eheschließung mit Baronesse Maria Anna O'Kelly, die zwei Tage zuvor am 4. Mai in Böhmen vollzogen wurde.[39] Man könnte annehmen, dass die Umbauten zu diesem Zeitpunkt im Wesentlichen abgeschlossen waren. In einer zeitgenössischen Beschreibung Dresdens durch Weinart (1777) werden keine genaueren Angaben zur Innenausstattung des Palais gemacht.[40] Hasche (1781) beschreibt die innere Raumaufteilung mit den beiden Gartensälen in den Suiten des Grafen bzw. der Gräfin – ohne jedoch eine chinoise Gestaltung des Marcolinischen Gartensaales oder die Gestaltung der anderen Zimmer zu erwähnen.[41] Im Gegensatz dazu wird bei Daßdorf

Fenster   Fenster

Blickrichtung ↗

Gotische Tür

Abb. 9   Chinesisches Zimmer, schematische Darstellung des Parketts. Die Blickrichtung geht aus der ursprünglichen Enfilade nach Süden.

(1782) das Chinesische Zimmer besonders hervorgehoben und auch in den folgenden Publikationen von Hasse (1804) und Lindau (1820) jeweils ausdrücklich benannt.[42]

Nach der Innenausstattung des Chinesischen Zimmers wurden die Tapeten und der Napoleonsekretär datiert. Friederike Wappenschmidt ordnet die Tapeten durch stilistische Vergleiche den 1780er-Jahren bzw. dem Zeitraum um 1790 zu.[43] Manfried Eisbein konnte den Tisch durch eine Bleistiftinschrift auf 1795 datieren.[44] Beide Zuordnungen würden eine späte Entstehung der Raumausstattung in den 1790er-Jahren suggerieren. Allerdings belegen die Untersuchungen am Napoleonsekretär, dass dieser ursprünglich ein Toilettentisch war, der – vermutlich für eine museale Nutzung – zu einem Schreibsekretär umgebaut wurde und somit möglicherweise nicht zur Originalausstattung des Raumes gehörte. Recherchen zu den Tapeten zeigen, dass sich sowohl im Tapetenmuseum Kassel als auch im Schloss Wilhelmsthal bei Calden stilistisch sehr ähnliche Tapeten wie in Friedrichstadt finden lassen, die auf um 1780, also deutlich früher, datiert werden.[45]

In ihrer Arbeit zum Brühlschen Garten hat Barbara Bechter auch die Besitzverhältnisse am Ende des 18. Jahrhunderts re-

cherchiert. Danach wurde die Sequestration des Brühlschen Besitzes in Friedrichstadt de facto schon am 5. März 1768 aufgehoben. Dieser war, wie die Akten belegen, bis zu diesem Zeitpunkt gut unterhalten worden; der Verfall fällt also im Wesentlichen in die Periode der Verwaltung durch die Brühlschen Erben bis 1776. Am 25. Juli 1774 wurde das Palais, am 30. Juni 1776 der Großteil des Gartens an Oberkammer-Sekretär Johann David Müller verkauft. Den Garten erwarb am 14. Januar 1780 im Auftrag von Marcolini Hofkondukteur Johann Daniel Schade von den Erben Müllers; nach Meinung von Barbara Bechter gelangte das Palais noch vor 1776 in den Besitz des Grafen. Es gibt darüber aber bisher keine Nachweise, auch nicht aus späterer Zeit. Der Garten ging erst am 2. Dezember 1802 vom Oberkammer-Sekretär Gebhardt offiziell an Marcolini über.[46] Zusammenfassend kann somit die Entstehungszeit der Raumfassungen in den Napoleonzimmern auf einen Zeitraum zwischen 1774 und 1782 eingegrenzt werden.

Wegen der frühzeitigen und andauernden musealen Nutzung (bzw. der Nutzung als Direktoren- und Konferenzzimmer) gehen die meisten Autoren von einem weitgehend originalen Zustand der Innenraumgestaltung der Napoleonzimmer aus.[47] Bei den letzten großen Restaurierungsarbeiten haben sich diese Annahmen weitgehend bestätigen lassen – mit erheblichen Einschränkungen bezüglich des Pompejanischen Zimmers.[48] Im Chinesischen Zimmer ist das Parkett laut Restaurierungsbefunden trotz mehrmaligem Ausbau, lokalem Ersatz von geschädigten Details – insbesondere in der Nähe der Fenster und Türen – und rahmende Ergänzungen an der Nord- und Ostwand, die von den Restauratoren als Ausgleich für Schrumpfungen gedeutet wurden, weitgehend original erhalten. Dieser Befund scheint aber eine Zweitverwendung des Parketts nicht prinzipiell auszuschließen. Gleichfalls sind die beiden Spiegel, der Kamin, die Tapeten und Holzverkleidungen an den Wänden, in den Sockelzonen und die Tapetenrahmen noch weitgehend original. Für den Raum wurden drei Farbfassungen festgestellt, wobei die beiden späteren die helle originale Fassung mit etwas verhaltener Tönung wiederholen. Die letzte Fassung ging wohl auf die Restaurierung der 1950er-Jahren zurück; die frühere wurde auf vor 1938 datiert.[49] Durch die letzte Restaurierung ist kürzlich eine weitere Farbschicht hinzugekommen. Die Zweitverwendung eines Türblattes mit geschnitzten Rocaille-Verzierungen auf der Rückseite in der Sockelzone des Raumes belegt eine Entstehung des Interieurs im letzten Viertel des 19. Jahrhunderts.[50]

Anders liegen die Verhältnisse im Pompejanischen Zimmer. Hier ergibt sich schon aus der Raumsituation, dass die heutige Zugangstür zum Korridor nicht original sein kann, da der entsprechende Außenkorridor erst im 19. Jahrhundert an das Gebäude angefügt wurde. An dieser Stelle befand sich eine Bettnische.[51] Stattdessen fehlt heute die ursprüngliche Tür links vom Kamin, die früher Teil der Enfilade des Westflügels war. Diese ursprüngliche Raumsituation ist auf dem oben erwähnten Grundriss aus der Zeit von Brühl gut zu erkennen. Schon bei den Voruntersuchungen zur Restaurierung wurde festgestellt, dass anstelle der ehemaligen Tür eine Ziegelwand auf dem Parkett aufliegt. Im Raum wurden bis zu acht verschiedene Farbfassungen festgestellt, die schwer durchgängig miteinander zu korrelieren sind. Erst ab der dritten bzw. vierten Fassung dominiert das Schwarz der Sockelzonen den Raumeindruck; es ist die erste erhaltene Fassung auf der Tür zum Außenflur.

Innenfelder

Randfelder

Randfelder
nicht zuordenbar

Abb. 10   Zuordnung der im Tafelparkett des Chinesischen Zimmers verwendeten chinesischen Schriftzeichen zu den Vorlagen von William Chambers von 1757.

Davor war der grundsätzliche Farbeindruck des Raumes (Türen, Kamin, Wände, Sockelzone, Teile der Decke) blau.[52] Schon Gurlitt vermutete, dass die schwarze Fassung, in der der Raum auch bei der letzten Restaurierung belassen wurde, »modern« sei.[53] Offensichtlich handelt es sich dabei um die »museale« Fassung des 19., nicht um die originale des 18. Jahrhunderts, obwohl auch diese antikisierend war.

Wie bereits dargestellt, wurden in der Raumgestaltung des Chinesischen Zimmers ungewöhnlich häufig chinesische Schriftzeichen verwendet. Da deren Analyse im Weiteren als Schlüssel zum Verständnis des ikonografischen Raumprogramms dienen soll, scheinen einige kurze Anmerkungen zur chinesischen Schrift an dieser Stelle angebracht.[54]

»Ein Schlüssel zum Verständnis Chinas, seiner Menschen und seiner Kultur«[55]
Einige Bemerkungen zur chinesischen Schrift
Irritierend erscheint zunächst die von vielen chinesischen Besuchern gemachte und auch von deutschen und chinesischen Sinologen wiederholte Äußerung, dass die Verwendung der Schriftzeichen im Chinesischen Zimmer keinen Sinnzusammenhang ergäbe und folglich nur dekorativer Natur sei. Es wurde teilweise sogar unterstellt, dass es sich weitgehend um rein europäische Phantasiezeichen handelt, die chinesische Schrift imitieren. Wie im Folgenden deutlich werden wird, entspricht die erste Behauptung zumindest nur teilweise, die zweite fast gar nicht der wirklichen Sachlage. Wie ist diese

Diskrepanz zu erklären? Bei der chinesischen Schrift handelt es sich um einen sehr seltenen Typus, der auf eine über 3 500 Jahre dauernde, ununterbrochene Entwicklung aus ursprünglichen Bildzeichen zurückblicken kann und in abgewandelten Formen auch in den Nachbarländern wie z. B. Korea, Japan und Vietnam verwendet wurde bzw. wird. Schon deshalb kann es für ein und dasselbe Schriftzeichen unterschiedliche Formen bzw. abgewandelte Typen geben. Weit verbreitet sind in China u. a. die große und die kleine Siegelschrift, die Beamtenschrift, die Standardschrift und eine Schnellschrift sowie kursive und vereinfachte Formen. Die heutige Schreibweise entspricht somit nicht unbedingt der des 18. Jahrhunderts. Ein weiterer wichtiger Aspekt ist die Kalligrafie. Die gezielte Verwendung chinesische Schrift war historisch schon immer auch eine wichtige und hochgeschätzte Kunstgattung, die sich in enger Verbindung mit der Malerei, Poesie, Architektur und der Gartenkunst entwickelt hat und häufig vom Kaiser persönlich ausgeübt wurde. Die chinesische Schrift ist darüber hinaus assoziativ. Die Zeichen selbst sind häufig »zusammengesetzt« und werden in einer bestimmten Abfolge geschrieben. Selten werden Schriftzeichen isoliert verwendet. Dabei kann von oben nach unten, rechts nach links und umgekehrt gelesen werden. Dies bedeutet, dass meist erst die gemeinsame Verwendung von Zeichen den assoziativen Sinn ergibt. In dieser Weise sind die Schriftzeichen im Chinesischen Zimmer allerdings nicht verwendet worden. Sie sind teilweise auch nicht exakt wiedergegeben, also von unkundiger Hand kopiert worden. Sie folgen – soweit bewusst eingesetzt – einem »europäischen« Programm aus isolierten Zeichen, sodass sich für einen chinesischen oder anderen geschulten Betrachter gewöhnlich kein assoziativer Sinnzusammenhang ergibt.

»So inspirierte William Chambers berühmtes Vorlagenwerk direkt den Architekten Friedrich Wilhelm von Erdmannsdorf bei seinen Arbeiten im Wörlitzer Schloss. Die gleichen Einflüsse sind für das Napoleonzimmer) vorauszusetzen.«[56]
Die chinesischen Schriftzeichen im Tafelparkett und an der Fensterfront
Generell geht die moderne Forschung zur Chinoiserie davon aus, dass chinesische Elemente einschließlich der Schriftzeichen in Europa ohne direkten Bezug zu ihrer ursprünglichen Bedeutung, einfach als Symbole für das Exotische verwendet wurden. Es lässt sich feststellen, dass hierbei häufig auf Vorlagen wie z. B. auf die in der 2. Hälfte des 18. Jahrhunderts weit verbreiteten Drucke von Williams Chambers zurückgegriffen wurde.[57] Emile de Bruijn prägte für die rein dekorative Verwendung chinesischer Schriftzeichen am Beispiel des »Chinesischen Hauses« im Park von Stowe den Begriff »ungelesen« – d. h. die ursprüngliche Bedeutung bleibt dem europäischen Betrachter weitgehend oder vollständig verschlossen.[58]

In diesem Sinne kann man im betrachteten Fall die Verwendung chinesischer Schriftzeichen im Parkett und an der Fensterwand des Chinesischen Zimmers im Marcolini-Palais deuten. Das Parkett ist so verlegt, dass die Zeichen »gelesen« werden können, wenn man den Raum – durch die ursprüngliche Enfilade kommend – aus dem Pompejanischen Zimmer betritt *(Abb. 9)*. Ein Vergleich mit Tafel XVIII aus Chambers Vorlagen,[59] in der zwei Gruppen von je vier originalen chinesischen Versen wiedergegeben werden, zeigt, dass praktisch

Abb. 11   Die vier chinesischen Schriftzeichen über den beiden Fenstern an der Nordfront lassen sich ebenso den Vorlagen von Chambers (1757) zuordnen, wobei ein Zeichen unvollständig kopiert wurde.

Abb. 12   Über dem Kamin findet sich das in Marmor gearbeitete Zeichen für »Winter«.

Abb. 13   Drei der Schriftzeichen an der Holzblende über dem Kaminspiegel lassen sich den Vorlagen von Chambers zuordnen (vgl. Abb. 10). Die oberen beiden Zeichen erscheinen nach unten verkürzt; das linke lässt sich somit als eine rudimentäre Version von »Öffnung, Eingang« deuten.

sämtliche im Parkett verwendete Zeichen erstaunlich genaue Wiederholungen dieser Vorlage sind *(Abb. 10)*. Dass es sich dabei um reine Phantasiezeichen handelt, kann somit ausgeschlossen werden. Chambers hatte die Verse von seiner Chinareise im Auftrag der schwedischen Ostindischen Gesellschaft mitgebracht, kannte aber nach eigenem Bekunden nicht ihren Sinn. Bei einer damals auf seine Veranlassung hin erfolgten Übersetzung durch Jesuiten im Vatikan konnte nur die erste Gruppe von vier Versen übersetzt werden; die zweite Gruppe erscheint auch heute in der Übersetzung als schwierig. Nichtsdestoweniger legte Herbert Butz (Berlin) 1995 eine vollständige Übersetzung vor, die von Ludwig Trauzettel publiziert wurde.[60]

Für die in Friedrichstadt verwendeten Zeichen wie Bambus, Regen, Fenster, Aprikose usw. lassen sich trotz ihrer für die chinesische Kultur hohen symbolischen Bedeutung bisher kein Sinnzusammenhang oder Programm feststellen. Die Auswahl scheint von der Notwendigkeit diktiert, genügend einfache, kopierbare Motive für die Intarsien auszuwählen. Auffällig ist, dass bei den Innenfeldern Zeichen aus der ersten Gruppe von vier Versen ausgewählt wurden, während die Zeichen aus den Randfeldern der zweiten Gruppe angehören *(Abb. 10)*. Eine Tafel aus dem Randfeld enthält drei Zeichen, die nicht den Vorlagen von Chambers entsprechen. Sie lassen sich bis auf das Zeichen »Regen« auch nicht übersetzten. Es fällt jedoch auf, dass diese Zeichen wie Abwandlungen der von Chambers verwendeten Zeichen für »Aprikose«, »Regen« bzw. »Überall« wirken. Es könnte sich demnach um Nachahmungen handeln. Man kann vermuten, dass diese Tafel mit drei Zeichen erst später bei einer Reparatur anstelle verlorener Originalmotive eingefügt wurde. Dafür würde sprechen, dass sich in diesem Teil des Zimmers laut einem Foto von 1907 um die Wende vom 19. zum 20. Jahrhundert ein Kachelofen und hinter der Diensttür bis zur letzten Restaurierung eine Küchenecke befanden.[61] Man kann also von einer stärkeren Beanspruchung des Parketts in diesem Bereich des Raumes ausgehen, wie sie sich z. B. für die Tapeten nachweisen lässt. In den Restaurationsberichten finden sich allerdings keine entsprechenden Hinweise auf Reparaturen des Parketts.

Auch die Schriftzeichen an der Fensterfront lassen sich den Vorlagen von Chambers zuordnen, wobei die beiden linken Zeichen als Wiederholungen mit jenen im Fußboden korrespondieren *(Abb. 11)*. Wieder ist kein Sinnzusammenhang erkennbar. Vielmehr wurde ein Zeichen (das zweite von rechts) unvollständig nur als unterer Teil kopiert, wohl weil es nicht als zusammenhängendes Symbol in der Vorlage erkannt wurde.

»Die gestalteten Anspielungen und Verweise wurden seinerzeit vom politisch, literarisch, philosophisch und sprachlich gebildeten Kreis um den Auftraggeber verstanden.«[62] –
Chinesische Schriftzeichen und Symbole am Kamin und an der Decke und die Ikonografie des Raumes
Bei der Hinwendung zum Kamin wird jedoch eine völlig andere, bewusste Verwendung chinesischer Schriftzeichen sichtbar. In Marmor gearbeitet, findet sich hier über dem Sturz das Symbol für »Winter« als klare Anspielung auf die Kaminfunktion. Auch wenn die Schreibweise nicht ganz der heutigen chinesischen Version entspricht, lässt sich der Sinn unschwer

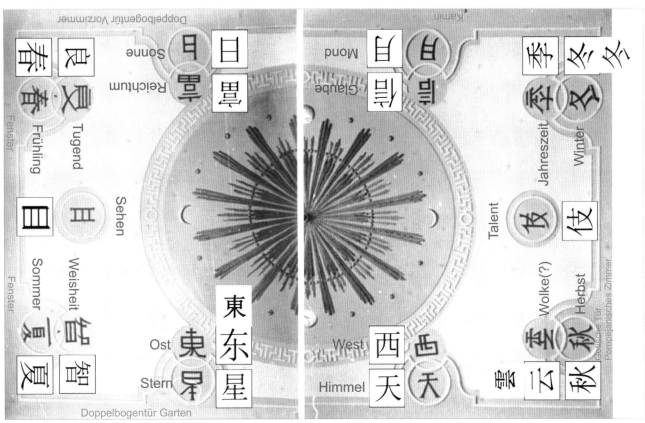

Abb. 14   Die chinesischen Schriftzeichen an der Decke lassen sich einem Programm zuordnen, das die Einheit von Europa und Asien versinnbildlicht.

erkennen, wie z. B. ein Vergleich mit der in Korea verwendeten Form zeigt *(Abb. 12)*. Das Zeichen wurde bereits 1874 von Freiherr von Biedermann übersetzt (vgl. Anm. 54). Es ist nicht in den Vorlagen von Chambers zu finden.

Nicht ganz eindeutig ist die Situation bezüglich der Schriftzeichen an der Holzblende oberhalb des Kaminspiegels. Drei der Zeichen lassen sich eventuell auf die Vorlage von Chambers zurückführen *(Abb. 13)*. Die beiden Zeichen am oberen Rand der Blende wirken gegenüber den beiden unteren wie (nachträglich?) am unteren Rand verkürzt. Dabei lässt sich das linke, bei Chambers eindeutig fehlende Zeichen – mit dem (verdeckten?) unteren Querstrich ergänzt – unschwer als »kǒu« (Öffnung, Eingang, Einfahrt) erkennen und ergäbe zusammen mit dem Zeichen »yù« (Mensch) so etwas wie »Eingang, Tür«. Möglicherweise wurden diese Zeichen auch von Freiherr von Biedermann bereits 1874 übersetzt (vgl. Anm. 54). Falls das untere rechte Zeichen statt »jiu« (neun) »jī« (Tisch) bedeuten sollte, ergäbe sich zusammen mit »chá« die Bedeutung »Teetisch«. Ob sich dahinter eine Anspielung – etwa auf die Funktion des Raumes (etwa z. B. »Eingang zum Teezimmer«) – verbirgt, muss hier offen bleiben, auch weil die ursprüngliche Gestaltung und Funktion der runden Blende zwischen den Zeichen bisher nicht abschließend geklärt werden konnte.

Am aufschlussreichsten sind die Zeichen, die im Stuck der Decke in einer inneren und einer äußeren Folge abgebildet wurden. Beginnend an der Tür zum ehemaligen Arbeitszimmer (dem jetzigen Vorraum), geben die Schriftzeichen am äußersten Rand eindeutig die vier Jahreszeiten wieder: »Frühling«, »Sommer«, »Herbst« und »Winter« *(Abb. 14)*. Die regelmäßige An-

ordnung macht sofort klar, dass wir es hier nicht mit einer willkürlichen oder rein dekorativen, sondern vielmehr mit einer bewussten Verwendung zu tun haben. In den Vorlagen von Chambers sind diese Zeichen bis auf den »Frühling« nicht enthalten. Man könnte für die Decke ein typisch europäisches Programm mit Zyklen wie dem der vier Jahreszeiten vermuten, die schon seit der Renaissance und besonders im Barock und Rokoko in Europa weit verbreitet waren – umso mehr, als sich das Thema der Jahreszeiten auch an der Decke des benachbarten Pompejanischen Zimmers findet *(Abb. 8)*. Allerdings lassen die anderen Zeichen keine Zuordnung im Sinne europäischer, spätbarocker Programme zu, sondern sind in dualer, typisch chinesischer Weise jeweils einander gegenübergestelltgestellt worden, im betrachteten Fall als die Paare Frühling/Winter und Sommer/ Herbst. An der Westwand finden sich im inneren Bereich die Zeichen für »Ost« und »West«, während an der gegenüberliegenden Seite nicht die Zeichen für »Nord« und »Süd«, sondern »Reichtum« und »Glaube« erscheinen *(Abb. 14)*. Offensichtlich sind mit »Ost« und »West« nicht die Himmelsrichtungen gemeint – ihre Anordnung entspricht auch nicht den Himmelsrichtungen im Raum – sondern der »Orient« und der »Okzident«. Das korrespondiert gut mit den Begriffen »Reichtum« und »Glaube«, die im 18. Jahrhundert als Synonyme jeweils für die (ost-)asiatische bzw. die (west-)europäische Welt verwendet wurden.[63] Die Decke (und mit ihr der Raum) wird also in zwei Hälften geteilt – die südliche symbolisiert den Orient bzw. China und die nördliche den Okzident mit dem damaligen Europa. Die eben besprochenen Zeichen sind gut deutbar, aber nicht ganz exakt wiedergegeben. Das Zeichen für

»Ost« entspricht der alten, nicht der vereinfachten Form (im Bild jeweils oben bzw. unten wiedergegeben). Das Zeichen für »West« ist nicht korrekt kopiert. Bei dem Zeichen »Glauben« ist das entsprechende Radikal (der linke Teil des Zeichens) nicht vollständig wiedergegeben worden.

Auf diese zuletzt besprochenen vier Zeichen folgen weiter außen vier Himmelszeichen (beginnend von der Tür zum Arbeitszimmer): »Sonne«, »Mond«, »Himmel« und »Stern« (Abb. 14). Dabei ist das Zeichen für »Sonne« nicht exakt, das für »Stern« nur rudimentär wiedergegeben. Gemeinsam mit den Darstellungen von Sonne und Mond im Plafond umschließen diese Zeichen die gesamte Decke und stellen somit die Einheit zwischen Ost und West bzw. Orient und Okzident her. Die Darstellung der Sonne in der Mitte der Stuckdecke mit den betonten Strahlenbündeln folgt einer zeittypischen Sonnendarstellung, wie wir sie in vielen zeitgenössischen Kirchenräumen (sehr ähnlich u. a. in der Kuppel der Dreifaltigkeitskirche im schwedischen Karlskrona, N. Tessin d. J., 1790–1803), Schlössern (wie im Gartensaal von Schloss Rammenau, spätes 18. Jh.) und auch auf Schnupftabakdosen dieser Zeit (auf dem Deckel einer Tabatiere aus Paris, datiert um 1784–1785, Jean-Joseph Barrière, Thurn und Taxis Museum Regensburg) finden. Das letzte Beispiel liefert – in Edelsteinen ausgeführt – auch sehr ähnliche Darstellungen des Mondes und der Sterne auf dem Boden der Dose.

In die Mitte der Decke gerückt befinden sich an den Stirnseiten des Raumes zwei Zeichen für »Talent« (in der »West«-Hälfte) und »Sonne« (in der »Ost«-Hälfte). Da das letzte Zeichen keine duale Ergänzung ergibt und die Wiederholung von Zeichen wohl nicht in der Intension der oder des gestaltenden Künstler(s) lag, wie ein Vergleich mit der Wiedergabe des Zeichens »Sonne« im Randbereich suggeriert, gehen wir im letzteren Fall von einer fehlerhafte Kopie des Zeichens für »Sehen« (im Sinne von Erkennen) aus (Abb. 14).

Es bleiben noch vier Zeichen, die mit den Jahreszeiten nach innen gepaart angeordnet sind (wieder beginnend an der Tür zum Arbeitszimmer): »Tugend« und »Weisheit« für den Orient und zwei schwerer deutbare Zeichen »Jahreszeiten« (Wandel?) und »Wolke« (?)[64] für den Okzident (Abb. 14).

Die Attribute in der Hälfte des »Orient« stimmen somit weitgehend mit dem allgemeinen Chinaverständnis in der Entstehungszeit des Raumes überein, während sich die anderen Zeichen dem damaligen Bild von Europa zuordnen lassen. Dabei ist die Vorstellung von China verklärt und spiegelt das erstrebenswerte Ideal wider, während Europa kritischer, aber in einem optimistischen Grundton dargestellt wird. Obwohl die Hand des entwerfenden und des ausführenden Künstlers eindeutig europäisch und nicht asiatisch sind, setzt das Programm dennoch eine tiefere Kenntnis der chinesischen Schrift und Kultur voraus. Das alte Weltbild der Chinesen geht – auch bedingt durch die dortigen geografischen Gegebenheiten – von einer rechteckigen Erde aus, wobei die »Schmalseiten« mit den Himmelsrichtungen Ost und West im Laufe der kulturellen Entwicklung eine hohe symbolische Bedeutung erlangten. Noch heute sind in China Mieten in Wohnungen auf der Ostseite eines Hauses höher als auf der Westseite. Nach der chinesischen Mythologie ist die Farbe Weiß ein Sinnbild für Alter, Herbst und den Westen; Grün steht für Leben, Frühling und den Osten. Die Sonne symbolisiert Männlichkeit, den

Frühling und den Osten, während der Mond für Weiblichkeit, den Herbst und den Westen steht. Die Wolke wiederum gilt als Sinnbild für Glück, Frieden und den Westen. Ein Blick auf die Darstellungen an der Decke des Chinesischen Zimmers zeigt, dass alle entsprechenden Zeichen (»Frühling«, »Herbst«, »Sonne«, »Mond« und »Wolke«) im chinesischen Sinne korrekt den Bereichen »Ost« und »West« zugeordnet sind (Abb. 14).

Das Ost-West-Motiv lässt sich auch in der restlichen Raumausstattung verfolgen (Abb. 15). So befinden sich sowohl der Kamin (»Winter«) als auch die »gotische« Tür in der »westlichen« Hälfte des Raumes (»Okzident«). Vermutlich ist somit die Verwendung dieses pseudo-gotischen Elementes keineswegs zufällig oder eine modische Laune, sondern einem bewussten Programm geschuldet. Im 18. Jahrhundert wurden die Chinesen nicht als »Barbaren« wie andere fremde Völker, sondern als hoch entwickelte Zivilisation gesehen, die ihre Wurzeln – wie die im europäischen Raum – in der ägyptischen Hochkultur hat. Tatsächlich lassen sich in chinesischer Schrift und Baukunst einige interessante Parallelen und Kontakte zum Alten Ägypten finden. Entsprechend dem noch heute gängigen Geschichtsbild entstand die europäische Kultur aus der altägyptischen Zivilisation quasi über Blütezeiten in der Antike und der Gotik. Somit erscheint es auch nicht als Zufall, dass der Vorraum (Schlafzimmer) im pompejanischen (antiken) Stil gestaltet ist, durch den man vermittels einer Tür, die auf der Innenseite antik, auf der Außenseite gotisch gestaltet wurde, in das Chinesische Zimmer (und zwar in seine »westliche« Hälfte) gelangt, wo die Einheit von Orient und Okzident versinnbildlicht wird.[65] In der helleren, fensternahen Raumhälfte des »Orients« sind im Gegensatz zur gotischen Tür zwei gegenüberliegende »Chinesische« Türen angeordnet (Abb. 15). Tatsächlich finden sich in den europäischen chinoisen Gartenbauten dieser Zeit häufig Türen mit Rundbögen, obwohl in China der gerade Türstock typischer ist und Rundbögen seltener verwendet werden. Wir haben bisher nur ein anderes Beispiel einer »Chinesischen« Tür mit gekuppelten Rundbögen an einem chinoisen Bau dieser Zeit finden können: An beiden Seiten des Chinesischen (»Quietschenden«) Pavillons im Schlosspark von Puschkin (Zarendorf) bei St. Petersburg ist an den Längsseiten jeweils eine sehr ähnliche Tür mit gekuppelten Rundbögen als Paradeeingang ausgeführt worden. Errichtet wurde der Bau zwischen 1778 und 1786 von den Architekten Y. M. Felten und I. V. Neelov. Dabei lassen sich weitere Parallelen zum Friedrichstädter Zimmer in der Gestaltung beobachten wie z. B. die Verwendung eines chinesischen Glücksknotens als Ornament oder Symbol über der Tür, wie wir ihn rudimentär auch in Friedrichstadt über den beiden Türen zum Arbeitszimmer und zum Garten bzw. vollständig ausgeführt auf dem originalen Kaminverschluss sehen können.[66]

Das an der Decke des Chinesischen Zimmers erkennbare Motiv der Einheit Asiens und Europas demonstriert für das Ende des 18. Jahrhunderts ein aufgeklärtes, völlig anders geartetes Verständnis für das (angestrebte) Verhältnis zwischen dem östlichen und westlichen Kulturkreis als noch Anfang des Jahrhunderts in der Regierungszeit von August dem Starken. Über dem Eingang zum Japanischen Palais wurde damals eine imaginäre Unterwerfung Chinas unter Sachsen im Wettstreit

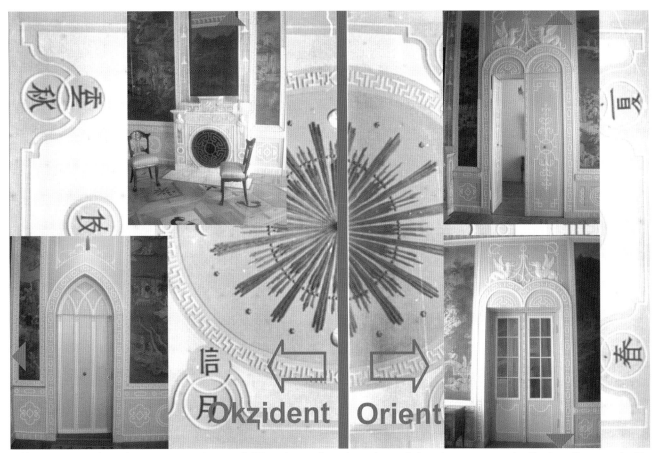

Abb. 15   Die Teilung des Raumes in »Ost« und »West« lässt sich auch an der restlichen Ausstattung nachvollziehen. Die gotische Tür und der Kamin (»Winter«) sind der »westlichen« Hälfte, die »chinesischen« Türen der »östlichen« Hälfte zugeordnet.

um das beste Porzellan zelebriert. Eine programmatisch ganz ähnliche Darstellung wie in Friedrichstadt, jedoch zeitlich etwas eher entstanden, finden wir wieder in Russland. Das 1766 durch den italienischen Maler Barocci für das Große Chinesische Kabinett im Chinesischen Palais des Schlossparks Oranienbaum bei Petersburg geschaffene großformatige Deckengemälde beschwört die Union von Europa und Asien symbolisch als »Chinesische Hochzeit«. Bei den in diesem Raum damals stattfindenden offiziellen Empfängen war zusammen mit anderen europäischen Botschaftern auch der sächsische Gesandte regelmäßig anwesend.

Inwiefern war jedoch ein so komplexes und politisches Programm außerhalb der Schlösser und Gärten des eigentlichen Souveräns angemessen? Obwohl nicht davon auszugehen ist, dass damals (wie auch heute) die Besucher spontan in der Lage waren, die Botschaft des Raumes in seiner chinesischen Symbolik ohne weiteres zu erfassen und obwohl Sinn und Urheberschaft dieser im Wortsinn verschlüsselten Botschaft auch heute zunächst im Dunkeln bleiben, waren dennoch komplexe Raumprogramme in dieser Zeit sogar in bürgerlichen Milieus nicht untypisch, wie das Deckengemälde von 1778 im Oeser–Saal des Gohliser Schlösschens in Leipzig, das die Geschichte der Psyche darstellt, belegt.[67] Schon Holzhausen bemerkte in seiner Arbeit zu Johann Christian Neuber bezüglich der von Acier geschaffenen Porzellangruppen zum Tafelaufsatz für den Fürsten Repnin, dass gegen Ende des 18. Jahrhunderts der Sinngehalt von symbolischen Programmen so komplex gewor-

den war, dass er des zusätzlichen Kommentars bedurfte, um verstanden zu werden.[68]

Schlussbetrachtungen

Die Entschlüsselung des ikonografischen Programms in den Napoleonzimmern in Friedrichstadt ist für das Verständnis der Chinoiserie Ende des 18. Jahrhunderts von größerer Bedeutung. Sie zeigt, dass chinesische Elemente damals nicht nur als exotische Symbole und ohne Kenntnis ihres ursprünglichen Sinnzusammenhangs verwendet wurden.[69] Dafür lassen sich hier noch zwei weitere Beispiele anführen. Am zwischen 1794 und 1797 vermutlich von Georg Christian Hesekiel geschaffenen Teehaus im chinesischen Teil des Schlossparks von Oranienbaum bei Dessau wurde unter den seitlichen Dachstützen an exponierter Stelle das stilisierte chinesische Zeichen »Ji« (»Alles wird gut.«) angebracht. Auch bei diesem Zeichen gibt es keinen Bezug zu Chambers.[70] In dem einstmals durch Bergbau bedeutenden Ort Godegård in Östergötland/ Schweden existieren im dortigen Herrenhaus heute noch einige chinoise Raumgestaltungen mit bewusster Verwendung chinesischer Schriftzeichen. Das 1719 bis 1725 nach einem Brand wieder aufgebaute Herrenhaus wurde 1775 von dem Handelsmann und ehemaligen Vorsitzenden der Schwedischen Ostindischen Handelsgesellschaft Jean Abraham Grill (1736– 1793) gekauft und in den Folgejahren umgestaltet. Im nunmehrigen Englischen Park entstand um 1789 unter Mitwirkung von Fredrik Magnus Piper (1746–1824) ein Chinesisches Lusthaus. In einem der Räume des Haupthauses findet sich in der Wandgestaltung auch ein Vers des berühmten Dichters der Tang-Zeit Li Bai (701–762). Grill beherrschte die chinesische Schrift und hat in seiner Zeit in Kanton selbst Briefe teilweise in Chinesisch verfasst.

Wir haben es in Friedrichstadt – wie generell in der Gartenkunst dieser Zeit – mit zwei unterschiedlichen Auffassungen zur Verwendung von fremden symbolischen Elementen zu tun. Während Ehrenfried Kluckert[71] bezüglich der damaligen Landschaftsgärten in England beispielsweise anmerkt, dass die Gartenarchitekten verschiedene Stilelemente wie Tempel, Büsten, Pagoden, Brücken usw. als »theatralische Versatzstücke« verwendeten, verweisen Wilfried Hansmann und Kerstin Walter[72] auf die emblematische Bedeutung einiger Landschaftsgärten, u. a. des Gartens in Stowe. Dort befand sich ursprünglich die (»antike«) Palladianische Brücke (1742) südlich und in Sichtweite des Gotischen Tempels (1741), während das oben erwähnte Chinesische Haus (1738) nördlich vom Gotischen Tempel zu sehen war. Das Chinesische Haus ist heute nach seiner späten Rückkehr in den Garten im Jahre 1998 leider an einem neuen Standort weiter südlichen aufgestellt worden, sodass die entsprechende ursprüngliche Sichtbeziehung verlorenging.

Bemerkenswerterweise finden sich im Chinesischen Zimmer in Dresden-Friedrichstadt beide Auffassungen – die »dekorative« und die »emblematische« – gemeinsam in einem Raum. Ob dieser Umstand zwei gleichzeitig arbeitenden Künstlern oder zwei unterschiedlichen Entstehungsphasen bzw. einer Zweitverendung des Parketts geschuldet ist, muss hier vorerst offen bleiben.

Die Autoren danken Sabine Hunger für die ständige Unterstützung ihrer Arbeit.

Anmerkungen

1 Gurlitt, Cornelius: Beschreibende Darstellung der ältesten Bau- und Kunstdenkmäler des Königreichs Sachsen, H. 21–23: Stadt Dresden, Dresden 1903; Webersinke, Sabine: Der Neptunbrunnen im Garten des Krankenhauses Dresden-Friedrichstadt, in: Jahrbuch des Landesamtes für Denkmalpflege Sachsen 2005, Beucha 2007, S. 20–35.

2 Löffler, Fritz: Das alte Dresden. Geschichte seiner Bauten, Leipzig 2006; Vgl. Gurlitt (wie Anm. 1), S. 581; Bechter, Barbara: Der Brühlsche Garten in Dresden-Friedrichstadt, in: Die Gartenkunst, 19. Jg., H. 1, Worms 2007, S. 1–46; Webersinke (wie Anm. 1), S. 30.

3 Hasche, Johann Christian: Umständliche Beschreibung Dresdens mit allen seinen äußeren und inneren Merkwürdigkeiten. Historisch und architektonisch, mit zugegebenem Grundriß, Leipzig 1781. Das Lattenwerk wurde wohl schon im Siebenjährigen Krieg zerstört (Webersinke, wie Anm. 1, S. 26).

4 Webersinke (wie Anm. 1), S. 24, 26.

5 Ebd., S. 30.

6 Der Blick vom Schloss zur Neptunkaskade wurde in alten Beschreibungen der Anlage wiederholt gewürdigt. Vgl. Hasche (wie Anm. 3), S. 89; Daßdorf, Karl Wilhelm: Beschreibung der vorzüglichsten Merkwürdigkeiten der Churfürstlichen Residenzstadt Dresden und einiger umliegender Gegenden, Dresden 1782; Gurlitt (wie Anm. 2), S. 580, 582.

7 Fürst Metternich-Winneburg, Richard: Aus Metternichs nachgelassenen Papieren, 1. Teil, Bd. 2, Wien 1880; Fiedler, Alfred: Zur Geschichte des Kurländischen Palais und des Marcolinischen Palais, Dresden 1913 (Diese Arbeit erschien zuerst als Sonderdruck

einer Festschrift 1899); Kunze, Peter: Vom Adelspalais zum Städtischen Klinikum, Dresden 1999; Vgl. O'Byrn, Friedrich August: Camillo Graf Marcolini, Königlich Sächsischer Cabinetsminister, Oberstallmeister und Kämmerer, Dresden 1877.

8 O'Byrn (wie Anm. 7), S. 87.

9 Für Metternich waren die Verhandlungen von solcher Bedeutung, dass er viele Jahre später noch einmal an diesen Ort zurückkehrte.

10 Fiedler (wie Anm. 7), S. 51.

11 Hentschel, Walter: Die ältere Baugeschichte des Marcolini-Palais (heute Stadtkrankenhaus Dresden-Friedrichstadt), in: Wissenschaftliche Zeitschrift der Technischen Universität Dresden, 14. Jg., H. 5, Dresden 1965, S. 1231–1245; Bechter (wie Anm. 2), S. 9.

12 Weinart, Benjamin Gottfried: Topografische Geschichte der Stadt Dresden, und der um dieselbe herum liegenden Gegenden, Dresden 1777.

13 Die Darstellung der frühen Baugeschichte des Marcolini-Palais und der Anlage des Gartens in diesem Abschnitt stützt sich im Wesentlichen auf Hentschel (wie Anm. 11), Fiedler (wie Anm. 7), Kunze (wie Anm. 7), Webersinke (wie Anm. 1) und Bechter (wie Anm. 2).

14 Hentschel (wie Anm. 11).

15 Bechter (wie Anm. 2).

16 Kunze (wie Anm. 7), S. 7.

17 Schulze, Andreas: Wandbespannungen und Tapeten in sächsischen Schlössern, in: Jahrbuch der Staatlichen Schlösser, Burgen und Gärten in Sachsen 2000, Bd. 8), Dresden 2001, S. 88–103.

18 »Die Stimmung geben die chinesischen Papiertapeten.« (Gurlitt, wie Anm. 1, S. 578); »Die Farbigkeit des Raumes orientiert sich zweifelsfrei an den ursprünglich stark farbigen chinesischen Bildtapeten« (Walther, Hans-Christoph: Restaurationsdokumentation der als Napoleonzimmer bezeichneten Kabinette im Stadtkrankenhaus Dresden-Friedrichstadt, Dresden, 1999; Landesamt für Denkmalpflege Sachsen, Dokumentationssammlung Nr. 2898).

19 Michel, Ulrich / Walter, Hans-Christoph: Untersuchungsbericht zu restauratorischen Voruntersuchungen in den als Napoleonzimmer bezeichneten Räumen im Marcolini-Palais Dresden-Friedrichstadt, Dresden 1991 (Landesamt für Denkmalpflege Sachsen, Dokumentationssammlung Nr. 117).

20 Die Tapeten sind aller Wahrscheinlichkeit nach in einer der damaligen Kantoner Werkstätten gefertigt worden, die speziell für den europäischen Bedarf produzierten; Vgl. Wappenschmidt, Friederike: Chinesische Tapeten für Europa, Berlin 1989; Bechter, Barbara: Dresden-Friedrichstadt, in: Georg Dehio. Handbuch der Deutschen Kunstdenkmäler, Bd. Dresden, München / Berlin 2005, S. 92–102.

21 Chambers, William: Designs of Chinese Buildings, Furniture, Dresses, Machines and Utensils, London 1757. Auch die vier im chinesischen Stil gefertigten Lampen kamen bei der letzten Restaurierung hinzu und entstanden in Anlehnung an die Vorlagen von William Chambers und die vorhandene Lampen im Landhaus Wörlitz. Die Rosette über dem Spiegel, die als Lüftungsöffnung fungiert, stellt das taoistische Symbol »Shòu« (kein chinesisches Schriftzeichen, sondern ein Glückssymbol für ein langes, gesundes Leben) dar, das in Anlehnung an Chambers Vorlagen häufig in chinoisen Bauwerken und Raumgestaltungen in Europa verwendet wurde und sich auch als typisches Motiv in originalen chinesischen Palast- und Gartenbauten findet.

22 Freundliche Mitteilung von Andreas Schulze (2015). Auf einem Foto von 1938 (Landeshauptstadt Dresden, Stadtplanungsamt, Bildstelle, Nr. II 7824) ist an dieser Stelle so etwas wie eine Uhr oder malerische Ornamentierung zu sehen, während auf Fotos nach der Restaurierung 1953/54 eine am Boden gestaltete runde Vertiefung zu erkennen ist (Sächsische Landes- und Universitätsbibliothek, Deutsche Fotothek, Hauptkatalog 0124964 und 0124966, Juli 1954, Foto: Jauerning). Ob es sich dabei um dieselbe Gestaltung handelt, ist nicht eindeutig feststellbar. Zum Zeitpunkt der letzten Restaurierung war diese Stelle mit einer pseudochinesischen (?) Malerei (»nach Wörlitzer Vorbildern«) auf Papier ausgekleidet, die leider entfernt und nicht dokumentiert

wurde (Walther, wie Anm. 18, S. 12). Hinter der Holzverblendung befand sich eine recht geräumige Nische (Ebd., S. 20), die eventuell des Uhrwerk aufgenommen haben könnte. Interessant sind die generellen konstruktiven Parallelen zwischen dem Kamin und dem bekannten Neuber-Kamin im Grünen Gewölbe, auf die Hans-Christoph Walther verwiesen hat. (Walther, Hans-Christoph: Gesprächsnotiz in der Restaurierungsakte zum Neuber-Kamin, Grünes Gewölbe, Dresden 2004.)

23 »… eine der Türen mit Spitzbogen, als rein dekoratives Element verwendet.« (Löffler, wie Anm. 2, S. 340); »Das Nebeneinander chinesischer, gotischer und klassizistischer Elemente in der Raumdekoration ist überraschend, entspricht aber einer damaligen Mode.« (Kunze, wie Anm. 7, S. 13); » Die Gestaltung der Räume … zeigt eine für die Epoche typische Gleichzeitigkeit von gotischen, klassizistischen und chinoisen Elementen.« (Jacob, Daniel: Barocke Adelspalais in Dresden. Die Bauten, ihre Architekten und Bewohner, Dresden 2011).

24 Eisbein, Manfried: Der Napoleonsekretär ein Toilettentisch? Untersuchungen und Restaurierung, Berlin 2000 (= Beiträge zur Erhaltung von Kunstwerken, Bd. 9).

25 Gurlitt (wie Anm. 1), S. 579.

26 Raummaße nach Michel/Walter (wie Anm. 19).

27 Ebd.

28 Gurlitt (wie Anm. 1) nimmt an, dass das Parkett aus dem Brühl'schen Stadtpalais stammen könnte. Bei der Versteigerung des Brühl'schen Eigentums hatte Marcolini zahlreiche Gegenstände aus dem Brühl'schen Palais und dem angrenzenden Garten ersteigert. Der kaleidoskopartige Eindruck des Parketts wird durch die Verwendung dreier verschiedener Holzarten (Ahorn – hell, Rüster – rötlich, Eiche – dunkel) erreicht; vgl. Walther (wie Anm. 18).

29 Die Gestaltung der Tafeln entspricht bis auf die Stuckmedaillons ziemlich exakt entsprechenden Vorbildern aus Pompeji.

30 Barbara Bechter ordnet die Malerei dem vierten pompejanischen Stil zu. Vgl. Bechter (wie Anm. 20), S. 95. Auch bei der ornamentalen Gestaltung des Kamins wurde auf Vorbilder aus dem Raum Neapel zurückgegriffen. Allerdings handelt es sich dabei um zeitgenössische Schöpfungen in Kirchen und Schlössern, die mit echtem Marmor und nicht mit Stuckmarmorausgeführt wurden, wie z.B. auf Ischia.

31 Fiedler (wie Anm. 7), S. 51.

32 Bechter (wie Anm. 20), S. 93. Beide Architekten werden auch bei Gurlitt (wie Anm. 1), S. 575 und Hentschel (wie Anm. 11), S. 1232 genannt.

33 Löffler (wie Anm. 2), S. 340.

34 Gurlitt (wie Anm. 1), S. 579.

35 Jacob (wie Anm. 23), S. 213.

36 Bechter (wie Anm. 20), S. 94.

37 Michel/Walter (wie Anm. 19).

38 Fiedler (wie Anm. 7), S. 46; Gurlitt (wie Anm. 1), S. 575; Hentschel (wie Anm. 11), S. 1232; Kunze (wie Anm. 7), S. 11; Jacob (wie Anm. 23), S. 210.

39 Fiedler (wie Anm. 7), S. 47.

40 Weinart (wie Anm. 12).

41 Hasche (wie Anm. 3), S. 588.

42 »Unter den Zimmern, deren einige schöne Deckengemählde haben, zeichnet sich das im Chinesischen Geschmack vorzüglich aus.« Daßdorf (wie Anm. 6), S. 700; Hasse, Friedrich Christian August: Dresden und die umliegende Gegend bis Elsterwerda, Bautzen, Herrnhut, Rumburg, Aussig, Töplitz, Freyberg und Hubertusburg, 1. Theil, Dresden ²1804; Lindau, Wilhelm Adolf: Neues Gemählde von Dresden, in Hinsicht auf Geschichte, Oertlichkeit, Kultur, Kunst und Gewerbe, Dresden 1820. Für den Hinweis auf Daßdorf danken die Autoren Andreas Schulze.

43 Wappenschmidt (wie Anm. 20).

44 Eisbein (wie Anm. 24). Die Inschrift lautete: »furfertiget Anno 1795«.

45 Hutzenlaub, Hildegard: Historische Tapeten in Hessen von 1700 bis 1840, Frankfurt a. M. 2005; Fröhlich, Fabian: Wo ungestört der Lenz regiert (Schloss Wilhelmsthal bei Calden), Kassel 2013.

Für Fotos der selten zugänglichen Tapeten in Calden danken die Autoren Frau Xiaoming Wang.

46 Bechter (wie Anm. 20), S. 38–41, 46.

47 »… und die chinesischen Tapeten, sowie das Parquet nebst Thüren und Plafond sind aus jener Zeit erhalten« (O'Byrn, wie Anm. 7, S. 87); Vgl. Zitat von Fiedler (Anm. 31) am Anfang dieses Abschnitts; »Intact blieben zwei Räume.« (Gurlitt, wie Anm. 1, S. 578).

48 Die folgenden Angaben stützen sich auf die Restaurierungsberichte von Michel/Walter (wie Anm. 19) und Walter (wie Anm. 18).

49 Michel/Walter (wie Anm. 19).

50 Walter (wie Anm. 18).

51 Bei der letzten Restaurierung wurde in der Türnische das Fragment einer Deckleiste mit der Bleistiftaufschrift »Bettnische« gefunden. Die Tür selbst ist zweitverwendet, da sich auf ihr der Abdruck einer barocken Schlossblende fand. (Michel/Walter, wie Anm. 19). Vgl. auch Abb. 3.

52 Michel/Walter (wie Anm. 19).

53 Gurlitt (wie Anm. 1, S. 579).

54 Eine ikonografische Deutung der Schriftzeichen wurde bereits in der Vergangenheit versucht. Herr Wiedemann berichtet 1874 im Dresdner Anzeiger (Nr. 122, 2. Mai, S. 14) von einem Vortrag zu diesem Thema, gehalten von Freiherr von Biedermann. Die Übersetzungen sind jedoch nur teilweise erfolgt (zwölf Zeichen) und nach dem Text meist nicht zuordenbar. Herbert Bräutigam übersetzte 1991 teilweise die Zeichen an der Decke (vgl. Anm. 64).

55 Fazzioli, Edoardo: Gemalte Wörter, Wiesbaden 2004.

56 Schulze (wie Anm. 11), S. 92.

57 »Chambers gebrauchte die chinesischen Schriftzeichen als Symbol für das Exotische überhaupt. Diese Schriftzeichen sollten als Symbol für die chinesische Kultur verstanden werden, die hier als leicht kopierbares Muster vorlag.« Trauzettel, Ludwig: Chambers Gartenideen in Dessau-Wörlitz und ihre Wiederherstellung, in: Sir William Chambers und der Englisch-chinesische Garten in Europa, Ostfildern-Ruit 1997, S. 87–99; Vgl. Chambers (wie Anm. 21).

58 De Bruijn, Emile: Stowe's »unread« chinese garden pavilion (The painted characters – frivolous decoration or meaningful text?), in: National Trust arts, buildings, collections bulletin, Swindon February 2012, S. 9f.; Das trifft zumindest auf den heutigen Betrachter weitgehend zu. Ob es im 18./19. Jahrhundert auch so beabsichtigt war, sollte im Einzelnen untersucht werden.

59 Chambers (wie Anm. 21).

60 Trauzettel (wie Anm. 57), S. 88. Wir danken Ludwig Trauzettel für seine freundlichen Auskünfte.

61 Walter (wie Anm. 18).

62 Hansmann, Wilfried/Walter, Kerstin: Doumont Geschichte der Gartenkunst (Von der Renaissance bis zum Landschaftsgarten), Köln 2006. Die Aussage bezieht sich auf den emblematischen Garten von Stowe.

63 Siehe z.B. Ritschel, Hartmut: Der Königliche Lustgarten zu Großsedlitz. Die Skulpturen, Dresden 2004.

64 Nach Abschluss unserer Übersetzung fanden wir in den Restaurierungsakten eine Übersetzung der Zeichen im Bereich der Decke durch Herbert Bräutigam aus dem Jahre 1991 (Michel/Walter, wie Anm. 19). Hierbei waren zwölf der achtzehn Zeichen übersetzt worden – weitgehend in Übereinstimmung mit der hier vorgestellten Variante. Nach Auskunft von Herrn Bräutigam entspricht der Schriftzug des hier besprochenen Zeichens am ehesten dem Begriff »Wolke«, wie in seiner Übersetzung angegeben und von uns vermutet. Wir danken Herrn und Frau Bräutigam für die anregenden Diskussionen über unsere Übersetzungen und die Deutungen der Ikonografie der Decke.

65 »Chinesische« oder »Pompejanische« Zimmer finden sich oft in den Raumgestaltungen des 18./19. Jahrhunderts. Häufig lassen sie aber keine räumlichen bzw. zeitlichen Bezüge zueinander erkennen wie z.B. im Schloss Rammenau in Sachsen. Das jetzt als Theatermuseum genutzte Schloss Wahn bei Köln besitzt jedoch zwei gleichzeitig entstandene Raumausstattungen eines »Chinesischen« und eines »Pompejanischen« Zimmers, die sich – symmetrisch zum zentralen Gartensaal gelegen – in klarem Bezug zueinander

befinden. Die Datierung ist unsicher und weist in die 1750er- und 1760er-Jahre (Benedix, Kristiane: Schloss Wahn und sein chinesisches Zimmer, in: Denkmalpflege im Rheinland, 14. Jg., H. 4, Essen 1997, S. 162–168). Im Schlosspark Liselund auf Møn (Dänemark) grenzen im sogenannten Norwegischen Haus (entstanden nach 1783) ein Pompejanisches und ein Chinesisches Zimmer als zwei Haupträume unmittelbar aneinander. Interessanterweise enthält die Raumgestaltung des Chinesischen Zimmers hier auch eindeutig gotische Elemente. Das Pompejanische Zimmer grenzt an zwei kleinere Schlafräume.

66 Der originale Kaminverschluss musste bei der letzten Restaurierung einem ähnlich gestalteten Gitter für die Lüftungsanlage weichen und ist nun im Vorraum ausgestellt.

67 Arnold, Daniela/ Neubacher, Christina/ Löther, Thomas: Der Oeser-Saal im Gohliser Schlösschen zu Leipzig, Restaurierung der Wand- und Deckenmalereien von Adam Friedrich Oeser, in: Denkmalpflege in Sachsen 2014, Dresden 2014, S. 65–76.

68 Holzhausen, Walter: Johann Christian Neuber – ein sächsischer Meister des 18. Jahrhunderts, Dresden-Neustadt 1935. Dass solche »chinesische Verschlüssungen« bereits denkbar waren, zeigt ein Probedruck einer Widmung an den preußischen Kurfürsten Friedrich Wilhelm von Brandenburg (1620–1688) von 1685, also ca. ein Jahrhundert vorher, der in der Berliner Staatsbibliothek (Libri sin 19-2) aufbewahrt wird. Vermutlich gehört er zu dem nicht erschienen oder verschollenen »Chinesischen Schlüssel« von Christian Mentzel (1622–1701). Um ein Holzschnittporträt des Großen Kurfürsten ist z. T. fehlerhaft, jedoch verständlich in chinesischen Schriftzeichen die Widmung angeordnet, die die Huldigung und den Titel und Namen des Kurfürsten, das Jahr 1685 sowie den Hinweis auf des 45. Jubiläum der Regentschaft wiedergeben. (Vgl. Laufer, Berthold: Christian art in China, in: Mitteilungen des Seminars für Orientalische Sprachen 1, Abt. 13, Berlin 1910, S. 100–118.)

69 Vergleichbar ist die Verwendung von arabischen Schriftzeichen in der Gestaltung der »Roten Moschee« im Schlossgarten Schwetzingen. Die Moschee wurde 1779 bis 1796 vom Hofarchitekten Nicolas de Pigage im Stil der »Türkenmode« errichtet. Allerdings sind die Inschriften hier zumindest teilweise ins Deutsche übersetzt, um dem Betrachter die »orientalischen« Weisheiten verständlich zu machen.

70 Vgl. Trauzettel (wie Anm. 57), S. 88.

71 Kluckert, Ehrenfried: Gartenkunst in Europa – von der Antike bis zur Gegenwart, Köln 2005.

72 Hansmann/ Walter (wie Anm. 62), S. 223 f.

Abbildungsnachweis
1, 2, 4–8, 12, 13, 15; **3** Deutsche Fotothek 09682a14 (Foto: Heinrich); **9, 10** Sabine Hunger; **11** Deutsche Fotothek 09683b10 (Foto: Jauering, nach der Restaurierung, Juli 1954); **14, 15** Deutsche Fotothek 09683c01 und 09683c02 (Fotos: Jauering, Juli 1954).

Residenzschloss Dresden – Zu Herkunft und Bestimmung von sechs Zeichnungen für eine Raumdekoration des späteren 18. Jahrhunderts

Heinrich Magirius

In der Plansammlung des Landesamtes für Denkmalpflege Sachsen werden sechs qualitätvolle Zeichnungen aufbewahrt, die zeigen, wie die Wände eines Saales ausgeschmückt werden könnten. Sie stammen aus den Planbeständen des königlich-sächsischen Hofbauamtes, dessen Stempel sie tragen, wurden wahrscheinlich von Cornelius Gurlitt am Anfang des 20. Jahrhunderts in die »Sammlung für Baukunst« an der Technischen Hochschule Dresden übernommen und nach Gründung des Landesamtes für Denkmalpflege 1920 durch den Landeskonservator Walter Bachmann in die Plansammlung des Landesamtes eingegliedert.[1] Hier sind sie in den Bestand von mehreren hundert Plänen zum Dresdner Residenzschloss eingeordnet worden. Bisher wurden sie noch nie wissenschaftlich bearbeitet und publiziert. In Vorbereitung einer Publikation über das Dresdner Residenzschloss stieß der Autor auf diesen für die Dresdner Kunstgeschichte des späteren 18. Jahrhunderts höchst bedeutungsvollen Planbestand.[2] Ohne Anspruch auf wissenschaftliche Endgültigkeit sollen die Zeichnungen hier der Öffentlichkeit bekannt gemacht werden, zumal sie in dem dritten Band zur Baugeschichte des Residenzschlosses, der in Vorbereitung ist, lediglich nebenbei erwähnt werden können, da nicht eindeutig klar ist, ob die Pläne für diesen Saal je realisiert worden sind. Offensichtlich beziehen sich die Pläne auf einen vorgegebenen Raum von unregelmäßigem Grundriss. Die eine Langseite weist eine Länge von annähernd 33 Ellen und fünf Fenster auf, die gegenüberliegende Seite von nur 30 Ellen besitzt vier Türen. Die Schmalseiten von 16 Ellen zeigen auf der einen Seite zwei, auf der anderen nur eine Tür. Einen Saal von derart unregelmäßigem Grundriss gab es im ganzen Residenzschloss nur an einer Stelle, am Nordende des Ostflügels nämlich. Für die Lage des Raumes an dieser Stelle im 1. oder 2. Obergeschoss spricht auch die Lage und Ausbildung der Fenster und Türen. Hier hatte Oberlandbaumeister Julius Heinrich Schwarze 1761 einen Saal mit fünf Fenstern ausführen lassen. Der Saal im 1. Obergeschoss kommt aber nicht in Betracht. Hier befand sich der Audienzsaal des Kurfürsten Friedrich August II., der 1761 als Endpunkt einer neugeschaffenen »Audienzstrecke« besonders reich mit Rokokostuck ausgestattet war und bis zum Tod von Friedrich August III. (1827) auch unverändert geblieben ist. Außerdem sollte der Saal nach dem Schlossplatz hin korbbogig abgeschlossene Fenstertüren erhalten.[3] Sehr wohl kommt aber der Saal darüber, der zum Appartement der Kurfürstin gehörte, dafür infrage. Denn hier war Schwarze 1761 wohl schon deshalb nicht mit einer entsprechenden Ausgestaltung zu Ende gelangt, weil zu diesem Zeitpunkt keine Kurfürstin das traditionell für die Gemahlinnen der Herrscher bestimmte Stockwerk bewohnte, da Kurfürstin Maria Josepha

schon 1757 gestorben war und das Kurprinzenpaar Friedrich Christian mit seiner Gemahlin Maria Antonia Walpurgis weiterhin im Taschenbergpalais wohnte.[4] So konnte das 2. Obergeschoss des Georgenbaus in den 1760er-Jahren von Prinz Carl benutzt werden, bis Friedrich August III. 1769 Maria Amalie Auguste von Pfalz-Zweibrücken heiratete. Während ihr Vater, Friedrich Michael von Zweibrücken, als Offizier der französischen, später aber der Reichsarmee sich ständig auf Kriegsschauplätzen aufhielt, war seine Tochter in Mannheim wohl am Hof von Kurfürst Carl-Theodor erzogen worden.[5] Nachdem ihr Vater zum katholischen Glauben übergetreten war, kam Amalie Auguste als Gemahlin des katholischen Wettiners infrage. Vom Mannheimer Hof brachte die Prinzessin ihre Liebe zu den Künsten, insbesondere zur Musik, nach Dresden mit. Ihr Appartement im 2. Obergeschoss des Georgenbaus war mit besonderem persönlichem Geschmack ausgestattet.[6] In ihrem Audienzzimmer – im Georgenbau zur Schlossstraße hin gelegen – war »der Raum mit rotem Samt und goldenen Borten ausgekleidet und mit einem Baldachin mit vergoldetem Audienzstuhl, Spiegeln, Konsoltischen mit zwei Porzellanaufsätzen und einer mit bunten Marquetterien eingelegten Uhr mit dem Motiv der Jagdgöttin Diana geschmückt.« Das »Appartement de commodité« begann hinter dem Audienzzimmer mit einem zur Elbbrücke hin gelegenen Spielzimmer.[7] Ein Schlafzimmer, ein Spiegel- und Lackkabinett sowie ein Porzellan- und Schreibkabinett mit 128 Porzellanfiguren bildeten die weiteren Höhepunkte des Appartements der Kurfürstin, das »reichhaltiger und künstlerisch architektonischer erscheint als das Herrenappartement«.[8] Während im 1. Obergeschoss die »Zeremonialstrecke« des Kurfürsten am Nordende des Ostflügels endete, – man erreichte ihn von der Englischen Treppe über den »Gardesaal« und drei »Antichambres« – war im Geschoss der Kurfürstin ein einziger Saal als »Antichambre« vorhanden. Er war erschlossen durch einen langen Verbindungsgang an der Westseite des Ostflügels und an der Südseite verbunden durch Türen zu Speisesälen, die an der Ostseite des Verbindungsgangs lagen. An den Schmalseiten befand sich eine Tür, die zum Audienzraum der Kurfürstin führte. An der östlichen Schmalseite kann der Saal damals durchaus zwei Türen besessen haben. Licht empfing er nur durch die fünf zur Hofkirche hin ausgerichteten Fensteröffnungen. Dieser mehrfach als »gemahlter Saal« bezeichnete Raum besaß neben seiner Funktion als »Antichambre« des Audienzsaals der Kurfürstin eine zweite Bedeutung. Nach der in der Mitte des 18. Jahrhunderts erfolgten Aufgabe des Riesensaals im Ostflügel eröffnete der »gemahlte Saal« gewissermaßen die Folge der Festsäle im Nord- und Westflügel des 2. Obergeschosses des Schlosses.[9] Die Absicht, diesem erst

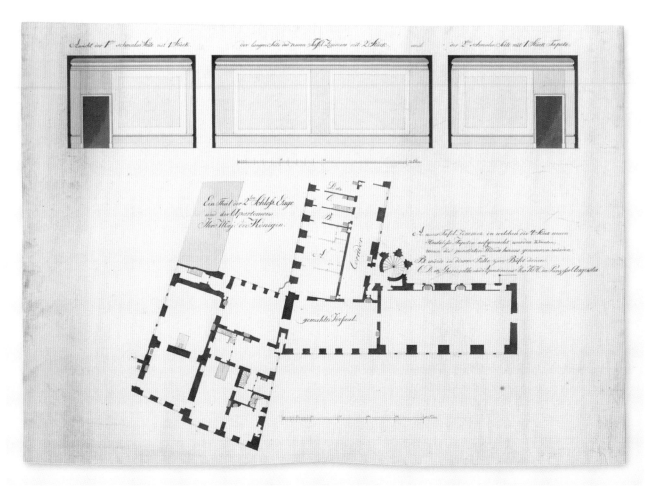

Abb. 1   Dresden, Residenzschloss, Grundriss vom Nordende des Ostflügels und vom Georgenbau, 2. Obergeschoss, Appartement der Königin (um 1820). Die Wandabwicklung bezieht sich auf das neu eingerichtete Tafelzimmer im Ostflügel. Der Raum am Nordende des Ostflügels ist als »gemahlter Vorsaal« beschrieben.

in der 2. Hälfte des 18. Jahrhunderts entstandenen und funktional höchst wichtigen Saal ein würdiges Aussehen zu geben, könnte zur Zeit der Kurfürstin Amalie Auguste – also in den letzten Jahrzehnten des 18. Jahrhunderts – wichtig geworden sein. Für diesen so nahe liegenden Schluss sprechen auch die auf einigen Plänen angebrachten Maßstäbe. Geht man von den in Sachsen übliche Ellenmaßen aus, müsste die Fensterseite 33 Ellen, das sind 18,48 Meter, betragen haben, die gegenüberliegende Türseite 30 Ellen, also 16,80 Meter. Diese Maße entsprechen denen des Saals auf dem Grundrissplan Schrank V Fach 60 Nr. 10 des Hauptstaatsarchivs Dresden aus der Zeit um 1820, auf dem er ausdrücklich als »gemahlter Vorsaal« beschriftet ist, und dem Grundriss aus der Zeit um 1870 des Landesamtes für Denkmalpflege Sachsen Nr. 842/ 1967, auf dem sowohl Ellen als auch Meter als Maßstäbe angegeben sind *(Abb. 1, 2)*. Johann Christian Hasche beschreibt in seiner »Umständlichen Beschreibungen Dresdens« von 1783 den Vorsaal des Appartements der Kurfürstin bereits als gemalten Saal.[10] Dass diese Raumbezeichnung sich auf die frühklassizistische Ausmalung bezieht, ist möglich, aber keineswegs sicher, denn der Saal könnte auch schon früher ausgemalt gewesen sein.

Bleibt die Aufgabe der kunsthistorischen Einordnung der sechs Zeichnungen *(Abb. 3–8)*. Die auf Papier mit Feder und Bleistift ausgeführten Pläne gelten der Ausschmückung von ein und demselben Raum. Das Blatt M6.I.Bl.69. ist den beiden Langseiten, der mit fünf Fenstern und der gegenüberliegenden mit vier Türen, gewidmet. Die gleichen Langseiten zeigen auch die Blätter M6.X.Bl.70, M6.X.Bl.72 und M6.X.Bl.77. Die beiden Schmalseiten mit einer und zwei Türen stellen die Pläne M6.X.Bl.138 und M6.X.Bl.83 dar. Die sechs Blätter veranschaulichen zwei unterschiedliche Lösungen für die vorgeschlagenen Wandgestaltung, eine altertümlichere, die immer eine Puttengruppe als Supraportenmotiv über den Türen zeigt, und eine strenger klassizistische, die durch Opfergeräte über den Türen und Rundfelder mit antikischen Figuren in Supraportenhöhe zwischen den Türen gekennzeichnet ist. Auf Blatt M6.X.Bl.77 ist diese Lösung probeweise auf einer Klappe dargestellt, das Blatt M6.X.Bl.69 stellt diesen Zustand mit Lavierungen an der langen Türseite vor. Alle anderen Blätter zeigen über den Türen die Version mit Putten, die neben einer Vase sitzen. Das ist ein Motiv, das an Werke von Adam Friedrich Oeser erinnert. Variiert ist auch die Höhe der Anbringung von Ovalbildern mit antikischen Figuren auf den Wandfeldern zwischen den Türen. Meist sind sie in Türsturzhöhe – so auf den Blättern M6.X.Bl.70, M6.X.Bl.138, M6.X.Bl.83, M6.X.Bl.72 – angebracht, nur auf Blatt

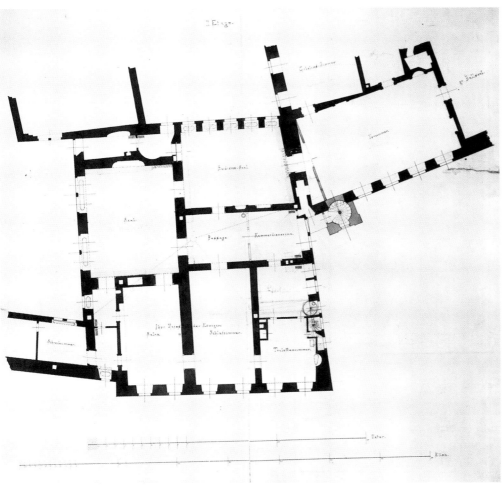

Abb. 2   Dresden, Residenzschloss, Grundriss vom Nordende des Ostflügels und vom Georgenbau, Appartement der Königin (um 1870). Der Raum am Nordende des Ostflügels ist als »Vorzimmer« vor dem »Audienz Saal« bezeichnet.

M6.X.Bl.77 erscheinen sie in Höhe der Supraporte, was ebenfalls darauf hinweist, dass dieses Blatt ein Endergebnis darstellt. In dieser Version ist auch der Raum für große Wandleuchter gegeben. Die Langseite mit den Fenstern zeigt immer eine Reihe von Spiegeln in den Wandfeldern und nur an den äußeren Feldern auch die ovalen Bilder. Alle Zeichnungen zeigen als Dekorationsmotive Blatt- und Blütengehänge, wie sie für die »Zopfzeit« charakteristisch sind. Dagegen weisen die schlanken Figuren in den Bildfeldern auf das Studium nach antiken Vorlagen hin.

Um die Bedeutung von Zeichnungen einer Wanddekoration im letzten Viertel des 18. Jahrhunderts zu würdigen, muss man sich in Erinnerung rufen, welche Bedeutung die Wiederentdeckung von um diese Zeit ergrabenen antiken Bauten vor allem in Pompeji und Herculaneum besessen hat. Insbesondere die Kunstakademien – nicht zuletzt die 1764 gegründete Dresdner Akademie[11] – hatten es sich zur Aufgabe gemacht, die Dekoration antikischer Gebäude für die Gestaltung der eigenen Zeit nutzbar zu machen, wobei Traditionen des Barock und Rokoko nicht sofort abgelehnt, sondern mit »klassischen« Motiven verschmolzen wurden. In der Dresdner Akademie waren es vor allem Friedrich August Krubsacius (1718–1789) und Gottlob August Hölzer (1744–1814), die

Traditionen des Barock mit Lehren des Klassizismus zu verbinden trachteten. Und das nicht nur in der akademischen Lehre, sondern auch bei praktischen Bauaufgaben, wozu ihnen die rege Bautätigkeit nach den Zerstörungen des Siebenjährigen Krieges reichlich Gelegenheit bot.[12] Aber auch die Architekten, die neben Christian Friedrich Exner (1718–1798) im Oberlandbauamt tätig waren, waren an der Neuausrichtung der Architektur beteiligt. Johann Daniel Schade (1730–1798), Christian Traugott Weinlig (1733–1799) und Johann August Giesel (1751–1822) wirkten auch bei großen höfischen Bauaufträgen, wie sie in den Schlössern Moritzburg und Pillnitz, sowie in Palais, zum Beispiel im Japanischen Palais, im Palais Prinz Georg und im Palais Prinz Max anstanden, mit.[13] Während Schade in den 1770er-Jahren im Fasanenschlösschen in Moritzburg noch weitgehend im Stil des späten Rokokos arbeitete, griff er mit dem vor 1787 erbauten Englischen Pavillon in Pillnitz auf den Tempietto Bramantes in Rom zurück und kam bei seinen schönen Entwürfen zur Wanddekoration des Erdgeschossraumes des Englischen Pavillons unseren Zeichnungen in den Formen der Spiegel, der Aufhängung von ovalen Bildfeldern in der Wandzone und der Verwendung von antiken Details recht nahe.[14] Da noch immer nicht klar ist, ob für diesen Entwurf des Englischen Pavillons

Abb. 3   Dresden, Residenzschloss, gemalter Saal, Wanddekoration von zwei Langseiten, Fenster- und Türseite, Zeichnung mit Feder und Bleistift (LfD Sachsen, Plansammlung M6.X.Bl 72).

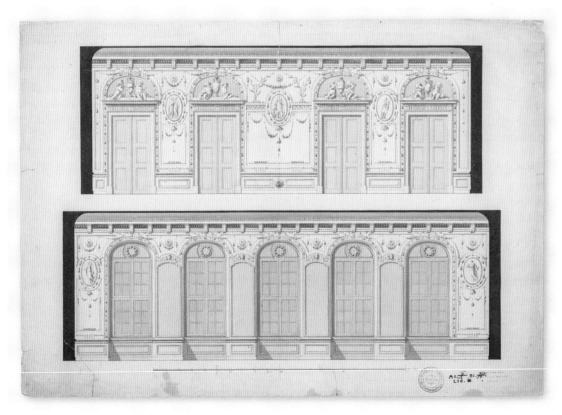

Abb. 4   Dresden, Residenzschloss, gemalter Saal, Wanddekoration von zwei Langseiten, Fenster- und Türseite, Zeichnung mit Feder und Bleistift, laviert (LfD Sachsen, Plansammlung M6.X.Bl.70).

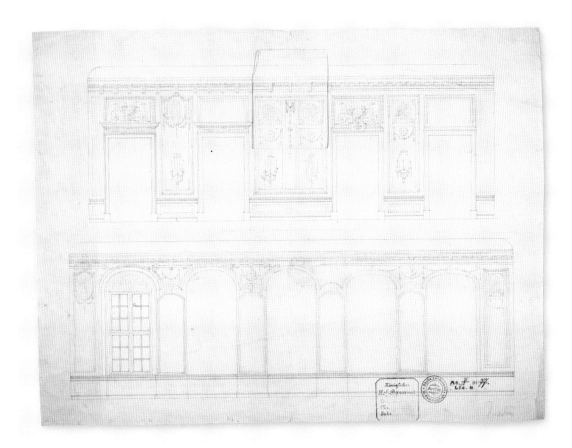

Abb. 5   Dresden Residenzschloss, gemalter Saal, Wanddekoration von zwei Langseiten, Fenster- und Türseite, Zeichnung mit Feder und Bleistift, teilweise in Grau und grünlichen Tönen laviert, mit Variantenvorschlag auf einer Klappe in der Supraportenzone (LfD Sachsen, Plansammlung M6.X.Bl. 77).

Abb. 6   Residenzschloss, gemalter Saal, Wanddekoration von zwei Langseiten, Fenster- und Türseite, Zeichnung mit Feder und Bleistift, in grau und grünlichen Tönen laviert, mit abgewandelter Supraportenzone, wohl endgültiger Entwurf (LfD Sachsen, Plansammlung M6.X.Bl.69).

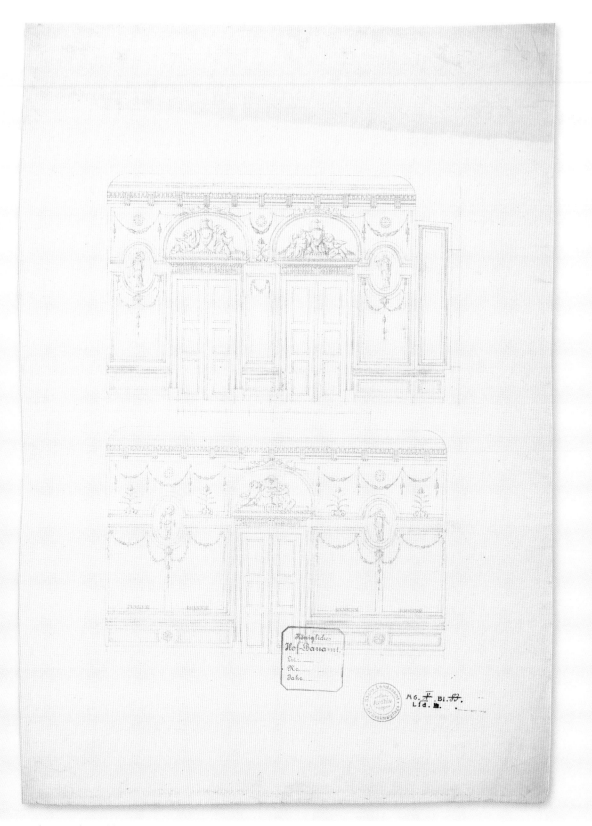

Abb. 7   Dresden Residenzschloss, gemalter Saal, Wanddekoration von zwei Schmalseiten, Zeichnung mit Feder und Bleistift (LfD Sachsen, Plansammlung M6.X.Bl. 83).

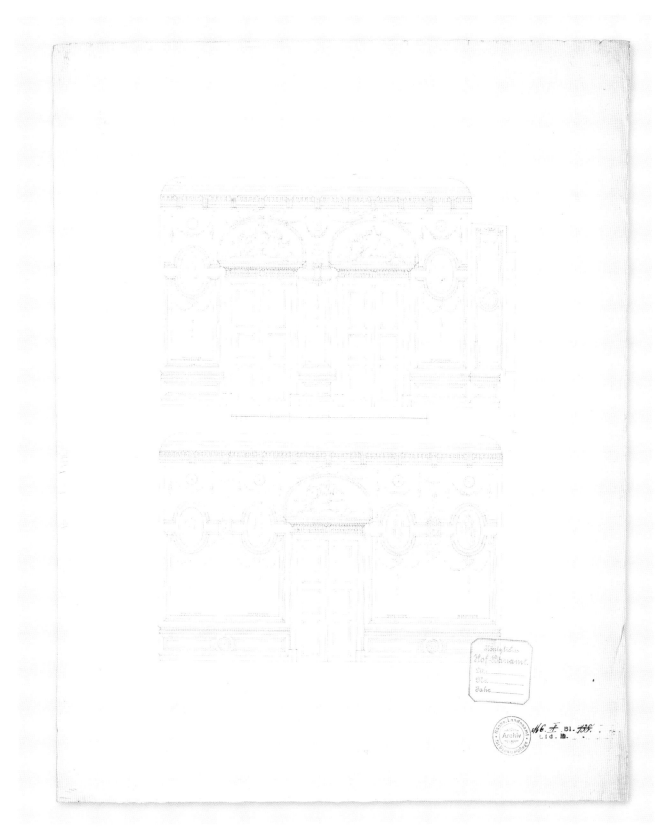

Abb. 8   Dresden Residenzschloss, gemalter Saal. Wanddekoration von zwei Schmalseiten, Zeichnung mit Feder und Bleistift (LfD Sachsen, Plansammlung M6.X.Bl. 138).

nicht doch Weinlig als Autor namhaft zu machen ist, bleibt die Autorschaft für diese Zeichnung noch immer offen. Bei Entwürfen für Wanddekorationen von Bauten im Palais Prinz Georg orientierte sich Weinlig an Raffaels Loggien im Vatikan und zeigte sich bei der Dekoration von Räumen des Pillnitzer Bergpalais um 1790 deutlich klassizistischer. So wird man nur mit großer Zurückhaltung die behandelten Blätter der Dresdner Plansammlung als Zeichnungen Weinligs deklarieren wollen. Aber sie vertreten eindeutig den Dresdner Stil der achtziger Jahre des 18. Jahrhunderts. In diesen Jahren zeigen Weinligs »Oeuvres d' architecture« eine deutlichere Auseinandersetzung mit der antikischen Groteske und Arabeske.[15] So könnten unsere Zeichnungen, die noch mehr der »Zopfzeit« verhaftet erscheinen, vielleicht auf einen »älteren« Architekten wie Johann Daniel Schade oder gar einem Maler, etwa einen Schüler von Adam Friedrich Oeser, zurückgehen.

Anmerkungen
1 Magirius, Heinrich: Geschichte der Denkmalpflege Sachsen, Berlin 1989, S. 126, 190; Paul, Jürgen: Cornelius Gurlitt. Ein Leben für Architektur, Kunstgeschichte, Denkmalpflege und Städtebau, Dresden 2003, S. 35.
2 Von den auf drei Bände hin konzipiertem Werk, das die Dresdner Denkmalpflege herausgibt, ist bisher nur der 1. Band erschienen: Das Residenzschloss zu Dresden (Hg. Landesamt für Denkmalpflege Sachen), Bd. 1: Von der mittelalterlichen Burg zur Schlossanlage der Spätgotik und Frührenaissance (= Forschungen und Schriften zur Denkmalpflege Bd. IV, 1), Petersberg 2013.
3 Zum Wirken des Oberlandbaumeisters Julius Heinrich Schwarze am Dresdner Schloss vgl. Knobelsdorf, Tobias: Julius Heinrich Schwarze (1706–1775). Sächsischer Architekt und Baubeamter am Ende der Augusteischen Epoche, Diss. TU Dresden 2012, Bd. 2, S. 148–156.
4 Prinz, Henning: Bau- und Nutzungsgeschichte des Taschenbergpalais, in: Das Taschenbergpalais zu Dresden. Geschichte und Wiederaufbau der sächsischen Thronfolgerresidenz, Dresden 1995, S. 9–22.
5 Das Herzogtum Pfalz-Zweibrücken, in: Die Kunstdenkmäler der Stadt und des ehemaligen Landkreises Zweibrücken, bearb. von Herbert Dellwing und Hans Erich Kubach, München 1981, S. 24–31.
6 Hensel, Margitta: Die Appartements des Kurfürsten Friedrich August III. von Sachsen, in: Tagung »Wie friedericianisch war das Fridericianische? Zeremoniell, Raumdisposition und Möblierung ausgewählter europäischer Schlösser am Ende des Ancien Regime www.perspectivia.net/publikationen/friedrich300-colloquien/friedrich-groesse. 2.7.2015; Hasche, Johann Christian: Umständliche Beschreibung Dresden mit allen seinen äußern und innern Merckwürdigkeiten, Teil 1 und 2, Leipzig 1781/84, hier Bd. 2, S. 28–30.
7 Vgl. Hensel (wie Anm. 6), S. 18.
8 Ebd., S. 20.
9 Oelsner, Norbert/ Prinz, Henning: Die Neugestaltung der Repräsentation- und Festetage des Dresdner Residenzschlosses 1717–1719, in: Matthäus Daniel Pöppelmann 1662–1736 (Hg. Harald Marx), Leipzig 1989, S. 180–184. Während der Drucklegung des Beitrages fand ich in der Plansammlung des Landesamts für Denkmalpflege Sachsen einen Plan, beschriftet M58.I.Bl. 27, der die Deckengestaltung dieses Saals wiedergibt. Er zeigt dessen unregelmäßigen Grundriss mit einem ovalen Blattmotiv und der kleineren Blütenkränzen in Raummitte.
10 Hasche (wie Anm.6), S. 28–30.
11 Altner, Manfred/ Lademann, Jördis: Die Akademie von den Anfängen bis zum Tode Hagedorns (1680–1780), in: Dresden. Von der Königlichen Kunstakademie zur Hochschule für Bildende Künste (1764–1989), S. 17–74.
12 Hertzig, Stefan: Das Dresdner Bürgerhaus des Spätbarock. 1738 – 1790, Dresden 2007.
13 Löffler, Fritz: Das Alte Dresden. Geschichte seiner Bauten, Leipzig ⁶1992, S. 318–141 (Vom Klassizismus zum Biedermeier).
14 Langhof, Bernd: Pillnitzer und Moritzburger Pläne und Bauten Johann Daniel Schades, in: Wissenschaftliche Zeitschrift der TU Dresden 1964, H. 1, S. 47–60; Hartmann, Hans-Günther: Pillnitz, Schloss, Park und Dorf. Weimar 1981, S. 111–120.
15 Weinlig, Christian Traugott: Oeuvre d'architecture 1784/85.

Abbildungsnachweis
1 LfD Sachsen, Bildsammlung; 2–8 LfD Sachsen, Plansammlung, Fotos: Wolfgang Junius.

Wellern, stampfen, patzen – Massivlehmbau in der Mitte Europas

Thomas Noky

Lehm ist ein universell einsetzbarer Baustoff. Nachfolgend steht der Einsatz von Lehm im historischen ländlichen Hausbau auf dem Gebiet des heutigen Freistaates Sachsen im Blickpunkt. Hochbauten oder ganze Städte aus Lehmbaustoffen hat es hierzulande nicht gegeben. Lehm wurde immer in seinen natürlich begrenzten Einsatzgebieten verwendet. Während Druckkräfte durch Lehmbaumaterialien sehr gut abgeleitet werden können, führen Zug, Biegezug und Querkräfte zum Reißen und im ungünstigsten Fall zum Einsturz von Bauwerken. Seit etwa dreißig Jahren findet in Deutschland der Lehm in speziellen Bereichen des Bauwesens wieder Verwendung.

Genaugenommen ist auch der Lehm ein synthetischer Baustoff, die zwei Bestandteile Ton und Sand bilden ihn. Jedoch hat hier der Mensch im Gegensatz zur Herstellung von Ziegeln oder Beton keinen Anteil an dessen Entstehen, allein die natürlichen Prozesse auf der Erdoberfläche lassen Lehm als ein Endprodukt des allgemeinen Zerfalls von Materie entstehen. Diese Prozesse finden weltweit statt *(Abb. 1)*, deshalb ist Lehm in allen Teilen der Erde zu finden und wird wohl seit Menschengedenken, in Mitteleuropa nachweislich seit der letzten Eiszeit, von menschlicher Hand zu kleinen und großen Dingen geformt und nutzbringend eingesetzt. In Sandwüsten und Massivgestein ist kein Lehm zu finden und überall dort, wo Humus gebildet wird, hat er ebenfalls keinen Platz.

Die beiden Bestandteile Ton und Sand bilden je nach ihren Volumenanteilen Lehm unterschiedlicher Qualität. Der Ton ist das Bindemittel, der Sand das Mineralgerüst. Enthält der Lehm mehr Ton, ist er ein bindiger und ein fetter Lehm, ist der Sandanteil höher und damit das Mineralgerüst, entsteht ein wenig bindiger oder magerer Lehm. Lehm ist kein endgültiges Produkt der Natur, er ist wasserlöslich und kann sich so bei entsprechendem Wassereintrag auflösen, umformen, seinen Lagerort wechseln und neue Mischungsverhältnisse bilden. Durch die Aufnahme oder Abgabe von Elementen können sich Farbe und Eigenschaften ändern. Für den Bestand eines Bauwerkes ist die Wasserlöslichkeit von Nachteil. Deshalb müssen Lehmbauteile immer vor eindringender Nässe geschützt werden. Geschieht das, ist der Lehmbau eine dauerhaft haltbare Bauweise *(Abb. 2)*.

Die verbreitete Verfügbarkeit, die Verarbeitungsmöglichkeit direkt aus dem Erdboden heraus, die freie Formbarkeit und der gute Klebverbund mit pflanzlichen Fasern von kleinsten Teilen aus dem Kuhdung bis zum Roggenstroh gaben dem Lehm über Jahrtausende eine bevorzugte Stellung im Bauwesen. Erst seit der Mitte der 1950er-Jahre hatte der Lehm ausgedient, vorerst. Einem gewünschten zügigen Bauablauf entgegen stand eine Trockenzeit, die vom Wasseranteil im

Abb. 1   Lehmbau in Daraut-Kurgan im Alaital, Kirgistan (Sommer 1987).

Abb. 2   Grundstückseinfriedung mit einer übermannshohen Lehmmauer im Harz. Die Abdeckung mit Dachziegeln schützt die massive Lehmwellerwand vor zerstörerischer Nässe (Sommer 1999).

Abb. 3   Verwitterndes Lehm-
quaderhaus in Hohenahlsdorf
bei Jüterbog. Die Lehmquader
haben eine Abmessung von
40 × 18 × 15 Zentimetern
(Juni 2011).

Abb. 4   Hütte im Alaigebirge,
Kirgistan, mit Lehmbroten
errichtet (Sommer 1987).

Lehm abhängig war. In der allgemeinen Wahrnehmung sauberere und dauerhaftere Baumaterialien vor allem auf Zementbasis hatten ihn verdrängt.

Voraussetzung zur Herstellung neuer Baustoffe und damit zur Aufgabe des Lehmbaus war die dauerhafte und sichere Bereitstellung von Energie. Lehm ist ein Baustoff, der zu seiner Zubereitung und Verarbeitung nur wenig Herstellungsenergie benötigt, die zumeist durch Mensch und Tier bereitgestellt wurde. Diese Eigenschaft wie die ohne Energieaufwand mögliche Auflösung und die Schadstofffreiheit lassen den Lehmbau unter der dringend gebotenen Achtung ökologischer Zusammenhänge wieder zu einem akzeptablen Baustoff werden. Weitere Eigenschaften wie die Herstellung eines guten Raumklimas mittels

Lehmbaustoffen eröffnen dem Lehmbau heute Einsatzgebiete, die noch lange nicht allgemein erkannt worden sind.

Zum Abschluss der allgemeinen Betrachtungen des Baustoffes Lehm müssen die Lehmarten nach ihrem natürlichen Vorkommen und den daraus folgenden Eigenschaften beschrieben werden. Der Berglehm ist im bergigen Gelände zu finden, wo anstehende Gesteinsarten mehr und mehr verwittern und in kleinste Teile zerlegt werden. Hier liegt ein Geburtsort des Lehms. Berglehme sind steinig, haben also ein großes scharfkantiges Mineralgerüst und lassen sich mit der Hand schlecht verarbeiten, aber dafür bestens verdichten. Geschiebelehme hat die Eiszeit mitgebracht und in großen Landesteilen Mitteleuropas abgelagert. Das Mineralgerüst ist körnig rundlich.

Abb. 5   Technologie der Lehmwellermassivbauweise, Aufsatz und Abstich des zweiten Wellersatzes.

Lößlehm ist ein Produkt der nacheiszeitlichen Winde, seine Bestandteile wurden bei der Windverfrachtung zumeist von Geschiebelehmen reduziert, er ist ein sehr feines Gemenge mit mäßiger Bindekraft des Tonanteiles. Dieser Lößlehm wurde auf die von Norden ansteigende Pultscholle des Erzgebirges aufgeweht und bildet dort mit seinen fruchtbaren Böden die Gefildezone mit der Lommatzscher Pflege als Höhepunkt. Zuletzt sollen noch Schwemm- und Auelehme genannt werden. Ihre besonderen Eigenschaften wurden durch den Einfluss von Wasser als Fließ- oder Standgewässer gebildet.

Die Veränderung von Eigenschaften eines Lehms durch den Menschen beschränkte sich bis vor dreißig Jahren auf die Stärkung oder Schwächung seiner Bindekraft durch die Gestaltung des Verhältnisses Bindemittel (Ton) und Mineralgerüst (Sand), die Beimengung von pflanzlichen Faserstoffen zur Herstellung einer Bewehrung des im Trocknungsprozess sehr rissfreudigen Lehmes und auf die Zugabe von Stoffen, deren Wirkung nicht immer spürbar war. Seit etwa 1980 gibt es nach heute gültigen Prinzipien wissenschaftliche Forschungen zur Herstellung von Lehmbaustoffen, die auch Eingang in das Angebot einschlägiger Firmen gefunden haben.

Die Literatur zum Lehmbau bietet dem Interessierten weitreichende Einblicke. Zum ersten Mal trat der Lehmbau zu Beginn des 19. Jahrhunderts als Fachgebiet ins öffentliche Interesse, wesentlich beeinflusst durch die Schriften von David Gilly mit dem besonderen Augenmerk auf die Pisébauweise, den Stampflehmbau.[1] Nachdem der Lehmbau schon in der Zeit zwischen den beiden Weltkriegen zurückgedrängt worden war, erlebte er nach 1945 in den deutschen Besatzungszonen und bis in die Mitte der fünfziger Jahre in den beiden deutschen Staaten eine Renaissance als eine die wenigen vorhandenen Ressourcen schonende Bauweise. Damit in Zusammenhang erschienen Fachbücher, die den Lehmbau in seinem ganzen Umfang bis heute gültig beschreiben.[2] Seit dem Ende des 20. Jahrhunderts gewinnt der Lehmbau wieder an Bedeutung,

große Verdienste daran hat G. Minke, Kassel.[3] Durch den Dachverband Lehm e. V. wird seit 1999 in immer aktualisierter Fassung der Band »Lehmbau Regeln« herausgegeben.[4]

Lehm kann in zwei Verfahren als Baustoff dienen. Im Lehmnassbau werden erdfeuchte Lehme direkt auf der Baustelle verwendet. Der Lehm trocknet im Einbauzustand, entsprechend lange Wartezeiten müssen im Bauablauf eingeplant werden. Je nach Einbaudichte gibt es stärkere oder schwächere Setzungen. Für den Lehmtrockenbau werden Formate vorgefertigt und getrocknet. Diese können auf der Baustelle gebrannten Ziegeln gleich vermauert werden. Hier entstehen im Bauwerk keine langen Trockenzeiten, Setzungen gibt es im spürbaren Rahmen nicht.

Für den Lehmtrockenbau wird Lehm in gewünschter Zusammensetzung in eine Form geschlagen, verdichtet, ausgeschalt und an der Luft getrocknet. Es können Lehmziegel (Adoben), Lehmquader oder auch Lehmplatten entstehen. Lehmziegel sind in Sachsen seit dem ausgehenden 18. Jahrhundert bekannt, der Lehmquader ist in Bauten des 19. Jahrhunderts hier nur wenig, aber im heutigen Gebiet Brandenburgs häufiger nachweisbar *(Abb. 3)*. Im Jemen werden sonnengetrocknete Lehmplatten hergestellt, die wie die Adoben mit Lehmmörtel zu großen Bauwerken und ganzen Städten geschichtet werden, z. B. Schibam im Hadramaut.[5] Vorgefertigte Lehmformate finden heute als in Lehm gebundenes Dämmmaterial in der Denkmalpflege und im ökologischen Bauen zunehmend Verwendung.

Nasslehmbauweisen haben über Jahrhunderte im Hausbau eine entscheidende Rolle gespielt. So ist der Fachwerkbau ohne die nass in nass eingebrachte Ausfachung mit Strohlehm undenkbar, selbst der Blockbau hat durch den Verstrich der Fugen vom Lehmbau profitiert, besonders in Nordböhmen. Eine hierzulande wohl nicht angewandte Nasslehmbauweise ist das Aufeinanderschichten von freigeformten Lehmbroten in leicht plastischem Zustand *(Abb. 4)*. Auch nur aus dem Strohlehmhaufen gerissene Lehmpatzen dienten und dienen anderswo in

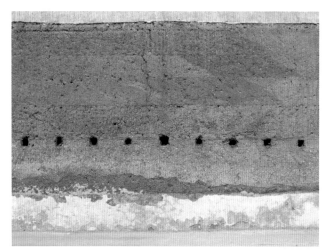

Abb. 6   Scheune in Glesien nördlich von Leipzig, Lehmweller-massivwand. Deutlich zu erkennen sind die schräg aufgesetzten Wellersätze von etwa 80 Zentimetern Höhe durch den unterschiedlich farbigen Lehm und den sauberen Abstich, vgl. Abb. 7 und 8 (April 2016).

Abb. 8   Scheune in Glesien mit Blick zur abgewandten Traufwand in Lehmwellermassivbauweise mit einer Länge von 48 Metern und einer Höhe von 6 Metern, vgl. Abb. 6 und 7 (April 2016).

Abb. 9   Steigra nördlich oberhalb der Unstrut, Sachsen-Anhalt, Scheune in Lehmwellermassivbauweise mit bis zum First gewellertem Giebel (November 2009).

Abb. 7   Scheune in Glesien nördlich von Leipzig, vgl. Abb. 6 und 8, Einstiche des Spatenblattes vom horizontalen Abstich zur Ausbildung der Innenecken der Lehmwellermassivwände der Scheune (September 2015).

der Welt durch energisches Aufeinanderschlagen dem Errichten von Wänden. Weitere Lehmbauweisen aus Formaten oder Kleinmengen, auch mit Hilfe von Stangengerüsten, sind in der im Anhang angegebenen Literatur ausführlich beschrieben.

Zwei Massivlehmbauweisen mit erdfeuchtem Lehm spielen nachweislich im Hausbau des 18. Jahrhunderts in der Mitte Europas eine bedeutende Rolle, die Lehmwellermassiv- und die Stampflehmbauweise. Auf einem zusammenhängenden Gebiet über die Grenzen der heutigen Freistaaten Sachsen und Thüringen sowie der Länder Sachsen-Anhalt und Brandenburg hinweg wurden über zumindest 200 Jahre nahezu alle Bauaufgaben eines Dorfes mit Ausnahme der Kirche durch die Übung der Lehmwellermassivbauweise gelöst (Abb. 5).

Auf ein Steinfundament werden erdfeuchte Strohlehmmassen als Wall aufgeschichtet. Sie haben Breiten von 40 Zenti-

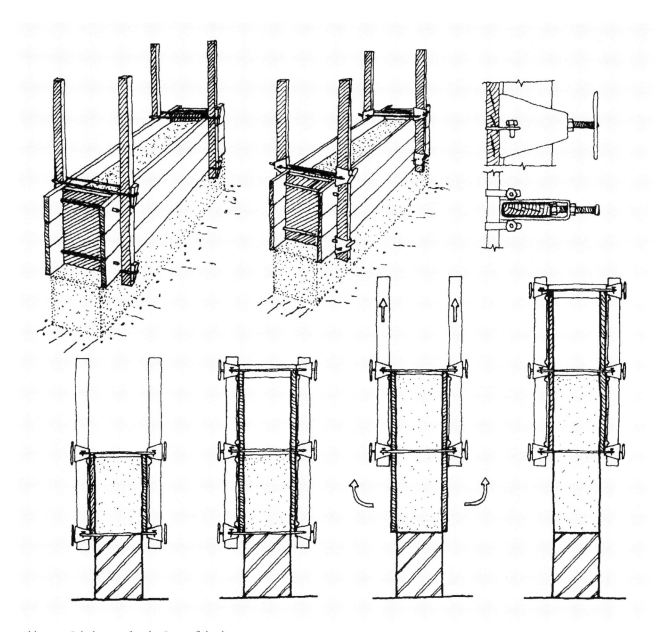

Abb. 10   Schalungen für die Stampflehmbauweise.

metern bis über einen Meter und Höhen von 60 bis 80 Zentimetern. Die horizontalen Gefügehorizonte bilden sich ganz deutlich ab *(Abb. 6).* Die Wälle setzten sich in wenigen Tagen und werden dann mit einem Spaten mit geradem Blatt senkrecht und gefluchtet abgestochen *(Abb. 7).* Es entsteht ein horizontal ausgerichteter Wandabschnitt, auf den der nächste Wall aufgesetzt und das Verfahren wiederholt wird. Kleinere Öffnungen können nach dem Setzen ausgestochen oder aber im Aufsatzprozess freigehalten und mit Hölzern überdeckt werden, um dann darauf wie gewohnt fortzufahren. Diese Bauweise heißt zumindest in den Veröffentlichungen nach 1945 Lehmwellerbauweise. Möglicherweise hat eine Lautumwandelung zu einer Verwechslungsmöglichkeit mit dem Wellerwerk (Lehmflechtwerk) als Ausfachung im Fachwerkbau geführt. Von Wall kommend, wäre die Schreibweise Lehmwällerbau wohl zutreffender. Um eine Verwechslung zu vermeiden, kann der erweiterte Begriff Lehmwellermassivbau

verwendet werden, so soll es hier gehalten werden. Die einzelnen Schichten heißen Wellersätze, der Ausführende ist der Wellermeister.

Mit dieser Bauweise konnten beeindruckende Bauwerke errichtet werden. So betragen die Maße einer Lehmwellerscheune in Glesien nördlich von Leipzig 48 Meter Länge auf 12 Meter Breite und 6 Metern Höhe *(Abb. 8).* Die zwischen 70 und 80 Zentimeter starken Lehmwellermassivwände werden durch Vorlagen ausgesteift,[6] Bundwände gibt es hier nicht. Die Glesiener Scheune, wohl aus der ersten Hälfte des 19. Jahrhunderts, hat eine Grundfläche von etwa 470 Quadratmetern, die mit Ausnahme der Tore von Lehmwellermassivwänden umschlossen sind. Es versetzt immer wieder in bewunderndes Staunen, wie es gelungen ist, durch Aufsetzen und Abstechen über gewaltige Längen und Höhen nahezu schnurgerade Wände herzustellen. Es handelt sich keineswegs um eine primitive Bauweise, mit der aus Dreck einfache

Abb. 11   Jüdendorf nördlich oberhalb der Unstrut, Scheune in Stampflehmbauweise. In den für diese Bauweise statisch kritischen Bereichen über den Sprengwerken der Toröffnungen und umlaufend unterhalb der Traufen wurde die Lehmwellermassivbauweise, die in der Region ebenfalls zur Errichtung von Gebäuden verwendet wurde, angewandt (November 2009).

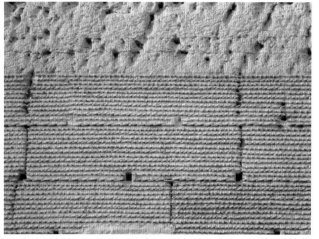

Abb. 12   Jüdendorf nördlich oberhalb der Unstrut, Scheune in Stampflehmbauweise. Detail einer Giebelwand mit den konstruktiven Befunden der Schaltafelgrößen, der Öffnungen für die Durchbindungen durch die 60 Zentimeter starke Wand zum Zusammenhalt der innen- und außenseitigen Schaltafeln und den eingestampften Dachziegelleisten zur Putzhaftung, vgl. Abb. 11 (November 2009).

Bauten errichtet worden sind. Doch war die schalungsfreie Bauweise sicherlich eine frühe Technologie, die ohne größere Hilfsmittel auszukommen wusste. Zu welcher Kunstfertigkeit sich die Lehmwellermassivbauweise aber im umrissenen Gebiet bis ins 19. Jahrhundert entwickelt hat, fordert Hochachtung gegenüber der Handwerkskunst der Wellermeister und aller an den Bauten Beteiligten. Es gibt Bauwerke, da wurden die Giebel bis zur Firstspitze in Lehmwellermassivbauweise ausgeführt. Der letzte, mithin kleinste Wellersatz erfolgte dann in etwa zwölf Metern Höhe *(Abb. 9)*.

In Verkennung der Technologie und sichtbaren Herstellungsmerkmale werden Lehmwellermassivbauten immer wieder als Stampflehmbauten beschrieben. Im Gegensatz zur Stampflehmbauweise erfolgt die Wandbildung beim Lehmwellermassivbau als in Sätzen freie Aufschichtung ohne Schalung. Zur Herstellung von Stampflehmwänden wird erdfeuchter Lehm in Schalungen eingebracht und schichtenweise verdichtet *(Abb. 10)*. Stampflehmwände zeichnen sich deshalb durch erkennbare Schichten von acht bis zwölf Zentimetern aus *(Abb. 12)*. Die Formate der Schaltafeln mit den Öffnungen für die zugfesten Abstandshalter in Wandstärke sind deutlich zu erkennen. Die Technologie der Stampflehmbauweise wird heute im Betonbau fortgesetzt, nur erfolgt die Verdichtung nicht mehr durch stampfen. Für den Stampflehmbau eignet sich steiniger Lehm besser, also Berglehm, während für die Lehmwellermassivbauweise steinarmer Lehm von Vorteil ist, weil er so mit Stroh vermischt ein homogenes Wandgefüge bilden kann. Steinarmer Lehm lässt sich schwer verdichten. Hierin kann eine Begründung für die verbreitete Anwendung der Lehmwellermassivbauweise zwischen Südbrandenburg und Mittelsachsen sowie Ostthüringen und in etwa dem Verlauf der Mulde gefunden werden. Nach der Eiszeit wurden große Mengen Lehm herangeweht, die sich ablagerten und in dem flachen Lande fruchtbare Feldböden bildeten. Möglicherweise in Ermangelung von Bauholz nach Rodungen zur Gewinnung fruchtbaren Bodens und durch die Steinarmut gewann der Lehm als Hausbaumaterial an Bedeutung. Durch den Zusatz von Fasern aus Stroh oder Grobheu konnte stapelfähiger Lehm hergestellt und damit die Lehmwellermassivbauweise angewendet werden. Vielleicht aber war die Schalungsbauweise auch gar nicht bekannt. Bessere Kenntnis zur Herkunft des Lehmwellermassivbaus brächten wohl Hinweise zur Herkunft des Verfahrens wie zur Zeit des Beginns der Errichtung von Lehmwellermassivbauwerken. Die ältesten datierten Bauwerke führen nördlich von Leipzig in die Zeit um 1700. Die gekonnte Ausführung lässt auf eine schon zu dieser Zeit lange geübte Technologie schließen, sodass der Beginn weitaus früher liegen muss.[7]

Abb. 13   Mücheln, Stampflehmwohnbauten am Eptinger Rain aus den Jahren 1953 bis 1955, vgl. Abb. 14 (November 2009).

Abb. 14   Mücheln, Stampflehmwohnbauten am Eptinger Rain aus den Jahren 1953 bis 1955, bauzeitliches Putzritzbild, vgl. Abb. 13 (November 2009).

Das umrissene Kerngebiet des Lehmwellerbaus greift nach Westen ins Thüringische aus, erreicht im Süden das Vogtland und im Norden Südbrandenburg. Nach Osten durchzieht es die nördliche Oberlausitz und die südliche Niederlausitz und überschreitet die Neiße bis hinein nach Westpolen. Nach Süden und

Osten gesellt sich der Lehmwellermassivbau zum Blockbau, besonders deutlich wird diese Beobachtung in östliche Richtung. Die vielen erdgeschossigen Wohnstallhäuser in Lehmwellermassivbauweise im gesamten Lehmbaugebiet lassen in der Form Gemeinsamkeiten zum Wohnstallhaus in Blockbauweise erkennen, insbesondere auch in der Ausbildung von Drempeln. Möglicherweise muss der Lehmwellermassivbau als Folgebauweise des Holzbaus, speziell des Blockbaus, verstanden werden.

Während der Lehmwellermassivbau aus vermutetem Grunde ganze Dörfer prägt, ist dem Autor auf dem Gebiet des Freistaates Sachsen kein Stampflehmbau vor 1900 bekannt. Die nächsten Bauten befinden sich nach meiner Kenntnis in Steigra und Jüdendorf nördlich oberhalb der Unstrut.[8] Die Ansicht der Bauwerke unterscheidet sich dank abgefallenen Putzes klar von den Lehmwellermassivbauten durch die schmalen Schichten und die Abdrücke der Schaltafeln und die Löcher der Durchbindungen der Tafeln *(Abb. 11, 12)*. Die eingestampften Dachziegelleisten dienten der Putzhaftung. Bemerkenswert ist, dass in kritischen Bereichen oberhalb der Sprengwerke über den Toren und unterhalb der Traufen nicht gestampft, sondern die Lehmwellermassivbauweise angewendet wurde. Diese war auch in der Saale-Unstrut-Region die verbreitete Lehmbauweise in sehr qualitätvoller Anwendung *(Abb. 9)*. Der Stampflehmbau erscheint hier wohl auch nur als Ausnahme.

Erst mit der Wiederbelebung der Lehmbauweise nach dem Zweiten Weltkrieg genoss die Stampflehmbauweise besonderen Zuspruch. So entstanden in Trebsen mit der Straße des Aufbaus Mehrfamilienhäuser als Stampflehmbauten. Eindrucksvoller ist das Wohngebiet zwischen Schillerstraße und Eptinger Rain in Mücheln in Sachsen-Anhalt mit zwischen 1953 und 1955 errichteten Straßenzügen in Stampflehmbauweise *(Abb. 13, 14)*.

Das nordwestliche Gebiet des heutigen Freistaates Sachsen mit Leipzig als Mittelpunkt bildet heute noch den ablesbaren Kern eines großen Lehmbaugebietes in Mitteleuropa. Während südlich von Leipzig die Befunddichte durch den Braunkohle-

Abb. 15   Löbnitz-Bennewitz, Scheune in Lehmwellermassivbauweise (Dezember 2007).

Abb. 18   Badrina, Kirchscheune in Lehmwellermassivbauweise
kurz vor dem Abriss (März 2009).

Abb. 16   Behlitz, erdgeschossiges Wohnstallhaus in Lehmwellermassivbauweise mit Resten eines Kalkputzes (April 2003).

Abb. 19   Badrina, Kirchscheune, Trauffries mit gestochener Zier
(März 2009).

Abb. 17   Gottscheina, Wohnstallhaus in zweigeschossiger Lehmwellermassivbauweise, 2. Hälfte 18. Jahrhundert. Charakteristisch
für die Bauweise sind die sich zur Traufe beziehungsweise zum
First außen verjüngenden Wände und die tief in die kräftigen
Außenwände eingeschnittenen Fenster (April 2003).

Abb. 20   Zschortau, Wohnstallhaus in zweigeschossiger Lehmwellermassivbauweise mit Lehmdach unter der jüngeren Hartdeckung,
1731 (d), links dahinter eine Scheune in Lehmwellermassivbauweise mit Lehmdach unter der jüngeren Hartdeckung (September
2014).

tagebau der letzten 100 Jahre beträchtlich abgenommen hat *(Abb. 15)*, zeigt das flache Land bis zur Dübener Heide den großen Reichtum des Lehmwellermassivbaus. Entgegen den vom Fachwerkbau geprägten Dörfern anderer Regionen erschließt sich dem Betrachter das Besondere dieser Hauslandschaft nicht durch zierreiche Ansichten, sondern mehr durch schwer und massiv wirkende Bauformen. Mancherorts fällt mehr die Ziegelarchitektur des 19. Jahrhunderts ins Auge als die schmucklosen, aber wohl proportionierten und zum Teil sehr großen Lehmwellermassivbauten. Viele Wohnstallhäuser zeigen zwar auf dem Lehmerdgeschoss einen Fachwerkoberstock, doch bleibt dieses im Norden von Leipzig zumeist im konstruktiv notwendigen Rahmen oder aber es ist in jüngerer Zeit überputzt worden. Eine große Zahl der Wohnstallhäuser bildet das erdgeschossige Haus in Lehmwellermassivbauweise, einige zur besseren Nutzung mit einem durch einen Drempel vergrößerten Dachboden *(Abb. 16)*.

Auffällig stellen sich heute die Lehmbauten dar, die in der Ansicht von goldgelbem Lehm geprägt sind. Dieses so anmutige Bild ist jedoch das Ergebnis nicht mehr ausgeführter Reparaturen an den Fassaden. Es ist davon auszugehen, dass nahezu alle Lehmbauten zumindest seit dem 19. Jahrhundert verputzt gewesen sind. Mitunter zeugen in den Wellermassivlehm gedrückte Steine vom ausgedienten Putzträger. Ein Kalkputz bindet auf dem Lehm nicht ab, er kann sich nur festkrallen. Deshalb ist der Putz zumeist abgefallen, seit dem 20. Jahrhundert halfen Putzträger wie Draht oder Ziegeldraht, den dann auch schon zementhaltigen Putz zu halten. Manche Putze wurden so stark aufgebracht, dass sie, bewehrt durch den Putzträger, als eigenständige Schale am Lehm standen und heute noch stehen. Einen Eindruck eines gepflegten verputzten Wohnstallhauses zeigt ein zweigeschossiger Lehmwellermassivbau in Gottscheina nördlich von Leipzig *(Abb. 17)*. Neben dem großen Haus mit Fachwerkoberstock auf einem Lehmerdgeschoss sind aus dem Landstrich zwischen Leipzig und Delitzsch mehrere Wohnstallhäuser bekannt, deren Erd- und Obergeschoss in Lehmwellermassivbauweise errichtet worden sind. Früheste Beispiele stammen aus der ersten Hälfte des 18. Jahrhunderts *(Abb. 20)*. Die Häuser sind von kräftigen Außenwänden und bis unter die Traufen tief eingeschnittenen Fenstern geprägt, die sich zumeist zu den Traufen und Firsten von außen her verjüngen. Letztlich erschließt sich der baugeschichtliche Wert dieser schon eigenwilligen Bauten erst durch das Wissen um Material und Herstellung, rein äußerlich wirken die schiefen Wände, die es auch bei erdgeschossigen Häusern gibt, einfach nur schief. Bemerkenswerterweise verjüngen sich Scheunenwände außen nicht, gelegentlich ist aber eine innere Verjüngung zu beobachten.

Wie bereits dargelegt, spart der Lehmwellermassivbau mit Zierelementen. Schon die Technologie bietet kaum Spielräume. Ist von Lehmausfachungen der vielfältige Kammzug bekannt, der ganze Fachwerkwände ziert, hat sich beim Lehmwellermassivbau nur das Traufgesims zum Träger einer Zier entwickelt. Auf einer an den Sparrenenden befestigten Stake mit Strohlehm als eigenständiges Bauteil zumeist gekehlt geformt, wurden in den standfest feuchten Lehm mit dem Rechen Muster eingestochen. Ein solches Traufgesims befand sich bis zu deren Abriss an der Kirchscheune zu Badrina *(Abb. 18, 19)*. Es ist davon auszugehen, dass die Scheunenwände verputzt waren, das Ziergesims jedoch nicht. Möglicherweise war es gekalkt.

Abb. 21   Krostitz, Dachboden eines Wohnstallhauses in zweigeschossiger Lehmwellermassivbauweise mit Lehmdach auf einem liegenden Stuhl, 1717 (d). Auf der Lattung ruht ein noch etwa zwanzig Zentimeter starker Strohlehmschlag als Dachdeckung aus der Bauzeit, vgl. Abb. 22 (November 2015).

Abb. 22   Krostitz, Dachboden eines Wohnstallhauses in zweigeschossiger Lehmwellermassivbauweise mit Lehmdach auf einem liegenden Stuhl, 1717 (d). Im Anschnitt ist deutlich der schwere Lehmschlag auf der Lattung des Innendaches zu erkennen. Das Dachfenster befindet sich in der Hartdeckung des jüngeren Außendaches (November 2015).

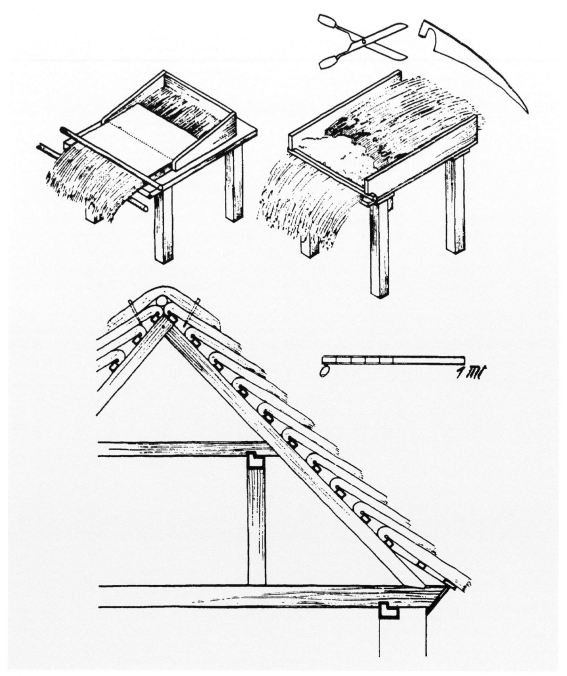

Abb. 23   Herstellung eines Lehmschindeldaches nach D. Gilly und W. Fauth.

Als eine weitere Besonderheit des Lehmwellermassivbaugebietes nördlich von Leipzig ist das Lehmdach zu nennen. Auf bisher vier bekannten Wohnstallhäusern in zweigeschossiger Lehmwellermassivbauweise gibt bzw. gab es dieses Lehmdach auf einem Kehlbalkendachwerk, in den zwei bekannten erhaltenen Häusern in Zschortau *(Abb. 20)*, 1731 (d), und Krostitz, 1717 (d), über einem liegenden Stuhl, auf dessen Dachlatten ein etwa zwanzig Zentimeter starker Strohlehmschlag aufgebracht wurde *(Abb. 21, 22)*. Dieser bildete für mehrere Jahrzehnte als Witterungsschutz die Dachhaut. Der dichte Strohlehm mit Kieselsteinen witterte etwa fünf Zentimeter ab. Erst

später wurden auf die Strohlehmdeckung Sparren gelegt, welche dann eine Hartdeckung aufnehmen konnten. Auf diesem Lehmschlag ruhen offensichtlich die Sparren des oberen Daches, welche die Dachdeckung tragen. Anstelle der heutigen Hartdeckungen in gebranntem Material werden Strohdächer gelegen haben. Grund für diese tonnenschweren Konstruktionen kann nur der Brandschutz gewesen sein. Winterlicher oder der sommerlicher Wärmeschutz sind als moderne Gründe auszuschließen. Ein Haus mit einem ebensolchen schweren Lehmdach stand in Werbelin unweit westlich von Zschortau und fiel 1990/91 dem Braunkohletagebau zum Opfer.[9] Dazwi-

Abb. 24   Unterseite eines Lehmschindeldaches vom Dachboden gesehen in Nieder-Neundorf bei Görlitz (Juni 2008).

schen verfällt in Brodenaundorf ein weiteres Haus, hier mit einem zweifach stehenden Stuhl unter dem Innendach.

Der Lehmbau fand im Hausbau ein breites Einsatzfeld. Die großen Beispiele sind erwähnt, abschließend sei auf eine Art der Dachdeckung aufmerksam gemacht, welche die besonderen Eigenschaften von Lehm und Stroh sehr anschaulich darlegen kann. Dazu muss das zentrale Gebiet des Lehmwellerbaus in Richtung Osten verlassen werden. In Nieder-Neundorf unweit der Neiße nördlich von Görlitz zeigte sich bei der Reparatur eines erdgeschossigen dreizonigen Fachwerkhauses aus der ersten Hälfte des 19. Jahrhunderts unter den Wellbitplatten eine Lehmschindeldeckung auf dem Kehlbalkensatteldach. Zur Herstellung der etwa achtzig Zentimeter breiten Lehmschindeln wird auf einem Tisch Langstroh auf der oberen Hälfte mit Lehm verstrichen, um einen Stock geschlagen und wiederum auf der nun oberen Hälfte mit Lehm verstrichen *(Abb. 23, 24)*. Es entsteht die schon aus anderen Lehmbaubereichen wie Ausfachung und Lehmschlag bekannte widerstandsfähige Verbindung aus Lehm und Stroh. Das Lehmschindeldach kann über mehrere Jahrzehnte liegen. Die Haltbarkeit beruht darauf, dass das freie Stroh der unteren Hälften der Schindeln die in Lehm gebundene obere Hälfte der darunter liegenden Schindeln überdeckt und diese vor Schlagregen schützt. Das Lehmschindeldach bietet gegenüber dem Strohdach neben den Vorteilen einer längeren Haltbarkeit und einer geringeren Gefahr des Aufreißens und Forttragens durch Wind vor allem einen viel besseren Brandschutz, in Lehm eingebettetes Stroh ist wegen Sauerstoffmangel nur schwer bis gar nicht entzündbar. Das Lehmschindeldach wird um 1800 in der Literatur wohl erstmalig beschrieben[10] und erfährt zwischen 1920 und 1950 noch einmal Beachtung.[11] Aus dieser Zeit stammt wohl auch das Dach in Nieder-Neundorf.

Mit der Vielzahl an Lehmwellermassivbauten aller ländlich geprägten Nutzungen, vom Wohnstallhaus bis zur Scheune und vom Schulhaus bis zur Einfriedung, von um 1700 bis zur Mitte des 19. Jahrhunderts ist das Gebiet zwischen Leipzig und Delitzsch und von der westlichen Landesgrenze bis zur Mulde im Osten von ganz besonderer hauskundlicher und baugeschichtlicher wie siedlungsgeschichtlicher Bedeutung. Es ist das

Kerngebiet eines mitteleuropäischen Lehmbaugebietes von Thüringen bis nach Westpolen und vom Vogtland bis nach Brandenburg. In seiner Erscheinung zurückhaltend und wenig zierreich fasziniert umso mehr die Herstellungstechnologie durch schalungsfreies Aufsetzen von hohen und langen Wänden in einer geraden Flucht. Erhält der Lehmwellermassivbau nicht durch Fachwerkoberstockwerke eine besondere Zier, wie vor allem im Altenburger Land, dann bleibt nach heutiger Erkenntnis nur das Traufgesims als Zierelement. Zur Technologie der Lehmwellermassivbauweise, die nicht mit der Stampflehmbauweise zu verwechseln ist, treten im Lehmbaugebiet noch die Lehmdächer mit bis zu 25 Zentimeter kräftigen Strohlehmschlägen nördlich von Leipzig.

Viele der Lehmwellermassivbauwerke werden heute noch bewohnt oder anderweitig genutzt. Wie allgemein im ländlichen Raum sind aber in den letzten Jahrzehnten viele dieser faszinierenden Bauwerke verloren gegangen. Umso erfreulicher ist die Beobachtung, dass sich zunehmend vor allem jüngere Menschen für die Lehmbauten interessieren und manches Wohnstallhaus entdecken oder aber auch in den großen massiven Lehmwellerscheunen ein experimentelles Wohnprojekt verwirklichen können. Sicherlich ist die Nähe zur Stadt Leipzig ein fördernder Umstand, die Besonderheiten des platten und landschaftlich kargen Landes in zunehmendem Maße zu erhalten. Zwischen den Ziegelbauten künden so hoffentlich weiterhin die Lehmwellermassivbauwerke von einer einst durch geschicktes Handwerk geprägten ganz eigenartigen Dorfbaukultur.

Anmerkungen

 1 Gilly, David: Handbuch der Landbaukunst, Braunschweig, 1818; Ders.: Kupfersammlung zum Handbuch der Landbaukunst, Braunschweig 1818.
 2 Fauth, Wilhelm: Der praktische Lehmbau, Wiesbaden, 1946, 1948; Miller, Toni/ Grigutsch, E./ Schulze, Konrad Werner: Lehmbaufibel, Weimar 1947; Niemeyer, Richard: Der Lehmbau und seine praktische Anwendung, Hannover 1946, Staufen bei Freiburg/ Br. 1982.
 3 Minke, Gernot: Das neue Lehmbau-Handbuch, Staufen bei Freiburg/ Br. ⁶2004.
 4 Dachverband Lehm e. V. (Hg.): Lehmbau Regeln, Braunschweig ³2009.
 5 Herzlichen Dank für diese interessante Information an Thomas Noack, Leipzig.
 6 Die Werte sind den Planungsunterlagen des Büros Architekten + Ingenieure Pro Bau GbR Delitzsch entnommen.
 7 Zur Lehmwellermassivbauweise hat Christof Ziegert, Berlin, folgende Arbeit vorgelegt: Ziegert, Christof: Lehmwellerbau. Konstruktion, Schäden und Sanierung, Berlin 2003.
 8 Für diesen Hinweis herzlichen Dank an Christof Ziegert/ Berlin.
 9 Herzlichen Dank für diesen Hinweis an Jürgen Liebau, Denkmalschutzbehörde des Landkreises Nordsachsen und Alberto Schwarz, Landesamt für Denkmalpflege Sachsen.
10 Gilly, David: Neuer Schauplatz der Künste und Handwerke, Bd. 61; Matthaey, Carl Ludwig: Der vollkommene Dachdecker, Ilmenau 1833.
11 Fauth, Wilhelm: Das Lehmschindeldach. Sorau, 1920; Wagner, Richard: Das Lehmschindeldach, Spremberg 1946.

Abbildungsnachweis
1–4, 6–9, 11–22, 24 LfD Sachsen, Thomas Noky; 5 Miller/ Grigutsch/ Schulze (wie Anm. 2), Abb. 17, S. 35; 10 Minke (wie Anm. 3), Abb. 5.2–2, S. 102; 23 Phleps, Hermann: Holzbaukunst, der Blockbau. Karlsruhe 1942/ 1989, Abb. 117, S. 91.

30 Jahre »Ortsgeschichtliche Sammlung Blasewitz und Umgegend« im Landesamt für Denkmalpflege Sachsen – Bemerkungen zu Leben und Werk des Architekten Karl Emil Scherz

Winfried Werner

Nachdem sich der Todestag des Baumeisters Karl Emil Scherz erst kürzlich zum 70. Mal jährte, ist es nunmehr schon wieder 30 Jahre her, dass seine »Ortsgeschichtliche Sammlung Blasewitz und Umgegend« ihre neue Heimstatt im damaligen Institut für Denkmalpflege/ Arbeitsstelle Dresden gefunden hat. Beide Aspekte bieten Grund genug, sich dieses Mannes dankbar zu erinnern, der einerseits Neues gestaltete und in den vorhandenen Bestand schöpferisch zu integrieren wusste, sich andererseits aber ebenso als Bewahrer überlieferter Sach- und ideeller Werte verstand, deren Erhaltung für bzw. Vermittlung an die nachfolgenden Generationen ihm zeitlebens Verpflichtung war.

Abb. 1   Karl Emil Scherz (Fotografie von Franz Gaudernack, 1928).

I

Karl Emil Scherz (laut Taufbuch: Carl Emil Scherze) wurde am 31. August 1860 als erstes von drei Kindern des Maurergesellen Carl August Scherze (1832–1884) und dessen Ehefrau Christiane Wilhelmine geb. Petzold (1835–1902) in Loschwitz geboren, zog aber schon zwei Jahre später mit seinen Eltern nach Blasewitz, wo er bis zu seinem Tode am 10. Oktober 1945 ansässig blieb. Nachdem er die dortige Dorf- und Gemeindeschule sowie die Privatschule von Gustav Moritz Hoffarth in Dresden besucht hatte, wurde er Schüler der Dresdener Gewerbeschule. Von 1877 bis 1881 erlernte er das Zimmerhandwerk an der Baugewerkschule Zittau, welche damals unter der Leitung von Professor Hermann Knothe-Seeck stand. Eine längere Wanderzeit schloss sich an, in der Scherz viele von bedeutenden Bauwerken geprägte deutsche Städte bereiste. 1883 begann er sein Studium an der Königlichen Kunstakademie in Dresden unter den Professoren Constantin Lipsius, Ernst Herrmann und Christian Friedrich Arnold. Nach dem Abschluss als Baumeister im Jahre 1886 ging er nach Berlin, um dort an der Technischen Hochschule Charlottenburg weiter zu studieren. Von 1887 bis 1889 besuchte er insbesondere Vorlesungen über mittelalterliche Baukunst sowie landschaftliches Zeichnen bei den Professoren Karl Schäfer, Johannes Vollmer und Paul Gräb. Im Herbst 1889 folgte schließlich die Eröffnung eines eigenen Büros für Architektur und Bauausführung in Blasewitz. Im Jahre 1896 unternahm Karl Emil Scherz eine Reise nach Paris. Der Eindruck der französischen Kathedralen blieb nicht ohne Auswirkung auf seine späteren Kirchenbauten. Wieder zurückgekehrt, heiratete er 1897 Henriette Friederike Gertrud Schumann (1864–1939); aus der Ehe gingen die Töchter Magdalene (1898–1981) und Emma Christine (1903–1989) hervor. Das bereits vom Vater im Jahre 1875 errichtete Haus auf der Sommerstraße 5 in Blasewitz (heute Sebastian-Bach-Straße 17), von Scherz bis zum Lebensende bewohnt, unterzog er für sich und seine Familie 1912 einer grundlegenden Renovierung. Unmittelbar daneben, im eigentlichen Elternhaus, war das Büro untergebracht. Hier entstanden die Grundlagen für das baukünstlerische Lebenswerk des Architekten, womit er sich sehr bald schon einen guten Ruf erwarb. Am 25. Mai 1908, dem 43. Geburtstag des Königs Friedrich August III. von Sachsen, wurde Karl Emil Scherz der Titel eines Königlichen Baurates verliehen. Über Jahrzehnte hinweg bekleidete er die verschiedensten Ehrenämter, so im Blasewitzer Gemeinderat, Kirchen- und Schulvorstand wie auch im Friedhofsausschuss des Elias-, Trinitatis- und Johannisfriedhofs. Wohl aus Anlass des 85. Geburtstages und gerade noch rechtzeitig vor dem Lebensende

Abb. 2   Übernahme der »Ortsgeschichtlichen Sammlung Blasewitz und Umgegend« durch die Mitarbeiter des seinerzeitigen Instituts für Denkmalpflege Peter Dudys und Winfried Werner, hier zusammen mit Ernst Hirsch (vorn), der mit seinem VW-Bus die notwendigen Transporte übernahm (Fotografie von Ernst Hirsch, 2. Januar 1986).

dieses engagierten Mannes erfuhr Scherz immerwährender und niemals ermüdender Einsatz für die Belange des Heimatschutzes endlich auch die im Grunde schon lange verdiente Würdigung. Am 8. September 1945 ernannte ihn der Vorsitzende des gerade neu gegründeten Ausschusses zum Wiederaufbau des Oskar-Seyffert-Museums, Oberbaurat Dr. Kurt Hager, in der ersten Sitzung jenes Gremiums zum Ehrenmitglied des Landesvereins.

II

Aus Dankbarkeit und Liebe zu seiner Heimat gab Karl Emil Scherz die Anregung zur Niederschrift einer Ortschronik und unterstützte deren Herausgabe nach Kräften. Ihr Autor, Otto Gruner, vermerkt dazu im Vorwort: »Das Hauptverdienst um das Zustandekommen des Buchs gebührt … einem Manne, der zwar in Loschwitz geboren, doch seit dem Jahre 1862 seinen Wohnsitz in Blasewitz und diesen Ort so in sein Herz geschlossen hat, als ob er seine eigentliche Heimat wäre; es ist der in weiten Kreisen bekannte Architekt K. E. Scherz. Er hat es darum auch als eine Dankesschuld betrachtet, Anregung und Mittel zu bieten, daß dessen Vergangenheit, so weit möglich, aufgehellt und samt der Gegenwart in Wort und Bild getreulich geschildert wurde.«[1]

Demselben Bestreben diente die von Scherz angelegte »Ortsgeschichtliche Sammlung Blasewitz und Umgegend«. Der hier zusammengetragene, außerordentlich bedeutsame Schatz an künstlerischen Darstellungen, Fotografien, schriftlichen Dokumenten und sonstigen Zeitzeugnissen trug ebenfalls mit dazu bei, dass Karl Emil Scherz als »Ortchronist von Blasewitz« Geltung erlangte. Dem zugehörigen Inhaltsverzeichnis stellte er u. a. die folgenden, sehr bemerkenswerten Sätze voran: »Die ortsgeschichtliche Sammlung hat den Zweck, die Geschichte von Blasewitz, nachdem die Gemeinde Blasewitz am 1. April 1921 nach Dresden eingemeindet worden ist, lebendig zu erhalten, damit sie unseren Kindern und deren Nachkommen in dankbarer Erinnerung bleibt. Die ehemalige Dorfgemeinde verdient es auch, daß deren Entwicklung und Blütezeit kommenden Geschlechtern Zeugnis gibt, was Gemeinsinn und Liebe zur Heimat geleistet haben. Hätten unsere Vorfahren nicht mit weitem Blick in die Zukunft vorgesorgt, so wären die Fluren von Blasewitz in Baustellen aufgeteilt und Blasewitz ein Spekulantendorf geworden.«

Einem solchen Geist, dem Gemeinsinn ein wichtiges Anliegen war, entsprach auch der Wille, die Sammlung in ihrer Gesamtheit der Stadt Dresden zu übereignen. Wenige Jahre nach Scherz' Tod zeigte das Stadtmuseum jedoch kein Interesse daran. So verblieb das vom Vater zusammengetragene Material zunächst einmal bei seinen Töchtern am ursprünglichen Standort, wo es in den folgenden, annähernd vier Jahrzehnten zwar sorgsam gehütet wurde, andererseits aber nur wenigen

Abb. 3   Geöffneter Sammlungsschrank am ursprünglichen Standort im ehemaligen Wohnhaus von Karl Emil Scherz auf der Sebastian-Bach-Straße 17 in Dresden-Blasewitz (Fotografie von Ernst Hirsch, 2. Januar 1986).

tegration des Materials in die Plansammlung des Landesamtes für Denkmalpflege ist nun freilich eine in jeder Hinsicht angemessene und würdige Unterbringung gegeben, zumal neben dem erhalten gebliebenen und weiterhin verwendeten historischen Mobiliar inzwischen fünf weitere, extra dafür angefertigte Schränke zur Verfügung stehen. Im Einzelnen beinhaltet die Sammlung über 200 Publikationen zuzüglich regionaler Adressbücher und gebundener Zeitungs-Jahrgänge ca. 160 gerahmte Bilder, diverse Manuskripte und Aktenkonvolute, sieben Foto- bzw. Ansichtskartenalben sowie 57 zumeist gut gefüllte Mappen mit Dokumenten unterschiedlichster Art. Dazu gehören insbesondere Fotografien, Zeichnungen, druckgrafische Werke, Broschüren und sonstige Schriftsachen wie Urkunden, Briefe, Einladungen, Veranstaltungsprogramme, Werbeinformationen usw., vorrangig Blasewitz, Loschwitz und die unmittelbar daran angrenzenden Gebiete betreffend. Diesbezügliche Ausnahmen bilden insbesondere die Mappen zur Dresdener Kreuzkirche, der dortigen Frauenkirche und zum Aufbau der Meißener Domtürme. Eine enorme Vielfalt an ortsgeschichtlichen Aspekten, Informationen zu historischen Ereignissen, Persönlichkeiten usw. findet sich in dem Bestand ausgebreitet, wobei die bauliche Entwicklung der Region natürlich einen gewichtigen Anteil bildet. Gerade an letzterer war Karl Emil Scherz ja selbst beteiligt, woraus sich auch das besondere Interesse an dieser Thematik ableiten lässt. Für das eigene Schaffen steht eine Anzahl von ihm gefertigter Architekturzeichnungen ebenso wie die in zwei großformatigen Alben enthaltene fotografische Dokumentation eines Teiles seines baukünstlerischen Werkes. Ebenfalls noch erwähnenswert sind dreidimensionale Sachzeugen verschiedenster Art (zu denen auch prähistorische Fundgegenstände gehören), welche ihrerseits zur Abrundung des Gesamtbildes beitragen.

Das in der ortsgeschichtlichen Sammlung von Scherz zusammengetragene und glücklicherweise bis in die Gegenwart erhalten gebliebene Material dient heutzutage nicht nur den Mitarbeitern des Landesamtes bei ihrer denkmalpflegerischen Arbeit. Nach Voranmeldung können auch andere Interessenten Einsicht nehmen, eine Möglichkeit, die während der vergangenen dreißig Jahre in den unterschiedlichsten Zusammenhängen vielfach genutzt wurde. Im Rahmen des Modellprojektes »Bürgerarbeit« konnten in jüngerer Zeit etwa zwei Drittel aller im Bestand enthaltenen Gegenstände inventarisiert werden, was deren Handhabbarkeit enorm erleichtert und Sucharbeit reduziert. Nach dem inzwischen erfolgten Ablauf dieser Maßnahme, welche sich über einen Zeitraum von zweieinhalb Jahren erstreckte, ist etwas Vergleichbares zunächst leider nicht in Sicht. So bleibt nur zu hoffen, dass sich andere Möglichkeiten bieten, um die wissenschaftliche Aufarbeitung des restlichen Materials dennoch in absehbarer Zeit durchführen zu können!

III

Seiner sich in gewisser Weise selbst gestellten Aufgabe als Ortschronist inklusive der damit verbundenen Sammeltätigkeit blieb Karl Emil Scherz bis zum Lebensende treu, wohingegen das architektonische Werk auf den Zeitraum von 1886 bis 1921 (dem Jahr der Eingemeindung von Blasewitz nach Dresden) beschränkt blieb. Den Hauptanteil im Schaffen dieses Mannes nehmen Wohnhäuser und Villen ein. Während die meisten der 35 Wohnhausbauten noch vor der Jahrhundertwende entstan-

»Eingeweihten« zugänglich war. Dazu zählte der Dresdener Filmemacher Ernst Hirsch, der es u. a. für seine Forschungen über den Fotografen August Kotzsch einsehen durfte. Auch ihm lag am weiteren Erhalt der ortsgeschichtlichen Sammlung für die daran interessierte Öffentlichkeit, weshalb er vorschlug, sie dem damaligen Institut für Denkmalpflege/ Arbeitsstelle Dresden (heute Landesamt für Denkmalpflege Sachsen), zu übereignen. Natürlich hätte es auch andere Optionen gegeben, um das Vermächtnis von Karl Emil Scherz zu erfüllen, nichtsdestoweniger entschloss sich dessen zuletzt noch lebende Tochter Christine, der Empfehlung Hirschs zu folgen. Mit der 1986 erfolgten Übergabe an die genannte Einrichtung konnte der vormaligen Idee einer musealen Präsentation zwar nicht entsprochen werden, doch war der weitere Erhalt des gesamten Bestandes in seinem ursprünglichen Zusammenhang von nun an gewährleistet.

Der bis zu diesem Zeitpunkt in drei Sammlungsschränken, Regalen und diversen Kleinmöbeln aufbewahrte, umfangreiche Fundus konnte nach seiner Übernahme zunächst einmal nur unter sehr beengten Verhältnissen im Arbeitszimmer des Verfassers Aufstellung finden. Seit der 1998 vorgenommenen In-

Abb. 4   *Schillergarten in Blasewitz vor dem 1895/96 erfolgten Umbau durch Karl Emil Scherz (Fotografie von James Aurig, wohl 1891).*

Abb. 5   *Brettschneidemühle von Hänsel im Loschwitzgrund (Fotografie von August Kotzsch, um 1870).*

Abb. 6   Haus Findeisen in Loschwitz (Fotografie von August Kotzsch, um 1870).

Abb. 7   Gasthaus »Eule« im Loschwitzgrund (Fotografie von August Kotzsch, um 1865).

Abb. 8   Friedrich-Wieck-Straße in Loschwitz (Fotografie von August Kotzsch, 1875).

Abb. 9   Fährgässchen mit Fährhaus und dahinter befindlichem Fährgut in Loschwitz (Fotografie von August Kotzsch, 1863).

Abb. 10   Otto Schneider, »Hofseite des ehemaligen Voigtschen Grundstückes gegen den Schillerplatz [in Blasewitz] gesehen« (aquarellierte Bleistiftzeichnung, um 1903).

Abb. 11   Otto Schneider, Palais des Dresdner Hofkapellmeisters Johann Gottlieb Naumann in Blasewitz (aquarellierte Bleistiftzeichnung, 1902). Unterhalb der Zeichnung befindet sich auf dem Trägerkarton eine offenbar von Karl Emil Scherz hinzugefügte Architekturskizze in Tusche, welche gemäß seiner nebenstehenden Notiz die »Vermutliche Ansicht [des Palais] vor dem Dachumbau« darstellt. Weitere Anmerkungen beziehen sich u. a. auf die Folge der einstmaligen Besitzer.

Abb. 12   Wohn- und Geschäftsgebäude Schillerplatz 13/Tolkewitzer Straße 1 (wegen daran angebrachter Reliefs auch als Schillerhaus bezeichnet), errichtet 1899/1900 für den Kaufmann Edmund Paul Scholze nach Plänen von Karl Emil Scherz, zerstört im Zweiten Weltkrieg (Fotografie, wohl Römmler & Jonas, um 1910).

den, wurden 19 seiner 24 Villen bereits in den ersten zehn Jahren des neuen Jahrhunderts erbaut.

Im Zusammenhang mit der Errichtung der neuen Elbbrücke zwischen Blasewitz und Loschwitz, dem sogenannten Blauen Wunder (fertiggestellt 1893), war Scherz von den beiden Gemeinden die Neugestaltung der alten Dorfkerne angetragen worden. In der Folge entstanden unter Mitwirkung weiterer Architekten am Schillerplatz (1890 bis 1901) sowie am Körnerplatz (1892 bis 1898) zwei großstädtisch anmutende, miteinander korrespondierende und auf die Brücke hin ausgerichtete Platzanlagen in vergleichbarer Formensprache. Das Neue besteht hier darin, dass – obwohl für verschiedene Auftraggeber gebaut – Scherz keine einzelnen Häuser entwirft, sondern nach architektonischen Gestaltungsprinzipien aufeinander abgestimmte Architekturensembles, deren durchweg vierstöckige Wohnhausbauten zu seinen charakteristischsten zählen. Dabei sind die Elemente der Fassadengliederung sehr vielfältig und unterschiedlichen Stilepochen entlehnt, insbesondere der Gotik und der Renaissance, nicht zuletzt aber auch dem seinerzeit aufkommenden Jugendstil. Modern gewordene Nutzungsanforderungen kommen zum Tragen und spiegeln sich in den Loggien oder Balkonen, aber auch in den Schaufenstern der Erdgeschosszone

wider. Städtebaulich glanzvoll gelöst ist insbesondere die Aufgabe, den Körnerplatz mit seinen sieben einmündenden Straßen geschickt zu gestalten, wofür das zwischen Körnerweg und Elbbrückenstraße befindliche Haus Körnerplatz 8, genannt »Zum Goldenen Schiff«, exemplarisch erwähnt werden soll.

Als die wichtigsten Villenbauten von Karl Emil Scherz gelten die Villa Rothermundt in der Mendelssohnallee (1896), die 1901 erbaute Villa Schmitz in der Emserallee (heute Goetheallee) und die sieben Jahre später entstandene Villa Ostermeier am Barteldesplatz. Der typische Aufbau der einzelnen Villen wird durch Empfangshalle, Prachttreppe, Salons, Terrassen, Sommerveranda, Wohn- und Gesellschaftsräume und durch die jeweilige Beziehung zum Park bestimmt. In vielen Fällen ist die innere Ordnung bereits recht deutlich am äußeren Erscheinungsbild ablesbar. Im Hinblick auf die Ausstattung nahm der Architekt ebenfalls weitgehenden Einfluss auf deren Gestaltung. In enger Zusammenarbeit mit Tischlern und anderen Gewerken zeichnete er für die Ornamentik und Motivwahl der reichen Holzschnitzereien, die Ausformung der Wand- und Deckenverkleidungen sowie der übrigen Einrichtungsgegenstände bis hin zum Mobiliar verantwortlich. Die Innenarchitektur wirkt somit sehr abgestimmt und harmonisch.

Abb. 13   Karl Emil Scherz, Entwurf für eine Einladungskarte zur Weihe der Ehrlichschen Gutskirche in Dresden (Federzeichnung in Tusche über Grafit, 1907).

Abb. 14   Jetzige Aufstellung der »Ortgeschichtlichen Sammlung Blasewitz und Umgegend« in der Plansammlung des Landesamtes für Denkmalpflege Sachsen (26.10. 2016).

Einen wesentlichen Bestandteil im Schaffen des Architekten Karl Emil Scherz stellen die Sakralbauten dar. Außer den zwei von ihm errichteten Kirchen in Blasewitz und Leuben geht auch der Neubau der Ehrlichschen Gestiftskapelle auf ihn zurück. Des Weiteren führte er zwei Kirchenumbauten durch.

Die 1891 bis 1893 in rotem Klinker erbaute Heilig-Geist-Kirche zu Blasewitz ist das erste Bauwerk des Architekten, dem eine größere Bedeutung zukommt. Hinsichtlich der verwendeten Stilelemente hielt sich Scherz an frühgotische Vorbilder; der Grundriss der Kirche entspricht den funktionellen Anforderungen und ist typisch für den Kirchenbau in der zweiten Hälfte des 19. Jahrhunderts. Das Äußere wird durch den schlanken Glockenturm und eine klare Gliederung der Fassade bestimmt. Ein Blick in das Innere zeigt eine Saalkirche, deren Schiff vier Joche aufweist. Das Kreuzrippengewölbe wird durch Gurtbögen unterteilt. Die in Spitzbögen gefassten Fensteröffnungen mit Rosetten prägen maßgeblich den Eindruck des Raumes. Von dessen ursprünglicher Farbigkeit können wir uns allerdings keine Vorstellung mehr verschaffen, da die baugebundenen Malereien anlässlich der in den 1960er-Jahren unter Fritz Steudtner durchgeführten Renovierung aufgegeben worden sind. Aus heutigem Blickwinkel muss dies leider als ein bedauerlicher Verlust eingeschätzt werden.

Bei der Ausarbeitung der Pläne für die Himmelfahrtskirche in Dresden-Leuben orientierte sich Scherz stilistisch an gotischen Formen des mittleren 13. Jahrhunderts. Rundfenster, Spitzbogenfenster, Maßwerk in einfachen Passformen sowie Strebepfeiler sind dafür charakteristische Elemente. Das in den Jahren 1899 bis 1901 als Sandsteinbau mit Kreuzrippengewölbe, Stahldachstuhl und Schieferdeckung ausgeführte Gotteshaus erhebt sich über einem kreuzförmigen Grundriss. Der weithin sichtbare Westturm, dessen spitzer Helm am Ansatz von vier begleitenden Türmchen flankiert wird, misst in seiner Höhe 75 Meter. Ein ihm vorgelegtes Gewändeportal markiert den Haupteingang, welcher über die sogenannte Brauthalle in das Innere führt. Den Idealen des Kirchenbaues jener Zeit entsprechend, trägt der weite stützenlose Saal von nur vier Jochen Länge einen stark zentralisierenden Charakter; auf den Einbau von Emporen wurde weitgehend verzichtet. Im Gegensatz zur Heilig-Geist-Kirche blieb die ursprünglich geschaffene ornamentale und figürliche Ausmalung der Himmelfahrtskirche bis heute nahezu unverändert erhalten, wozu die in den Jahren 1984 bis 1988 durchgeführte Restaurierung maßgeblich beigetragen hat. Seither erstrahlt der auch sonst in allen wichtigen Gestaltungselementen wohlerhaltene Kirchenraum wieder in seiner ursprünglichen Schönheit, wobei sich die hervorragende Ensemblewirkung aller Ausstattungsstücke in Holz und Stein mit der Farbigkeit von Wand und Fenstern nur noch überzeugender offenbart.

Als sein reifstes Werk bezeichnete Scherz selbst die 1904 bis 1907 in Dresden erbaute Stiftskapelle zum Ehrlichschen Gestift. Sie stellt eine Reminiszenz an die von Pierre de Montereau 1245 bis 1248 in Paris errichtete Sainte-Chapelle dar. Obwohl in einzelnen Stilelementen völlig anders geartet, ist die Vorbildwirkung des gotischen Bauwerkes besonders in der Baumassenzuordnung mit dem aufgesetzten schlanken Dachreiter erkennbar. Reiche Bildhauerarbeiten, Blätter- und Knospenfriese sowie die Vielfalt der ornamentalen Ausmalung verliehen der Kirche einen feierlichen Glanz. Leider erlitten die Stiftskapelle und das bereits 1895 entstandene Ehrlichsche Gestift, ein in rotem Klinker erbautes Schul- und Internatsgebäude im Stil der Neorenaissance, durch die Luftangriffe im Zweiten Weltkrieg starke Beschädigungen. Obwohl ihr Wiederaufbau möglich gewesen wäre, sprengte man die Kirchenruine 1951, während das Schulgebäude, wenn auch in veränderter Form, wiedererstand.

Noch vor dem Umbau der Loschwitzer Kirche in den Jahren 1898/99 erfolgte 1894/95 unter der Leitung von Karl Emil Scherz eine gründliche Erneuerung der Dresdener Kreuzkirche, bei der die Chorempore vorgekragt und die Nische hinter dem Altar vermauert wurde. Eine neue Kanzel und ein neues Gestühl vervollständigten die Ausstattung, die sich aber einschließlich der Farbgestaltung eng an den barocken Raumcharakter anschloss. Dass er die Ausführung eines für die Stadt so bedeutenden Projektes übertragen bekam, darf nicht zuletzt als ein Beweis der Anerkennung angesehen werden, welche Scherz damals in Dresden genoss. Tragischerweise war der Bestand der von ihm geschaffenen Innenraumfassung nur von kurzer Dauer, denn bereits am 16. Februar 1897 brannte die Kreuzkirche – wahrscheinlich infolge eines Schornsteindefekts – vollständig aus; nur die Umfassungsmauern und der Turm blieben im Ergebnis dieser Katastrophe erhalten.

Neben den Wohn- und Kirchenbauten nehmen die von Scherz errichteten Schulgebäude, insbesondere das Blasewitzer Realgymnasium, sowie die dortige Kinderbewahranstalt und der Rathauserweiterungsbau zu Blasewitz eine wichtige Stellung im Schaffen des Architekten ein. Gerade der letztere, im Stil der deutschen Renaissance errichtete Verwaltungsbau zählt wohl zu seinen gelungensten Werken.

Der Vollständigkeit halber sei an dieser Stelle noch der Umfang der bisher nicht erwähnten Bauten von Karl Emil Scherz umrissen. Dazu zählen u. a. das Kirchgemeindehaus in Blasewitz, vier Industriebauten, ein Speicher, ein Bankgebäude, zwei Schlossumbauten, zwei Restaurants, zwei Ladenumbauten sowie 21 Grabmäler. Das Gesamtwerk des Architekten ist somit als sehr umfangreich und vielfältig einzuschätzen. In der etwa drei Jahrzehnte während Hauptschaffenszeit führte sein Büro etwa 100 Projekte unterschiedlichsten Charakters aus. Bei den wichtigsten übernahm Scherz selbst die Bauleitung. Ein weiterer Beweis für seinen unermüdlichen Schaffensdrang und die fortwährende Auseinandersetzung mit architektonischen Aufgabenstellungen ist die rege Teilnahme an Architekturwettbewerben und Preisausschreiben. In der Zeit von 1884 bis 1921 beteiligte sich Scherz an 31 Wettbewerben. Die für sein Schaffen wichtigen Kirchenbauten sind aus solchen hervorgegangen.

Karl Emil Scherz zählt als ein Vertreter der historisierenden Architektur des 19. Jahrhunderts zwar nicht zu den entwicklungsbestimmenden Kräften seiner Zeit, trotzdem ist sein Werk eng verbunden mit den damals vorherrschenden Tendenzen. Die meisten seiner Bauten zeugen durchaus von handwerklicher Solidität und liegen in ihrer architektonischen Qualität über dem Durchschnitt. Sein Werk reicht wohl bis in das 20. Jahrhundert hinein, hört aber dort auf, wo eine neue Epoche der Baugeschichte beginnt, die in Deutschland durch den Werkbund vorbereitet wird und mit Gründung des Staatlichen Bauhauses Weimar zum Durchbruch gelangt.

Anmerkung
1 Gruner, O. (Hg.): Blasewitz. Vergangenheit, Entwickelung und jetzige Einrichtungen einer Dorfgemeinde, Leipzig 1905, S. 6.

Abbildungsnachweis
1, 4–13 LfD Sachsen; 2, 3 Ernst Hirsch, Dresden; 14 LfD Sachsen, Foto: Martin Schuster.
Die originalen Vorlagen für die beigefügten Abbildungen 1–13 befinden sich in der »Ortsgeschichtlichen Sammlung Blasewitz und Umgegend« von Karl Emil Scherz, aufbewahrt in der Plansammlung des Landesamtes für Denkmalpflege Sachsen.

Der Kreuzkirchenpark in Görlitz

Zum 100. Jubiläum seiner Eröffnung

Christian Freudrich

In der zweiten Hälfte des 19. Jahrhunderts erlebte die Stadt Görlitz einen enormen Wachstumsschub, der sich in der Erschließung weitgehend unbebauter Gebiete und der Entwicklung neuer Stadtteile außerhalb der mittelalterlichen Stadt zeigte. Die zunächst zögerlich verlaufende Industrialisierung erreichte durch die Stadterweiterungen sowie den Anschluss an das sächsische und preußische Eisenbahnnetz einen großen Aufschwung. Ab 1890 konnten südlich des Bahnhofs Bebauungspläne aufgestellt werden, die ein rasterförmiges Straßennetz mit Flächen für Industrie, Blockrandbebauung und Freiräumen in unmittelbarer Nähe des Bahnhofs berücksichtigten. In dessen Folge kam es zu einer rastlosen Bautätigkeit und einer enormen Bevölkerungsentwicklung.[1]

Die an der Schnittstelle zwischen der mittelalterlichen Alt- und der neuen Innenstadt gelegene spätgotische Frauenkirche war zunächst als zusätzliche Gemeindekirche in Gebrauch genommen worden. Gegen 1900 waren mehrere Neubauten, wie die evangelische Lutherkirche (1898–1901) oder die katholische Kirche St. Jakobus (1898–1900) unumgänglich.

Die 11 200 evangelischen Einwohner des vor allem nach 1897 schnell wachsenden Stadtteils südlich der Bahnlinie, mussten jedoch mit einem wenig repräsentativem Gottesdienstort vorlieb nehmen, einem Ballsaal auf der Kunnerwitzer Straße, der lediglich 500 Menschen Platz sowie ungenügende Luftverhältnisse und Sicherheitsbedingungen bot. Der Wunsch nach einer eigenen Kirche wuchs, wenngleich dieser Saal noch bis 1914 als Versammlungsort diente. Während der Suche nach einem geeigneten Bauplatz, konkretisierten sich die Pläne auf ein etwas abgelegenes Gelände jenseits der bis dahin vorgerückten Bebauung. Durch Grundstücksschenkungen und Eingang einiger hochdotierter Spenden konnte ein Baufonds eingerichtet werden, der es ermöglichte, bei dem lokal ansässigen Architekten Gerhard Röhr eine Vorplanung für ein Gotteshaus mit 1 100 Sitzplätzen, zwei Pfarrhäusern und Gemeinderäumen in Auftrag zu geben. Diese Vorplanung mündete 1910 in einen Baubeschluss durch den Gemeindekirchenrat und die Ausschreibung eines Ideenwettbewerbes für den Kirchenbau. Im Vorfeld des Wettbewerbs formulierte Gerhard Röhr genaue

Abb. 1   Arbeiten im Kreuzkirchenpark mit fertiggestellten Kreuzkirche (1915).

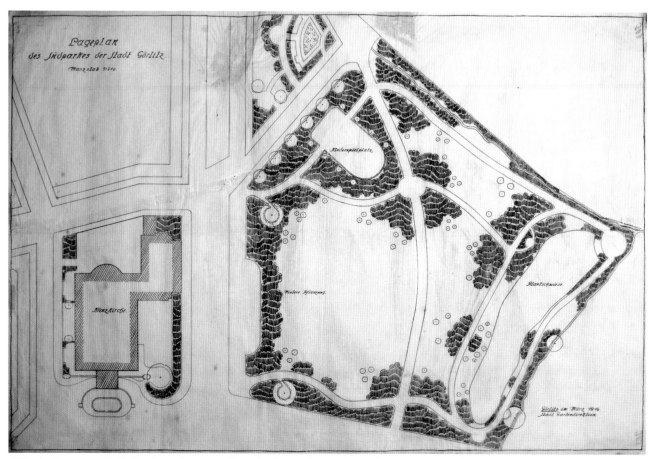

Abb. 2   Lageplan des Südparks und späteren Kreuzkirchenparks von Heinrich Diekmann, nicht genordet (1916).

Vorgaben zu Bauplatz und Räumlichkeiten. Unter anderem war in Bezug auf die äußere Erscheinung ein dem Charakter von Land und Landschaft anzupassendes Bauwerk gewünscht. Die Kirchengemeinde bestimmte schließlich als Ergebnis der eingereichten Beiträge den Entwurf des in Dresden ansässigen Architekten Rudolf Bitzan mit dem Namen »Kreuz« zur Ausführung. Der Kirchenneubau konnte im Juli 1913 begonnen werden. Am 9. März 1916 fand schließlich die feierliche Einweihung der Kreuzkirche statt.[2]

In enger Verbindung zum Neubau der evangelischen Kreuzkirche und als Folge der planmäßigen, städtebaulichen Entwicklung der Görlitzer Südstadt entstand nahezu gleichzeitig unter kommunaler Regie eine einzigartige Parkanlage, die den Namen Kreuzkirchenpark erhielt und am 9. September 1916 eröffnet wurde.[3]

Bereits mit Baubeginn der Kreuzkirche im Jahr 1913 wurde durch den im selben Jahr neu ins Amt berufenen Städtischen Gartendirektor Heinrich Diekmann ein erster Plan zur Gestaltung des sogenannten »Südparks« vorgelegt. Die Stadt versprach sich eine bessere Vermarktung der neu zu bebauenden Villengrundstücke an der Reuterstraße. So empfahl Diekmann den Stadtverordneten, baldmöglichst mit dem Bau der Parkanlage zu beginnen.[4] Dieser Plan sah zunächst eine direkte Wegeverbindung zwischen Kirche und Park vor. Über eine unmittelbar südlich an den Kirchenbau angeordnete Terrasse mit Treppenanlage sollte der Besucher am oberen Eingang des Parks einen großzügig gestalteten Aussichtsplatz erreichen. Daran schloss sich die landschaftliche Gestaltung der Parkanlage an, die in

modifizierter Form später zur Ausführung kam. Wie im Plan von 1916 zu erkennen ist, wurden die Terrassen- und Treppenanlagen nicht realisiert *(Abb. 2)*. Vielmehr wird für den unmittelbar an die Kirche angrenzenden Freiraum ein großzügiger Platz mit abgrenzender, niedriger Pflanzung ausgewiesen, die den Blick hinunter zur Parkanlage ermöglichen sollte. Die bereits 1913 vorgesehene Aussicht am Beginn des Parks ist erneut Gegenstand dieses Entwurfs, wenngleich in stark vereinfachter Gestaltung und ohne begleitende kastenförmig geschnittene Bäume. Ob diese Fläche in dieser Gestaltung zur Ausführung kam ist unsicher, da heute lediglich ein Parkweg als markanter Aussichtspunkt dient.

Die Gestaltung des Parks begann 1914 und wurde während der schweren Jahre des Ersten Weltkrieges realisiert. Notstandsarbeiter und Invalidenkolonnen verrichteten dabei mühevolle Handarbeit, um das steil abfallende Gelände zu regulieren sowie später Wege-, Rasen- und Pflanzflächen herstellen zu können *(Abb. 1)*. Im Talgrund konnte die erste Kinderplanschwiese der Stadt errichtet werden, die 1932 durch ein Planschbecken baulich gefasst und später mit einer Liegewiese ergänzt wurde.[5]

Neben der Planschwiese und dem späteren Planschbecken ist bereits im Plan von 1916 ein Kinderspielplatz ausgewiesen. Dazu wurde eine hufeisenförmige Platzfläche terrassenartig in das steil abfallende Gelände gelegt. Die ursprüngliche Ausstattung mit Spielangeboten ist zwar nicht bekannt, die Gestaltung eines Spielplatzes im Ölberggarten lässt jedoch vermuten, dass Spielangebote mit der Entstehung des Kreuzkirchenparks vorhanden waren.[6] Im Ölberggarten gehörten eine Wippe, ein

Abb. 3   Blick über die große Wiese mit charakteristischer Nadelbaumkulisse (um 1950).

Abb. 4   Blick über das Tal des Sonnenlandgrabens zum Kreuzkirchenpark mit Kreuzkirche (um 1980).

Abb. 5   Blick über die große Wiese zur Kreuzkirche (2016).

Abb. 6   Heinrich Diekmann kurz nach seinem Amtsantritt als Städtischer Gartendirektor in Görlitz (1913).

Sandkasten und ein Unterstellhäuschen zu den Spielangeboten dieser Zeit. Heute können die Kinder seit der Neugestaltung im Jahr 2005 einen zeitgemäß gestalteten Spielplatz mit unterschiedlichen Angeboten nutzen.

Heinrich Diekmann gestaltete den unmittelbar an den Kirchenbau angrenzenden, südlich exponierten Steilhang im landschaftlichen Stil *(Abb. 2)*. Weit geschwungene Parkwege überwinden den beachtlichen Höhenunterschied, Platzflächen mit Ruhebänken laden zum Verweilen ein und bieten beeindruckende Blickbeziehungen in den attraktiven Landschaftsraum. Vom oberen Parkbereich sind der Görlitzer Hausberg, die Landeskrone sowie das umliegende Weideland eines unweit gelegenen Gestüts zu erkennen *(Abb. 8)*. Der mittig im Park angeordnete Wiesenraum verleiht ein großzügiges Raumerlebnis. Begrenzt von rahmenden, immergrünen Nadelbäumen empfängt der Kreuzkirchenpark seine Besucher mit attraktiven Gartenbildern. Aus Richtung Talgrund mit natürlichem Bachlauf aus betrachtet, fällt der Blick zur imposanten Kreuzkirche zurück. Von hier aus entfaltet sich die harmonische Verbindung zwischen Park und Kirchenbau besonders eindrucksvoll *(Abb. 3, 6)*.

Nadel- und Laubbäume fanden Platz in der Gehölzverwendung und bilden heute mit ihrer beeindruckenden Größe eine charakteristische Kulisse im Park. Immer wieder ist bei den Gestaltungsabsichten Heinrich Diekmanns die Verwendung von Nadelgehölzen als immergrüner Rahmen für offene Gartenräume zu erkennen. Dieses Gestaltungsmittel wiederholt er während seines Wirkens in Görlitz, so im Urnenhain (1913), im Ölberggarten (1923–1928), im Feldberggarten (1927–1929) oder im Schellergrund (1930–1931). In einem Artikel über Görlitz als Parkstadt schreibt Heinrich Diekmann 1925 zur Verwendung von Nadelgehölzen: »Diese Anlagen sind zum

großen Teil immergrün bepflanzt, so dass sie auch im Winter schön wirken.«[7]

Diekmann schafft es ebenso, hochwertige Garten- und Parkanlagen in besonders exponierte Geländesituationen einzuordnen. Neben den zu erwartenden Schwierigkeiten bezüglich Ausführung, Pflege und Erhaltung gelingen dadurch einzigartige Raumeindrücke und Sichtbeziehungen. Urnenhain, Kreuzkirchenpark, Ölberggarten und Schellergrund sind hierfür heute noch erlebbare Zeugnisse gelungener Parkgestaltungen dieser Zeit in Görlitz.

Diekmanns Kreuzkirchenpark steht im Gesamtaufbau, der Wegeführung und Gehölzverteilung in der Tradition landschaftlicher Parkanlagen des 19. Jahrhunderts. Am Südhang, quasi am Fuß des Kirchenbaus beginnend, schuf er eine idealisierte Landschaft, die die Gesamtwirkung von Natur und Architektur stimmungsvoll betont *(Abb. 4)*. Mit der besonders reichhaltigen Verwendung von Koniferen erzeugt er eine für den Kreuzkirchenpark spezifische Ausdruckskraft. Die dunkle Rauigkeit der Nadelgehölze steht hier im Kontrast zur schlichten Moderne des Kirchenbaus und unterstreicht in besonderer Weise das Lebensgefühl und den Zeitgeist der Reformbaukunst.

Die gestalterischen Absichten und die Verbindung zwischen Kirchengebäude und Park werden um eine inhaltliche Dimension erweitert und durch Begegnungsmöglichkeiten zwischen Kirchengemeinde und Stadtbevölkerung bis heute bereichert. Seit Jahrzehnten finden im Kreuzkirchenpark während der Sommermonate regelmäßig sogenannte Waldgottesdienste unter freiem Himmel statt *(Abb. 9)*. Das von der Stadt ausgerichtete und in enger Zusammenarbeit mit der Kirchengemeinde vorbereitete Parkfest anlässlich des 100-jährigen Bestehens des Kreuzkirchenparks steht ebenso für ein lebendiges Zeugnis und Begegnungsmöglichkeiten zwischen Park und Kirchenraum.

Mit der Schaffung neuer Parkanlagen in dieser Zeit verstand es Diekmann auch an anderer Stelle, die Potentiale eines Ortes zu deuten und für eine anspruchsvolle Entwurfslösung zu nutzen. Bereits mit seinem Amtsantritt im Jahr 1913 und der Begleitung des sich im Bau befindlichen Urnenhains um das neu entstandene Krematorium auf dem Ölberg sowie der später folgenden Gestaltung des Ölberggartens in den Jahren 1923 bis 1928, fällt eine authentische Einbindung der Gartengestaltung in das mittelalterliche Ensemble um das Heilige Grab auf. In beeindruckender Weise gestaltet Diekmann hier den über Jahrhunderte überlieferten und aus einer Passionsfrömmigkeit heraus entstandenen, mittelalterlichen Landschaftsraum mit Ölbaum, Bach Kidron und Jüngerwiese zu einem öffentlichen Garten mit wohldurchdachter Inszenierung. Nicht zufällig zählt die geschaffene Verbindung zwischen Krematorium, Ölberggarten und Heiligem Grab mit einzigartiger Stadtsilhouette im Hintergrund auch heute noch zu den schönsten Aussichtspunkten der Stadt. Gleichzeitig ist dieser Ort ein wichtiger Pilgerort für Christen von nah und fern.

Heinrich Diekmann (1877–1941)

Der am 25. Juli 1877 in Berlin geborene Heinrich Diekmann wuchs in seiner Heimatstadt auf und absolvierte nach seiner Schulzeit eine Lehre in der Hofgärtnerei in Charlottenburg und in Berlin-Monbijou. In den Jahren 1895 bis 1897 folgte eine Ausbildung an einer höheren Gärtnerlehranstalt, dem König-

Abb. 7   Grünland grenzt im Süden an den Kreuzkirchenpark und ermöglicht einen schönen Blick auf Kirche und Parkensemble (2015).

lichen Pomologischen Institut Proskau in Oberschlesien. Dort erwarb er sich während des zweijährigen Unterrichts Kenntnisse u. a. in den Fächern Obstbau, Baumkunde, Gemüsebau, Glashausanbau, Parkanlagen und Produktionsleitung und schloss diese Lehre als staatlich diplomierter Gartenmeister ab. Nach praktischen Tätigkeiten in einer Landschaftsgärtnerei und einer Baumschulgärtnerei arbeitete Diekmann als Gartentechniker in Falkenberg und später in der Parkverwaltung der Stadt Berlin. 1902 wurde er zum Stadtobergärtner der Stadt Charlottenburg und darauffolgend der Stadtverwaltung Berlin berufen.

Als im März 1913 Gartendirektor Ernst Schneider in Görlitz seine Tätigkeit nach acht Jahren aufgab, konnte Heinrich Diekmann unter 43 Bewerbern seine Nachfolge antreten *(Abb. 5)*. Er zog mit seiner Familie von Berlin nach Görlitz und übte hier bis 1931 die Tätigkeit des Stadtgartendirektors aus, wo er für die Park- und Friedhofsverwaltung und das Kleingartenamt zuständig war. Aus gesundheitlichen Gründen ging Heinrich Diekmann 1931 vorzeitig mit 54 Jahren in den Ruhestand, kehrte nach Berlin zurück und starb am 20. Oktober 1941 in Krakow am See.[8]

Diekmann war während seiner Amtszeit maßgeblich an der Entwicklung des Görlitzer Grünsystems beteiligt. Unter seiner Federführung entstanden zahlreiche Garten- und Parkanlagen im gesamten Stadtgebiet. Besonders die Entwicklung von attraktiven Parkanlagen in neuen Baugebieten peripherer Lage sollte Anreize für eine rege Bautätigkeit geben. Diekmanns sozialreformerische Bestrebungen führten zudem zur Ausbildung verschiedener Versorgergärten in Form von städtischen Obstplantagen, Feldertragsflächen und Laubenkolonien. Damit sollte insbesondere in Krisenzeiten eine Versorgung der Bevölkerung gewährleistet werden.[9]

Erste Sanierungsschritte zum 100-jährigen Jubiläum

Seit Eröffnung des Kreuzkirchenparks ist dieser ein fester Bestandteil der Görlitzer Garten- und Parklandschaft. Die Jahrzehnte der weiteren Entwicklung waren geprägt von abnehmenden Möglichkeiten einer fachgerechten Pflege und Unterhaltung. Betrachtet man Fotografien aus den 1950er-Jahren, so zeigt sich ein einzigartiges Gartenbild, das in besonders schöner Weise mit dem Kirchenbau korrespondiert und gartenkünstlerisch als herausragend gewertet werden kann *(Abb. 3)*. Heute fallen zunächst eine Vielzahl baulicher Mängel insbesondere an den Parkwegen auf *(Abb. 10)*. Andere Defizite werden erst bei genauerer Betrachtung und im Vergleich mit historischen Plänen und Abbildungen deutlich. Beispielsweise wurden in den 1970er-Jahren Laubbäume vor die eindrucksvoll wirkende Nadelbaumkulisse gepflanzt. Waren diese Nachpflanzungen zu Beginn kaum wahrnehmbar, verfügten diese bis zu deren Beseitigung im Winter 2015/16 über eine beachtliche Größe und Ausdehnung. Einerseits entstand hieraus eine unmittelbare Beeinträchtigung der Nadelgehölze durch Lichtkonkurrenz und fehlenden Wuchsraum, andererseits hatte sich das Gartenbild entgegen der ursprünglichen Gestaltungsabsichten deutlich verändert. In Zusammenarbeit mit dem Landesamt für Denkmalpflege wurde daher durch das Tiefbau- und Grünflächenamt der Stadt Görlitz die Fällung dieser Laubbäume beauftragt. Hiervon betroffen waren 19 Bäume mit einem Alter von bis zu 40 Jahren.

Die den großen Wiesenraum rahmende Nadelbaumpflanzung besteht aus mehreren Exemplaren der Arten Orient-Fichte (*Picea orientalis*), Nordmanns-Tanne (*Abies nordmanniana*), Colorado-Tanne (*Abies concolor*), Douglasie (*Pseudotsuga menziesii*), Hemlocktanne (*Tsuga canadensis*), Weymouthskiefer

Abb. 8   Blick vom oberen Eingang des Kreuzkirchenparks zur Landeskrone, dem Hausberg der Görlitzer und einem unweit gelegenen Gestüt (2016).

(*Pinus strobus*), Schwarz-Kiefer (*Pinus nigra*) und Sawara-Scheinzypresse (*Chamaecyparis pisifera*). Die Baumartenzusammensetzung entspricht heute noch im Wesentlichen der ursprünglichen Gestaltung und konnte an wenigen Fehlstellen, resultierend aus der Überlagerung mit dem Entwurfsplan Heinrich Diekmanns aus dem Jahr 1916, gleichartig ersetzt werden *(Abb. 12)*. Lediglich bei der Wiederbesetzung von Fehlstellen einer Gruppenpflanzung aus Sawara-Scheinzypresse (*Chamaecyparis pisifera*) trat ein überraschendes Beschaffungsproblem auf. Ausgerechnet die reine Art ist derzeit europaweit von keiner Baumschule zu beziehen. Dies ergaben Recherchen des Tiefbau- und Grünflächenamtes der Stadt Görlitz und des Botanischen Gartens der TU Dresden. Derzeit ist eine Vielzahl an Sorten dieser Scheinzypressenart auf dem Markt verfügbar. Diese unterscheiden sich jedoch in Habitus, Farbe und Textur wesentlich von der reinen Art, sodass sie für eine Wiederbesetzung im Kreuzkirchenpark ungeeignet erscheinen. In dessen Konsequenz kann die Beschaffung ausschließlich über einen Anzuchtvertrag mit einer Baumschule ermöglicht werden. Insofern wird es acht bis zehn Jahre dauern, bis diese für den Park so wichtige Gehölzgruppe mit dem ursprünglichen Pflanzenmaterial ergänzt werden kann.

Die begonnenen Korrekturen am Gehölzbestand stellen im Jubiläumsjahr 2016 den Beginn einer schrittweise vorzunehmenden, denkmalgerechten Wiederherstellung der Parkanlage dar. Weitere Aufwertungen, die im Rahmen der finanziellen Möglichkeiten der Stadt Görlitz umgesetzt werden konnten, beinhalteten eine Verbesserung der Wegeverhältnisse *(Abb. 11)* und die Erreichbarkeit des Parks im oberen Eingangsbereich sowie die Erweiterung von Sitzgelegenheiten am oberen Aussichtspunkt durch das Aufstellen neuer Parkbänke *(Abb. 13)*.

Wie in anderen öffentlichen Parkanlagen auch, konnte der Park durch die Herstellung neuer Namensschilder für jeden Besucher kenntlich gemacht werden. Mit der Fertigung dieser Schilder wurde der in Görlitz ansässige Holzbildhauer Jens Burkert beauftragt. Bereits dessen Vater und Großvater waren in der Vergangenheit für die künstlerische Gestaltung der Görlitzer Anlagenschilder verantwortlich *(Abb. 14)*.

Besondere Aufmerksamkeit wurde in einem ersten Sanierungsschritt der Aufwertung von Parkwegen zuteil. Eine große Herausforderung für den Bau und die zukünftige Pflege stellten dabei die besonders steil abfallenden Wegepartien mit Gefällestrecken von bis zu zwanzig Prozent dar, die auch zukünftig in wassergebundener Bauweise den Parkbesuchern als typischer Belag zur Verfügung stehen sollen. Überlegungen, diese Wegepartien mit anderen Bauweisen zu befestigen, wurden frühzeitig verworfen, da Eingriffe in die historischen Tragschichten destabilisierend gewirkt hätten. So musste besonderes Augenmerk auf die Ausführung der Arbeiten gelegt werden, die mit hoher Qualität durch einen lokal ansässigen Garten-und Landschaftsbaubetrieb umgesetzt wurden. Letztlich gelang die Deckensanierung in diesen Partien durch eine konsequente Wiederherstellung des dachförmigen Querprofils, die Gewährleistung eines hindernisfreien Abflusses von Niederschlagswasser und in der Verwendung einer in ihrer Zusammensetzung hochwertigen Deckschicht. Die dauerhafte Erhaltung der Wege gelingt schließlich nur dann, wenn im Anschluss an die Sanierungsmaßnahmen eine kontinuierliche Pflege und Unterhaltung gewährleistet werden kann. Die begonnenen Sanierungsschritte bleiben hinsichtlich der Pflegemöglichkeiten und der zunehmenden, extremen Niederschlagsereignisse ein Versuch im Umgang mit den historischen Wegedecken im Kreuzkir-

*Abb. 9   Während des Sommers finden im Kreuzkirchenpark re-
gelmäßig Gottesdienste statt (2015).*

Abb. 10   Parkweg vor der Sanierung in schlechtem Zustand (2016).

Abb. 11   Parkweg nach der Sanierung (2016).

*Abb. 12   Nachpflanzungen innerhalb der rahmenden Nadelge-
hölzkulisse (2016).*

*Abb. 13   Neu angeschaffte Bänke am oberen Aussichtspunkt
verbessern die Aufenthaltsqualität für Parkbesucher (2016).*

*Abb. 14   Neue Eingangsschilder wurden im ersten Sanierungs-
abschnitt durch den in Görlitz ansässigen Holzbildhauer Jens
Burkert gefertigt (2016).*

Abb. 15 Ein Puppenspiel im Park erzählte von Begegnung im Garten und einer Freundschaft, die Grenzen überwindet (2016).

Abb. 16 Picknick mit Live-Musik auf der großen Wiese zur »Langen Nacht im Kreuzkirchenpark« (2016).

Abb. 17 Floristen und Gäste gestalteten zur »Langen Nacht im Kreuzkirchenpark« Blumengrüße für den 100-jährigen Park (2016).

Abb. 18 Riesenseifenblasen verzauberten zur Freude der Kinder den großen Wiesenraum (2016).

chenpark. Dass diese Verbesserung auf lobende Äußerungen von Parkbesuchern stößt, kann bereits heute als Erfolg gewertet werden.

Durch diese ersten Sanierungsschritte konnten im Kreuzkirchenpark lediglich kleine Akzente gesetzt werden. Weitere Maßnahmen, insbesondere zur Erhaltung und Verbesserung der Parkwege, sind dringend notwendig, hängen jedoch im Wesentlichen von den finanziellen Möglichkeiten der Grünanlagenunterhaltung der Stadt Görlitz in den kommenden Jahren ab. Als besondere Schwierigkeit kommt hinzu, dass der Kreuzkirchenpark in keinem Fördergebiet liegt und sämtliche Maßnahmen aus eigenen finanziellen Mitteln bestritten werden müssen.

Die Lange Nacht im Kreuzkirchenpark – ein Fest mit besonderer Atmosphäre

Der Kreuzkirchenpark in der Görlitzer Südstadt wurde in diesem Jahr 100 Jahre alt. Dieses Jubiläum wollte das Tiefbau- und Grünflächenamt in Zusammenarbeit mit einer Vielzahl von Akteuren mit einer »Langen Nacht im Kreuzkirchenpark« feiern. Wohl an die 1000 Görlitzer und Gäste erlebten am 12. August einen Abend voller Eindrücke und einen Kreuzkirchenpark mit besonderem Flair. Der Park präsentierte sich in

einer besonderen Lichtstimmung, die den Spaziergang zu einem faszinierenden Erlebnis werden ließ. Hunderte Teelichter begleiteten die Gäste stimmungsvoll auf ihrem Weg durch den Park. Die sonst vertrauten Gartenbilder und Gehölzkulissen wurden mit Beginn der Dämmerung dank moderner Technik in ein beeindruckendes Licht gerückt *(Abb. 19)*. Der ebenfalls illuminierte Kirchturm der Evangelischen Kreuzkirche öffnete seine Pforten und ließ überraschende Aussichten von weit oben auf Park und Stadtlandschaft zu. Der Kirchenraum selbst zeigte sich im Kerzenschein. Riesenseifenblasen verwandelten den Wiesenraum in ein faszinierendes und zugleich vergängliches Kunstwerk. Besonders die Kinder hatten daran große Freude *(Abb. 18)*. Ein buntes Begleitprogramm mit Puppentheater *(Abb. 15)*, kreativen Angeboten mit Papierschöpfen, Windlichtbau und Floristik *(Abb. 17)* sowie der Möglichkeit des Baumkletterns oder der Teilnahme an einer Nachtexkursion zu Flora und Fauna im Park bot so manches für Jung und Alt. Der Einladung zum Picknick auf der großen Wiese mit kulinarischen Köstlichkeiten, Live-Auftritten der Meridian Harmonists oder des Gitarristen Marc Winkler, Lichtbildern und zur Gartengestaltung passendem Kinofilm folgten viele Besucher *(Abb. 16)*. Über die Entstehung des Kreuzkirchenparks wurde erzählt und anhand von Bildern ein Blick auf das Wirken

Abb. 19   Interessierte Zuschauer verfolgten zur »Langen Nacht im Kreuzkirchenpark« auf der großen Wiese einen Lichtbildervortrag, der vom Wirken des einstigen Gartendirektors Heinrich Diekmann erzählte. Eine stimmungsvoll leuchtende Gehölzkulisse faszinierte die zahlreichen Besucher bis weit in die Nacht hinein (2016).

des Gartendirektors Heinrich Diekmann in Görlitz gegeben *(Abb. 19)*. Mit der »Langen Nacht im Kreuzkirchenpark« ist es gelungen, den Park im Bewusstsein der Görlitzer als lebendiger Ort der Garten- und Freizeitkultur zu verankern.

Anmerkungen
1 Kretschmar, Matthias: Industrialisierung und Stadtwachstum in Görlitz, TU Dresden, 1995.
2 Winzeler, Marius: Die Kreuzkirche in Görlitz, Festschrift zum 100. Jubiläum, Görlitz 2016, S. 16–23.
3 Ratsarchiv Görlitz: Acta des Magistrats die Unterhaltung und Erweiterung der um die Stadt vorhandenenen öffentlichen Anlagen und Pflanzungen pp. betreffend, Bd. 3, S. 264, Nr. 1, Regal 22, Fach 51, Vol. 32.
4 Zum Kreuzkirchenpark äußert sich Diekmann wie folgt: »Ich möchte nochmals betonen, dass es ratsam ist, den kleinen Park baldigst anzulegen, weil dadurch die angrenzende Bautätigkeit entschieden angeregt wird. Dieses Verfahren wenden die Terraingesellschaften der Großstädte immer an, um eine baldige Bebauung und Verwertung der Landflächen zu erreichen.«
5 Ratsarchiv Görlitz (wie Anm. 3).
6 In der Buttkowsky-Chronik wird für die Errichtung eines Kinderspielplatzes im Ölberggarten (1923–1928) berichtet: »Der Spielplatz ist für Kleinkinder konzipiert, die ohne öffentliche Fürsorge leicht in dumpfen Wohnungen verkommen.«

7 Diekmann, Heinrich: Görlitz als Parkstadt, in: Monografien deutscher Städte, Berlin 1925, S. 52.
8 Henke, Sybille: Biografisches zu Stadtgartendirektor Heinrich Diekmann (1877–1941), Ratsarchiv Görlitz 2006, S. 1.
9 David, Isabel: Der Feldberggarten im Georg-Snay-Park in Görlitz/Zgorzelec, Masterarbeit an der TU Dresden 2007, S. 89.

Abbildungsnachweis
1 Ratsarchiv Görlitz, Robert Scholz Archiv; **2, 6** Ratsarchiv Görlitz, Bestand SG Stadtgrün; **3** Ratsarchiv Görlitz, Walter Wolff; **4** Ratsarchiv Görlitz, Helmut Vogt; **5, 8, 10–13, 14** Bildarchiv SG Stadtgrün, Christian Freudrich; **7, 9** Bildarchiv SG Stadtgrün, Roswitha Wintermann; **15–18** Bildarchiv SG Stadtgrün, Friedemann Dreßler; **19** Bildarchiv SG Stadtgrün, Nikolai Schmidt.

Der Berggarten – Ein Juwel der Görlitzer Grünanlagen und Werk des Gartenbaudirektors Henry Kraft

Christoph Haase

Der am Rande der Görlitzer Südstadt gelegene Berggarten beeindruckt den Besucher durch eine spannungsreiche räumliche Gestaltung, stimmungsvolle Gartenbilder und einen einzigartigen Gehölzbestand. Insbesondere die vielfältig arrangierten Koniferenpflanzungen zeichnen das Gartendenkmal aus und machen es zu einer Besonderheit der Görlitzer Grünanlagen. Bislang hat die etwa einen Hektar große, aus einem Privatgarten hervorgegangene Parkanlage nur wenig Würdigung erfahren. Dabei handelt es sich um ein sowohl gartenkünstlerisch als auch kulturhistorisch äußerst bedeutungsvolles Objekt des Görlitzer Stadtgrüns, das beispielgebend für die vielseitige Gartengestaltung der 1950er- und 1960er-Jahre steht.

In den frühen 1940er-Jahren entstanden, ist der Berggarten Zeugnis einer späten bürgerlichen Villengartenkultur in der ersten Hälfte des 20. Jahrhunderts. Als großzügig und landschaftlich gestaltete Anlage hebt er sich im Vergleich zu anderen, meist geometrischen und kleineren Villengärten der Stadt deutlich hervor.

Durch seine Ausgestaltung und Weiterentwicklung zur öffentlichen Grünanlage im Rahmen des Nationalen Aufbauwerks der DDR (NAW) ist der Berggarten ebenso Zeugnis sozialistischer Aufbauarbeit nach dem Zweiten Weltkrieg. Vormals privater Besitz gewesen, spiegelt sich in ihm der gesellschaftliche und politisch-ideologische Wandel jener Zeit wider. Da viele Einwohner der Stadt an den Ausführungsarbeiten beteiligt waren, ist er in gewisser Weise als ein Gemeinschaftswerk von Görlitzer Bürgerinnen und Bürgern zu betrachten.

Nicht zuletzt ist der Berggarten die Wirkungsstätte des Gartenarchitekten und langjährigen Gartenbaudirektors Henry Kraft (1899–1979), einer bedeutenden Görlitzer Persönlichkeit. Krafts Verdienst für die Stadt besteht vor allem in der Wiederherstellung der kriegsgeschädigten Gartenanlagen und dem umfangreichen Ausbau des öffentlichen Grüns bis etwa 1965.

Eine malerische Birkengruppe als Ausgangspunkt – Entstehung des Winklerschen Gartens

Das an der Holtei- sowie Heinzelstraße gelegene Villenviertel im Südosten von Görlitz entstand in den 1920er-Jahren. 1923 ließ der Fabrikbesitzer Richard Rau an der südwestlichen Grenze dieser Siedlung, in der Heinzelstraße 9, ein landhausartiges Wohngebäude errichten, für das der Görlitzer Architekt Alfred Hentschel die Pläne lieferte.[1] Ein hohes Mansarddach mit allseits herausragenden Gauben sowie ein rustikal mit Granitsteinen verkleidetes Souterrain zeichnen das Bauwerk aus. Besonders markant ist ein an der Südseite heraustretender Altan *(Abb. 1)*. Unterhalb befindet sich eine großzügige Terrasse, von der aus eine seitliche Freitreppe hinunter in den Garten führt. Die erhöhte Lage des Hauses ermöglicht weite Blicke über die Weinberge hinaus ins Neißetal, bis zum Isergebirge und zur Landeskrone.

Abb. 1 Blick durch den Berggarten zur Villa Heinzelstraße 9 im Norden (2014).

Abb. 2   Soldaten und Hilfsarbeiter beim Entladen einer Gehölzlieferung nahe der zentralen Birkengruppe, ganz links Henry Kraft (1943).

Abb. 3   Positionieren einer Schwarz-Kiefer im Winklerschen Garten unter Anleitung von Henry Kraft (rechts, 1943).

Abb. 4   Herstellen einer Pflanzfläche unterhalb des zentralen Platzes durch Helfer des Nationalen Aufbauwerks (Winter 1960/61).

Abb. 5   Der zentrale Platz mit der Birkengruppe, unterhalb die fertiggestellte Stauden- und Strauchpflanzung (Frühjahr 1961).

Vermutlich Mitte oder Ende der 1930er-Jahre erwarb der Kaufmann Kurt Winkler, Inhaber eines Fotogeschäfts, das Haus samt dem dazugehörigen 2750 Quadratmeter großen Grundstück. 1940 kaufte er eine südlich angrenzende, mit 9100 Quadratmetern wesentlich größere Freifläche hinzu, um den bestehenden Villengarten parkartig zu erweitern. Es handelte sich dabei um einen ehemaligen Weinberg. Für die Gestaltung des Geländes engagierte Winkler seinen Freund, den Gartenarchitekten Henry Kraft, der seit 1939 Gartenbaudirektor der Stadt Görlitz war.[2]

Die Arbeiten am Winklerschen Garten begannen 1941 und setzten sich bis 1943 fort[3] – angesichts der zeitlichen Umstände eine paradoxe Situation.[4] Kraft, der die Ausführung leitete, war zu dieser Zeit vom Kriegsdienst zurückgestellt und für die Ernährungswirtschaft tätig.[5] Da die meisten Männer damals zum Militär eingezogen wurden, führten mehrere ältere Herren sowie zwei junge, vermutlich beurlaubte Wehrmachtsoldaten die umfangreichen Pflanzarbeiten durch *(Abb. 2)*. Es ist bemerkenswert, wie es Kraft gelang, in Zeiten des allgemeinen Mangels und Notstands die beachtlichen Mengen an Gehölzen (ca. 200 Bäume und Sträucher) zu beschaffen.

Als Ausgangssituation für die Anlage bot sich eine weitläufige Wiesenfläche mit wenigen, wild gewachsenen Bäumen an, in deren Mitte sich eine malerische Birkengruppe befand.[6] Sie war der Ursprung für die Gartengestaltung. Für die Neupflanzungen wählte Kraft vorzugsweise verschiedene Wacholder-,

Kiefern- und Rhododendron-Arten sowie wiederum Birken, weshalb die Vermutung nahe liegt, dass er vorhatte, einen Heidegarten anzulegen. Da sich allerdings die Verwendung von Heidekraut als essentieller Bestandteil und auch das typische Findlingsmotiv nicht nachweisen lässt, bleibt offen, ob es diese gestalterische Intention je gab. Fakt ist, dass immergrüne Gehölze – insbesondere Koniferen – das gestalterisches Hauptthema der Anlage wurden *(Abb. 3)*.[7] Auch wenn die wichtigsten Pflanzarbeiten damals offenbar zum Abschluss kamen, kann man davon ausgehen, dass der Winklersche Garten vor Kriegsende nicht komplett fertiggestellt wurde.[8]

**Vom Villengarten zur öffentlichen Grünanlage –
Umgestaltung zum Berggarten**

Trotz Mitgliedschaft in der NSDAP gelang es Henry Kraft, wenn auch mit einigen Schwierigkeiten verbunden, 1950 wieder in den Dienst der Stadt Görlitz zu treten. In den 1950er- und 1960er-Jahren wurden die durch den Krieg in Mitleidenschaft gezogenen Grünanlagen im Rahmen des Nationalen Aufbauwerkes, also unter Beteiligung der Bevölkerung, wiederhergestellt *(Abb. 4)*. Kraft hatte die Leitung dieser intensiven Aufbauarbeiten inne und wurde dafür später u. a. mit der Verdienstmedaille der DDR ausgezeichnet. Er nahm zeitgemäße Umgestaltungen an bestehenden Anlagen vor und legte auch neue Gärten an.[9]

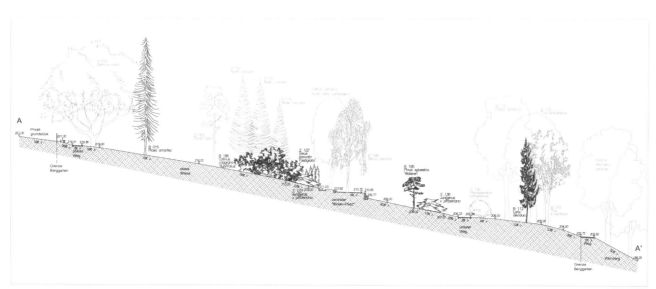

Abb. 6   Geländeschnitt des Berggartens (Blick nach Osten, 2014).

1960 sollte der brachliegende Winklersche Garten in eine öffentliche Grünanlage umgewandelt werden. Winkler selbst hatte die DDR inzwischen aus politischen Gründen verlassen. Das Grundstück stand nun unter staatlicher Verwaltung. Das weiterhin für Wohnzwecke genutzte Haus wurde vom eigentlichen Garten separiert.[10]

Kraft, der mittlerweile Leiter der städtischen Park- und Friedhofsverwaltung war, nahm sich jetzt ein zweites Mal der Anlage an. Es galt, den vormals privaten Garten einer öffentlichen Nutzung anzupassen. Dementsprechend entstanden ein fest ausgebautes, abwechslungsreiches Wegesystem sowie unterschiedliche Sitzgelegenheiten. Um das malerische Birkenensemble im Zentrum des Gartens legte Kraft einen intensiv gestalteten Platz an, der terrassenartig aus dem Hang ragt. Trockenmauern aus bruchrauen Granitblöcken stützen die aus polygonalen Schieferplatten bestehende Fläche ab. Die Natursteinarbeiten zeugen noch heute von hoher handwerklicher Qualität.

Unterhalb des Platzes gab es eine großflächige Staudenpflanzung *(Abb. 5)*. Der Gehölzbestand erhielt durch die Neupflanzung von auffälligen Ziergehölzen (z. B. Tulpen-Magnolien, Fächer-Ahorne) und besonderen Solitärs (z. B. Trauer-Birke und Urweltmammutbaum) ein frisches Aussehen.

Am 1. Mai 1961 wurde die in zahlreichen öffentlichen Arbeitseinsätzen des NAW errichtete Anlage feierlich unter dem Namen »Berggarten« eröffnet. Die Stadt war nun um eine bedeutende Grünanlage reicher. Friedrich W. Sander beschreibt den Garten 1980 mit folgenden Worten: »Kleinflächig, jedoch eindrucksvoll hinsichtlich der sehr geschickten Verteilung teilweise sehr seltener Gehölzarten …«. Er weist dabei auch auf den botanischen Wert des Gartens hin, denn Kraft hatte bei der Bepflanzung manche Kostbarkeiten verwendet, so z. B. Prachtglöckchen (Enkiantus campanulatus), Gagelstrauch (Myrica pensylvanica) und Mähnen-Fichte (Picea breweriana).[11]

Ein Garten voller Stimmungen und Kontraste – Aufbau und Gestaltung

Der landschaftlich gestaltete Berggarten bildet den südwestlichen Abschluss eines großen Grünzugs, der sich vom Neißeviadukt (Bahnlinie Görlitz-Polen) bis zur Zittauer Straße ent-

Abb. 7   Der Berggarten mit den nördlich angrenzenden Villen in der Heinzelstraße (Luftbild von 1973).

lang der Neißehänge erstreckt. Wer sich dem Berggarten von der Innenstadt bzw. dem Bahnhof her nähert, passiert die Parkanlagen Friedenshöhe und Schellergrund, durchquert die schattigen Weinberganlagen und kommt an dem Freizeitareal der Parkeisenbahn sowie der Heinzelwiese vorüber. In unmittelbarer Nachbarschaft befinden sich verschiedene Villengärten. Der markante Gebäudekomplex der Landskronbrauerei (1869 erbaut)

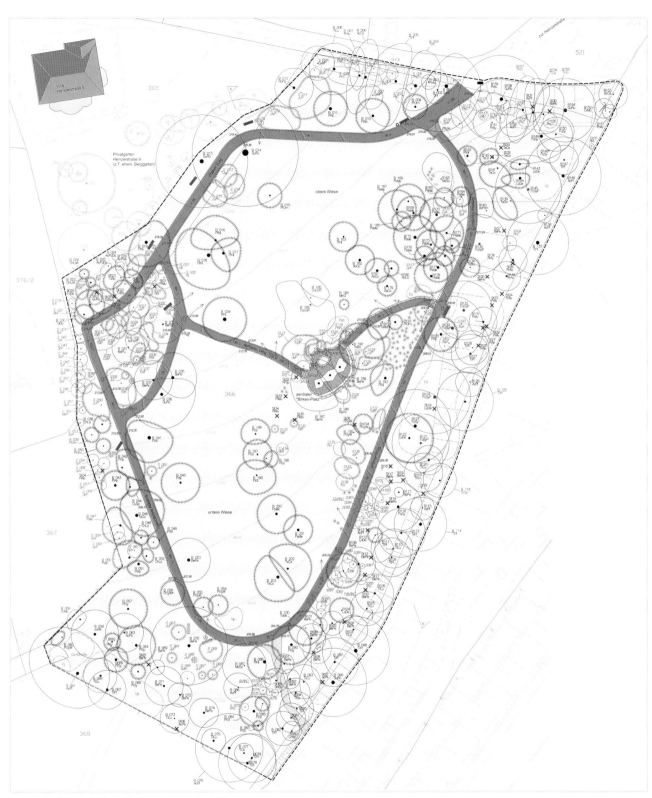

Abb. 8   Bestandsplan des Berggartens (2014).

sowie das Weinberghaus dort mit dem benachbarten Aussichts- turm (beide 1889 errichtet) sind in dieses grüne Band eingebet- tet. Als letztes Glied in der Kette aus historischen Parks, Gärten und Bauwerke liegt der Berggarten in einer eher abgeschiedenen Lage – eine Abgeschiedenheit mit Vor- und Nachteilen.

Die intime Atmosphäre der kleinen Grünanlage bringt unterschiedlichste Stimmungen hervor, die durch Relief,

räumliche Anordnung und Pflanzenauswahl entstehen und sich im Wechsel der Tages- und Jahreszeiten fortwährend verändern. Um diese durch die Gestaltung hervorgerufene Stimmungen treffend zu beschreiben, müsste man ins Lyrische abschweifen: »Ein sonniger Tag im Mai. Der laue Wind spielt in den Birken- zweigen. Aus der Ferne leuchten Azaleenblüten in hellen Far- ben. Der Duft von Schwarz-Kiefern liegt in der Luft…«

Kurzum, es ist ein Garten, der die Sinne in besonderer Weise anspricht.

Die prägnante Hanglage ist Grundlage für die spannungsvolle Gestaltung und bedingt interessante Blickführungen *(Abb. 6)*. Schon am Eingang öffnet sich eine eindrucksvolle Sicht in den Garten, jedoch ohne dass dieser bereits in Gänze überschaut werden kann. Die Geländeoberfläche fällt relativ gleichmäßig nach Süden bzw. Südosten ab. Es lassen sich prinzipiell drei gestalterische Höhenebenen unterteilen, die unmerklich ineinander übergehen. Der höher gelegene, nördliche Teil ist weiträumig und lichtdurchflutet. In der mittleren Ebene bewirken vielgestaltige Gehölzgruppen unterschiedlichste Lichtverhältnisse. Die unteren Partien im Süden und Südosten sind durch den waldartigen Baumbestand ganztägig kühler und dunkler. Dementsprechend findet man verschiedenartige Verweilmöglichkeiten – in sonniger bis tiefschattiger Lage.

Ein schlichtes und zweckmäßiges Wegesystem erschließt die einzelnen Bereiche des Gartens. Es passt sich harmonisch an Grundriss und Geländeform der Anlage an *(Abb. 7)*. Zentrales Element der Gesamtgestaltung ist die Platzfläche aus Naturstein in der Mitte (s. o.). Die dorthin führenden Verbindungwege durchschneiden die von einem großen Rundweg eingeschlossene Wiesenfläche.

Eine dichte Bepflanzung der Randbereiche schirmt den Gartenraum nach außen ab und fungiert zugleich als Hintergrundkulisse für die innere Gestaltung. Diesem größtenteils geschlossenen Gehölzgürtel sind Solitärbäume und vielfältige Baumgruppen vorgelagert, die weit in den Wiesenraum übergreifen *(Abb. 8)*. Während an den Rändern Laub- und Nadelbäume gemischt vorkommen, dominieren im Innern Koniferen. Die Gehölzgruppen sind so angeordnet, dass lange Sichten sowohl durch die Anlage selbst als auch zu den benachbarten Villen verlaufen. Bäume und Sträucher sind zudem – was Farbe und Habitus betrifft – äußerst kontrastreich gewählt und kombiniert. So stehen beispielsweise Birken mit ihrer weißen Rinde, dem hellgrünen Laub und locker herabhängenden Zweigen im klaren Gegensatz zu dunklen, kegelförmigen, eher statisch wirkenden Fichten. Flach ausgebreitete Wacholder betonen die Horizontale, säulenförmige Eiben und Fichten die Senkrechte.

Als Solitäre stechen vor allem einige malerische Schwarz-Kiefern sowie eine beeindruckend große Rot-Eiche mit kandelaberartigem Wuchs hervor. Rotblättrige Gehölze wie Blut-Buchen setzen farbliche Akzente im Bestand. Die Hauptdarsteller der Bepflanzung sind allerdings die zu einer Gruppe formierten Birken auf dem zentralen Platz. Sie können als Wahrzeichen des Gartens angesehen werden.

Hinsichtlich der Gestaltung seien noch die jahreszeitlichen Aspekte erwähnt, die für farbliche Abwechslung sorgen. Im Winter bilden die hellen Stämme der Birken und das dunkle Laub der Immergrünen ein gewisses Grundgerüst. Vom Frühjahr bis in den Sommer hinein blühen unterschiedliche Sträucher in reicher Fülle: Zier-Apfel, Magnolien, Azaleen, Rhododendren, Spiersträucher u.v.a.m. Im Herbst verwandeln die Laubgehölze den Park in ein buntes Farbenmeer. Die attraktivste Färbung mit verschiedenen Rot-, Gelb-, und Grüntönen erzeugt dann eine Gruppe außergewöhnlich großer und alter Perückensträucher in der Mitte des Gartens.

Abb. 9   *Vielgestaltige Gehölzpflanzungen in der Mitte des Berggartens (2014).*

Abb. 10   *Blick vom westlichen Gartenteil auf den zentralen Platz mit der Birkengruppe (Ende 1970er-Jahre).*

Ein fast vergessenes Kleinod – Herausforderungen für Denkmalpflege und Grünflächenmanagement

Zwischen Pioniereisenbahn und Volksbad gelegen, erfreute sich der Berggarten in der DDR großer Beliebtheit. Seine »Blütezeit« dauerte bis etwa Ende der 1970er-Jahre an *(Abb. 9, 10)*. Mit Beginn der 1990er-Jahre schien das Kleinod – zu Unrecht – zunehmend in Vergessenheit zu geraten. Die Gründe für die zurückgehende Nutzung sind sicherlich vielfältig, wobei die oben erwähnte Abgeschiedenheit vom Stadtzentrum gewiss eine entscheidende Rolle spielt. An diesem Punkt ist u. a. eine stärkere Einbindung ins touristische Informationssystem unter Berücksichtigung des gesamten Grünzuges gefragt.

Seit einigen Jahren widmet man sich seitens der Stadtverwaltung (Sachgebiet Stadtgrün) wieder verstärkt der Erhaltung und Wiederherstellung des Berggartens – um den im Laufe der Jahrzehnte verblassten Glanz des Gartenjuwels wiederherauszustellen und das Interesse der Besucher von neuem zu wecken. Angesichts chronisch knapper Mittel ist dies keine einfache Aufgabe, wenn man bedenkt, dass die abgelegene Anlage nur einen Bruchteil der weitläufigen Grünflächen von Görlitz darstellt. Zudem ist die Pflege eine besondere Herausforderung. Ein Hauptproblem stellen die wassergebundenen Wege[12] dar. Durch die Hanglage treten Längsgefälle von teilweise bis zu 20 Prozent auf, was bei stärkeren Regengüssen immer wieder zu Ausspülungen führt. Hier gilt es denkmalverträgliche konstruktive Lösungen zur besseren Entwässerung zu finden.

Eine weitere Schwierigkeit ist die Entwicklung des Gehölzbestandes. Bei Anlegung des Gartens in den 1940er- sowie 1960er-Jahren wurden Bäume und Sträucher dicht beieinander gepflanzt, um möglichst schnell eine gewisse Raumwirkung und Fülle zu erzeugen. Für ein abwechslungsreiches Erscheinungsbild der Pflanzungen kombinierte Henry Kraft dabei unterschiedlichste Gehölze miteinander, also auch Arten mit verschiedenen Wuchseigenschaften. So werden mittlerweile an vielen Stellen die lichtbedürftigen Koniferen und Birken von den konkurrenzstarken Bäumen wie Rot-Buchen und Linden bedrängt. Einige Bäume sind bereits durch Platzmangel und starke Beschattung abgängig. Diese veränderten Bedingungen erschweren auch Nachpflanzungen. Hinzu kommt, dass manche Gehölze (vor allem Wacholder) durch Überalterung nach und nach ausfallen. Wo es die Standortverhältnisse ermöglichen, lassen sich abgestorbene Gehölze ersetzen. In manchen Partien wird man allerdings den natürlichen Wandel und den damit einhergehenden Verlust einiger, teils charakteristischer Arten zugunsten etablierter Altbäume langfristig hinnehmen müssen.

Trotz der genannten Probleme ist die Substanz des Gartens insgesamt gut erhalten, insbesondere die charakteristischen Raumstrukturen. Durch gezielte Wiederherstellungs- und Pflegemaßnahmen kann die Attraktivität und Aufenthaltsqualität dieses Kleinods der Görlitzer Grünanlagen langfristig erhalten werden. Die Anstrengungen des Sachgebiets Stadtgrün können dabei nur begrüßt und unterstützt werden.[13]

Anmerkungen

1 Nitzsche, Frank-Ernest: Denkmalpflegerische Zielstellung für das Landhaus Heinzelstraße 9 in Görlitz, Görlitz 1995 (unveröffentlicht, Untere Denkmalschutzbehörde Görlitz).

2 Das Jahr 1940 für den Erwerb des ehemaligen Weinberggeländes sowie das freundschaftliche Verhältnis zwischen Winkler und Kraft geht aus einem juristischen Schreiben vom 10.9. 1993 in der Akte Berggarten der Stadtverwaltung Görlitz, Amt 66/ Sachgebiet Stadtgrün hervor (Stand Mai 2014). – Henry Kraft erlernte das Gärtnerhandwerk bei seinem Vater in der Fürstlich-Pleßschen Gätnerei im schlesischen Bad Salzbrunn. Nach berufspraktischer Tätigkeit in verschiedenen Gärtnereien und erfolgter Ausbildung zum Gartenbau-Techniker an der Höheren Gärtnerlehranstalt in Berlin-Dahlem arbeitete er zunächst als freier Gartenarchitekt und anschließend viele Jahre als Friedhofsinspektor der Stadt Liegnitz (Niederschlesien). 1939 trat er als Gartenbaudirektor in den Dienst der Stadt Görlitz. Vgl. Hill, Thomas: Leben und Wirken des Görlitzer Gartenbaudirektors Henry Kraft (1899–1979), Dresden 1999, S. 2 f., unveröffentlichte Semesterarbeit an der TU Dresden.

3 Das Jahr 1941 wird in den Quellen allgemein als Entstehungsjahr angegeben. Bei Sander, Friedrich W.: Bäume und Sträucher der Görlitzer Grünanlagen, Supplement zu Band 53 der Abhandlungen und Berichte des Naturkundemuseums, hg. vom Staatlichen Museum für Naturkunde Görlitz, 1980, S. 21 werden als Bauzeit die Jahre 1941 und 1942 angegeben. Die zahlreichen Diaaufnahmen, die die umfangreichen Pflanzarbeiten im Garten dokumentieren (Ratsarchiv Görlitz), sind im Gesamtverzeichnis der Diasammlung Henry Krafts auf Juli 1943 datiert.

4 Deutschland befand sich mitten im Krieg. An den Fronten fielen abertausende Soldaten. Allein das Infanterie-Regiment 30 Görlitz/ Lauban verlor bei Gefechten insgesamt 2800 Soldaten. Bereits 1940 fielen erste britische Fliegerbomben auf Görlitz. 1942 ließ man die meisten Denkmäler und Glocken der Stadt zu Rüstungszwecken demontieren. Auch die öffentlichen Plätze und Gärten wurden stark in Mitleidenschaft gezogen (Hoche, Siegfried: Chronik der Stadt Görlitz. Nordhorn 2006, S. 34–36). Der Fakt, dass Görlitz bis 1945 von schwereren Angriffen verschont blieb, begünstigte sicherlich die Umstände der Entstehung des Gartens. Vieles spricht dafür, dass der Kaufmann Winkler ein hochrangiges Mitglied der NSDAP und eine vom Sieg des Dritten Reichs überzeugte Person war. Wer hätte sonst ein derartiges Vorhaben zu dieser Zeit und unter diesen Umständen umsetzen können?

5 Hill (wie Anm. 2), S. 3.

6 Sander 1980 (wie Anm. 3), S. 21 und in Anm. 3 erwähnte Diaaufnahmen.

7 Vor allem durch den Gartentheoretiker Willy Lange (1864–1941) zu Beginn des 20. Jahrhunderts ausgelöst, wurde das Heidemotiv bis in die 1940er-Jahre von nationalistischen Ideologien vereinnahmt. Es stand für eine naturnahe und heimatliche (»deutsche«) Gartengestaltung. Ausführliches bei Gröning, Gert/ Schneider, Uwe: Die Heide in Park und Garten – Zur Geschichte und Bedeutung des Heidemotivs in der Gartenkultur, Worms 1999, S. 46–49; 116–130.

8 Die Existenz von Sitzplätzen, Staudenpflanzungen usw. bis 1945 lässt sich heute nicht mehr nachvollziehen. Auf einer Luftaufnahme vom 18.2. 1945 (Luftbilddatenbank Dr. Carls GmbH) sind lediglich die jungen Pflanzungen und ein spärliches Wegesystem erkennbar.

9 Hill (wie Anm. 2), S. 9 f. – Beispiele für von Kraft umgestaltete bzw. neuangelegte Gärten: Birkenwäldchen 1955–1960, Neue Anlage im Stadtpark 1955, Ochsenbastei 1962/ 63. Vgl. Sander, wie Anm. 3, S. 19–24.

10 Juristisches Schreiben vom 28.4. 1994 (Stadtverwaltung Görlitz, wie Anm. 2).

11 Sander (wie Anm. 3), S. 15, Zitat S. 15.

12 Wege, die aus einem mineralischen Gemisch unterschiedlicher Körnungen bestehen und ohne den Zusatz von Bindemitteln hergestellt werden.

13 Seit September 2014 gibt es eine Gartendenkmalpflegerische Konzeption als Hilfsmittel und Arbeitsgrundlage für Erhaltungs- und Wiederherstellungsmaßnahmen: Haase, Christoph: Der Berggarten in Görlitz – Dokumentation, Analyse, Gartendenkmalpflegerische Konzeption, Neubrandenburg 2014 (unveröffentlichte Master-Arbeit an der Hochschule Neubrandenburg: urn:nbn:de:gbv:519-thesis 2014-0023-6).

Abbildungsnachweis
1, 6, 8, 9 Christoph Haase; **2, 3** Ratsarchiv Görlitz, Foto: vermutlich Kurt Winkler; **4, 5** Ratsarchiv Görlitz, Foto: Henry Kraft; **7** BArch, Bild 180, Film-Nr. C253695/73, Bild-Nr. 388; **10** Stadtverwaltung Görlitz, Archiv SG Stadtgrün, Foto: Heinz Pfennig,

Ein Glanzlicht im Dornröschenschlaf – Die Kolonie Heye III

Claudius Maximilian Noack

Im letzten Drittel des 19. Jahrhunderts erlangte der Braunkohlenbergbau im Senftenberger Revier wirtschaftliche Bedeutung. Technischer Fortschritt, Industrialisierung und das schier unbegrenzte Wachstum der Städte – allen voran der Metropole Berlin – waren Voraussetzungen dieser Entwicklung. Begünstigt durch eine regionale Besonderheit im preußischen Bergrecht, dem Grundeigentümerbergbau, war es vor allem finanzstarken Unternehmen – insbesondere Aktiengesellschaften – möglich, gewinnbringend in den Braunkohlenbergbau zu investieren.

Zu ihnen gehörte auch das aus Norddeutschland stammende Traditionsunternehmen »Hermann Heye«, das 1884 die Glasfabrik Annahütte bei Särchen erwarb. Glassand besonderer Güte und Braunkohle waren die Grundstoffe dieser Produktion, daneben unterhielt das Unternehmen eine Ziegelei und eine Brikettfabrik. Während man erstere bald schloss, wurde das Braunkohlenwerk 1888 unter dem Namen »F.C.Th. Heye Braunkohlenwerke« als eigenständiges Unternehmen ausgegründet. Als reines Familienunternehmen konzentrierte man sich auf den Standort Annahütte, während die zeitgleich entstandenen Bergbau-Aktiengesellschaften in kurzer Zeit große, zusammenhängende Braunkohlefelder erwarben und die Region unter sich aufteilten. Erst 1909, eine Erweiterung des Grubenbesitzes um

Abb. 2   Rudolf Georg Guido Heinsius von Mayenburg (um 1912).

Annahütte war ausgeschlossen, erwarben die Heye-Braunkohlenwerke vom Prinzen von Schönburg-Waldenburg zu Guteborn 18 000 Morgen braunkohleführendes Land bei Wiednitz in der Nähe von Bernsdorf. Unter dem Namen »HEYE III« errichtete das Unternehmen neben dem Grubenbetrieb auch eine Brikettfabrik und eine Arbeiterkolonie. Bereits 1910 nahm die Fabrik teilweise die Produktion auf, zu diesem Zeitpunkt dürfte auch die Kolonie weitgehend fertiggestellt gewesen sein *(Abb. 1)*.

Abb. 1   Grube Heye III, Verwaltungsgebäude mit angeschlossenem Kauengebäude und Brikettfabrik im Hintergrund.

Mit der architektonischen Durchbildung der Gesamtanlage wurde der Dresdner Architekt Rudolf Georg Guido Heinsius von Mayenburg (1870–1930) beauftragt, der sich vor allem als Architekt bürgerlicher Villen und Landhäuser einen Namen gemacht hatte *(Abb. 2)*. Von Mayenburg kam aus der Schule Ernst Gieses und war bis 1903 mit Johannes Lehnert assoziiert. Ab 1904 unterhielt er ein eigenes Büro in Dresden. Seine Entwürfe bewegten sich als die eines Vertreters der Dresdner Reformarchitektur in einem Spannungsfeld zwischen historisch-barockem Vorbild, frühem Traditionalismus mit starkem englischem Einfluss und zurückhaltendem Jugendstildekor. Seine Klienten stammten vorwiegend aus der Verwaltungsaristokratie und aus Unternehmerkreisen. Vermutlich über familiäre Verbindungen – sein ältester Bruder Ottomar war Inhaber der Löwenapotheke und später der Dresdner Leo-Werke, sein ebenfalls älterer Bruder Max Cölestin war Bergwerksdirektor in Teplitz – erschlossen sich dem Dresdner Architekten vielfältige Aufträge in der Chemie- und Pharmabranche sowie der Braunkohlenindustrie.

Mehrfach trat von Mayenburg nach 1904 für die Ilse Bergbau-Aktiengesellschaft auf Grube Ilse in Bückgen (später Großräschen-Süd, heute weitgehend devastiert) als Architekt in Erscheinung.[1] Sein größtes und wichtigstes Projekt im Auftrag der Ilse Bergbau-AG war die Arbeiterkolonie Marga, eine Wohnsiedlung für mehr als 300 Arbeiter- und Beamtenfamilien. Bemerkenswert ist diese Kolonie nicht nur durch ihren spiralförmigen Grundriss, sondern auch aufgrund der stark durchgrünten Gesamtanlage[2] und der hochwertigen Architektur im Stile der Dresdner Reformbaukunst.

Bauherr und Architekt setzten mit dieser Anlage regional neue architektonische Maßstäbe, vor allem im Siedlungsbau. Sowohl gestalterisch als auch funktional unterschied sich diese Arbeiterkolonie von allen bisherigen. Sie bot ihren Bewohnern ein gesundes Leben im Grünen, sie orientierte sich in ihrem

Abb. 4   Kolonie Heye III, Blick zum Werksgasthaus (um 1910).

Aufbau am Vorbild der historischen Kleinstadt – mit einem Markt im Zentrum und mit umgebenen Wohnquartieren – und sie befriedigte sämtliche Lebensbedürfnisse, von der Kleinkinderschule über Kauf- und Gasthaus bis hin zu Kirche und Friedhof. Doch war diese vorbildliche Arbeiterfürsorge nicht Selbstzweck, vielmehr gab das Unternehmen damit in einer Phase des Arbeitskräftemangels ein klares Statement ab: »Komm zu uns, hier werden Du und deine Familie bestens behandelt und hier findet ihr eine neue, schöne Heimat.« *(Abb. 3, 4)*

Aber nicht nur die Arbeiter, auch die anderen Montanunternehmen verstanden diese Botschaft und so wurde in den folgenden Jahren deutlich mehr Augenmerk auf die Gestaltung und Durchbildung der notwendigen Kolonien gelegt, so auch bei den »F. C. Th. Heye-Braunkohlenwerken«. Noch während der Architekt Georg Heinsius von Mayenburg mit den Ausführungen auf Grube Marga befasst war, gelang es der Heye, den Architekten für ihr Siedlungsprojekt Heye III zu gewinnen. Im Gegensatz zu dem Großprojekt Marga fielen die Planungen für

Abb. 3   Kolonie Heye III, Blick auf die Wohnbauten, links im Bild das Schulgebäude (um 1910).

Abb. 5   Kolonie Heye III, Blick aus südwestlicher Richtung auf die weitegehend verlassene Wohnbebauung in der Lessingstraße (2012).

Abb. 6   Kolonie Heye III, Blick auf die Platzsituation vor dem Gasthaus (2012).

Heye III sehr viel kleiner aus: eine Direktorenvilla, zwölf Wohnhäuser für Arbeiter und Beamte, eine Schule, ein Gasthaus – das auch die Versorgungsfunktionen übernahm – und ein Verwaltungsgebäude für Fabrik und Grube.

Locker streut der Architekt die Wohngebäude entlang einer stimmungsvoll geschwungenen Straße, die die nahezu quadratische Siedlungsfläche durchquert. An markantem Ort, so z. B. vor der Schule oder dem Gasthaus, weitet er den Straßenraum zu einem kleinen Platz, hier verdichtet sich die lockere Bebauung und setzt einen städtebaulichen Akzent *(Abb. 5, 6)*. Bereits bei seinen Planungen für die Kolonie Marga schuf von Mayenburg durch Platzbildungen städtebauliche Glanzlichter, doch weicht er mit dieser ungezwungenen Grundrissform deutlich von der strengen, manieristisch-barock anmutenden Grundrissstruktur der Kolonie Marga ab. Vielleicht, weil diese auf einen solch kleinen

Siedlungsorganismus kaum anwendbar war, vielleicht aber auch, weil der zeitgenössische Städtebau eine solche Struktur entschieden ablehnte und eine funktionale, aufrichtige Formensprache für den Bau von Arbeiterkolonien forderte.[3] Mit Blick auf die Architektur der Wohnhäuser scheint letzteres wahrscheinlich, denn auch in der Durchbildung der Fassaden hat der Architekt bei dieser Kleinsiedlung zu einer reduzierteren Sprache gefunden. Bereits in Marga hatte von Mayenburg die 72 Wohnhäuser der Kolonie auf 15 einheitliche Grundrisstypen reduziert. Dennoch gleicht dank der stark individualisierten Fassaden – mittels Fachwerk, Putz- und Ziegelflächen, mittels Holz-, Ziegel- oder Schieferverkleidungen oder durch differierende Dachausbildungen – kaum ein Haus dem anderen. In Kolonie Heye III sind es nur drei einheitliche Grundrisse, die den Wohnbauten zugrunde liegen: ein Entwurf für ein Achtfamilienhaus, das dem Typus C in

Marga entspricht und das in Heye III nur einmal gebaut wurde,[4] ein Entwurf für ein Vierfamilienhaus, das dem Marga-Typus G sehr nahe kommt[5] sowie ein neuentwickelter Vierfamilienhaus-Typus,[6] der in modularer Weise mit sich kombiniert wurde.

Interessant ist die ungewöhnliche Split-Level-Lösung, die der Architekt bereits 1907 für zweispännige Arbeiterwohnhäuser in Marga entwickelte *(Abb. 7)*. Anlass zu dieser Entwicklung war die Erkenntnis, dass in großen Wohnhäusern der Hausfrieden leichter gestört werden könne. Aus diesem Grund, vielleicht aber auch um einen Ausgleich für den fehlenden Wohnungsflur zu schaffen, wurden die Wohnungen nicht von einem gemeinsamen Treppenpodest erschlossen, sondern die Erschließung erfolgte jeweils um eine halbe Etage versetzt. Zugleich ermöglichte diese Bauweise trotz zwei vorhandener Vollgeschosse sowie Nebengelass in Keller und Dachboden eine geringe bauliche Höhe, was für den ländlichen Charakter dieser Wohnhäuser gestalterisch wichtig war.

Architektonisch ist die Kolonie Heye III bereits der moderaten Moderne zuzurechnen. Während die Entwürfe von Mayenburgs für die Kolonie Marga noch in einer fabulierenden, an den Formen Dresdner Reformbaukunst orientierten Architektursprache entstanden, entsprechen die Planungen für diese Kolonie einem typisierten, stark reduzierten und völlig unspezifischen Traditionalismus. Dennoch zeugen die gestalterische Durchbildung sämtlicher Bauten – inklusive der Nebengebäude- und zahlreiche liebevolle Details wie z. B. der als Sitzportal ausgebildete Eingangsbereich am Wohnhaus Lessingstraße 1 von großem künstlerischen Wollen und Können *(Abb. 8)*. Gleiches gilt für das Werksgasthaus, das am Rand der Siedlung in der Nähe zu den Fabrikanlagen erbaut wurde. Neben dem Gastbetrieb übernahm dieses Gebäude auch die Funktion der Lebensmittelversorgung und besaß eine eigene kleine Fleischerei. Kompakt wurden all diese Funktionen in dem breitgelagerten Hauptbau mit Eckerker und hohem Giebel sowie in einem hofbildenden, flachen Funktionstrakt untergebracht. Eindeutig finden sich hier die bereits am Gasthaus Kaiserkrone in Marga gemachten Erfahrungen bei der Bewältigung einer solchen Bauaufgabe wieder.

In den 1920er- und 1930er-Jahren wuchs die Kolonie, ohne jedoch die gestalterische Wirkung des ursprünglichen Siedlungskerns zu beeinträchtigen. Den in dieser Zeit entstanden Bauten fehlt aber jeglicher gestalterischer Wille; sie entsprechen der zeitgenössischen Siedlungsarchitektur und sind überwiegend belanglos. Doch während dieser jüngere Bereich weitgehend saniert und in Nutzung ist, verfällt der historische Kernbereich zusehends. Wohl aufgrund ihrer Lage mitten im Wald, abseits der großen Verbindungsstraßen, blieb dieser hochwertigen Siedlung eine denkmalrechtliche Unterschutzstellung, die allein aufgrund ihrer hohen architektonischen Qualität gerechtfertigt ist, versagt. Zusehends in Vergessenheit geraten, ist der Zustand dieser Kolonie heute kritisch.

Abb. 7   Kolonie Heye III, Blick aus östlicher Richtung auf die zu diesem Zeitpunkt noch bewohnte Lessingstraße (2000).

Abb. 8   Kolonie Heye III, als Sitzportal ausgeprägter Eingangsbereich der Lessingstraße 1 (2012).

Anmerkungen

1 1904: Entwürfe für Arbeiter- und Beamtenwohnhäuser, die auf den Gruben Ilse, Renate-Eva und Anna-Mathilde mehrfach errichtet wurden; 1906: An-und Umbau des Verwaltungsgebäudes der Ilse Bergbau-Aktiengesellschaft, Grube Ilse bei Bückgen; 1907–1914: Errichtung der Arbeiterkolonie Marga bei Brieske.

2 Aufgrund dieser starken Durchgrünung wird die Kolonie Marga häufig in den Kontext der deutschen Gartenstadtbewegung gestellt, eine Zuweisung, der aufgrund fehlender sozialreformerischer Ansätze entschieden widersprochen werden muss. Vgl. hierzu Noack, Maximilian Claudius: Zwischen wilhelminischer Bedarfsarchitektur und moderater Moderne. Die Werkskolonien im Niederlausitzer Braunkohlenrevier, Diss. Dresden 2015, S. 336 ff.

3 Vgl. Deutsche Bauzeitung. 45. Jg., Nr. 67, S. 579 oder Centralstelle für Arbeiterwohlfahrt (Hg.): Die künstlerische Gestaltung des Arbeiterhauses. Berlin 1906.

4 Lessingstraße 7.

5 Lessingstraße 3, 5, 8, 14.

6 Lessingstraße 1, 2, 4, 6, 10 sowie Bahnhofstraße 26, 28.

Abbildungsnachweis

1, **4** BLHA, Rep 75 Heye, Nr. 0277; **2** Dresdner Salonblatt, 7. Jg. (1912), S. 1573; **3**, **5**–**8** Verfasser.

Das Stahlhaus in Görlitz

Claudia Kemna, Thomas Löther

Als nach dem Ersten Weltkrieg die Arbeitslosigkeit hoch und die Wohnungsnot aufgrund der Kriegszerstörungen groß war, erlebte die Industrialisierung des Wohnungsbaus einen Aufschwung. Bereits zuvor – während der Kolonisation Ende des 19. Jahrhunderts und verstärkt im Ersten Weltkrieg – waren vorgefertigte und zerlegbare Bauten, die als einfache Behausungen in den Kolonien, als Baracken oder als Lazarette transportabel und schnell wieder aufzubauen waren, sehr gefragt. Als Spezialist für Baracken aller Art machte sich damals vor allem die Firma Christoph & Unmack AG/Niesky O. L. einen Namen. Sie war es auch, die ab dem beginnenden 20. Jahrhundert mit modularisierten, vorgefertigten Holzhäusern in Block-, Tafel- und Skelettbauweise experimentierte und neben den Deutschen Werkstätten Hellerau in den 1920er-Jahren zur größten Holzbaufabrik Europas avancierte.[1] Die 1995 unter Denkmalschutz gestellte Musterhaussiedlung von Christoph & Unmack mit knapp 100 noch erhaltenen Musterhäusern in Niesky legt davon eindrücklich Zeugnis ab.

Das Ideal der Industrialisierung des Wohnungsbaus fand aber nicht nur im Holzbau Anwendung. Nachdem die Reparationsleistungen des Ersten Weltkriegs abgegolten waren, versuchte auch die Stahlindustrie auf der Suche nach neuen Absatzmärkten mit der Entwicklung von vorgefertigten Wohnhäusern mit dem Zeitgeist Schritt zu halten. Der Stahl, der als Stahlskelett bis dahin nur im Industriebau, beispielsweise bei Hallenkonstruktionen, Verwendung fand, hielt in den 1920er-Jahren auch Einzug in den Wohnungsbau in Deutschland. Nach englischem Vorbild, wo Stahlhäuser aufgrund der boomenden Eisenindustrie bereits ab der Mitte des 19. Jahrhunderts gebaut wurden, entwickelten ab 1925 drei deutsche Firmen unabhängig voneinander Wohnhäuser, bei denen nicht nur das tragende Skelett aus Stahl war, sondern auch die Außenhülle aus Stahltafeln bestanden.[2] Das erste Stahlfertighaus wurde im April 1926 im württembergischen Unterkochem errichtet und schon im August desselben Jahres folgten mehrere Musterhäuser der Leipziger Firma Braune & Roth im östlich von Leipzig gelegenen Ort Beucha.[3]

Stahlhäuser aus Leipzig

Braune & Roth waren eigentlich auf den Tresorbau spezialisiert und firmierten unter dem Namen »Braune & Roth, Leipzig, Fabrik für Geldschränke, Tresor und Safe-Anlagen«.[4] Da sich das Geschäft mit Geldschränken nach der Inflation nicht mehr rechnete, ging die Firma mit der Entwicklung von typisierten Stahlhäusern neue Wege und reagierte damit auf die Nachfrage nach preiswertem und den neusten hygienischen Standards entsprechendem Wohneigentum.

Sie entwickelten mehrere Stahlhaustypen, die werbewirksam Namen von Planeten des Sonnensystems trugen. Darunter waren Ein- und Zweifamilienhäuser (Typen Sonne, Mars, Saturn) und ein kleines, eingeschossiges Haus (Typ Venus) mit eingezogener Veranda, das im Musterhauskatalog als Wochenendhäuschen, Zeitungskiosk oder Milchausschankhäuschen angepriesen wurde.[5] Im Werbeslogan der Firma Braune & Roth – »Das Haus aus Stahl & Stein von unbegrenzter Haltbarkeit«[6] – werden die Vorzüge der Stahlhäuser deutlich betont. Sie galten als besonders stabil, langlebig, schädlingsresistent und vor allem als feuersicher. Zusätzliche Annehmlichkeiten brachten WCs und eine moderne Warmwasserzentralheizung.

Die Entwicklung der Stahlhausbauweise von Braune & Roth wurde 1926 auf der Düsseldorfer Ausstellung für Gesundheitspflege, Soziale Fürsorge und Leibesübungen (Gesolei) mit einer Ehrenurkunde ausgezeichnet,[7] weitere lobende Worte finden sich im Goldenen Buch, das zur Einweihung des ersten Stahlhauses in Beucha auslag: »Wir erblicken in Ihrem Stahlhaus eine Erfüllung langgehegter bauhygienischer und sozialhygienischer Wünsche.«[8]

Trotz all dieser Vorzüge war den Stahlhäusern insgesamt nur eine kurze Blütezeit beschieden. Bereits Ende der 1920er-Jahre forderte die Rüstungsindustrie mehr und mehr Produktionskapazitäten,[9] sodass die Produktion der Stahlhäuser in Leipzig eingestellt werden musste und insgesamt nur wenige Häuser – eine genaue Anzahl ist bislang nicht bekannt[10] – gebaut werden konnten.

Konstruktiv handelt es sich bei den Stahlhäusern von Braune & Roth um Stahlskelettbauten, denen als Außenhaut 2 × 3 Meter große und 4 Millimeter starke Stahlplatten (Siemens-Martin-Stahl)[11] vorgehängt wurden. Die Platten sind am horizontalen Stoß genietet und werden untereinander von einer genormten Klemmschiene gehalten, die an die U-Profile des Stahlgerüstes geschraubt wird. Da sie selbst keine starre Verbindung zum tragenden Gerüst haben, werden temperaturbedingte Größenänderungen der Stahlplatten problemlos kompensiert. Hinter dieser Stahlfassade sorgt eine zehn Zentimeter starke Luftschicht für Isolation und gleichzeitige Hinterlüftung der Stahlplatten, um Korrosionsschäden zu verhindern. Teergetränkte Torfplatten, so genanntes Torfoleum, und Bimsbetondielen bildeten den weiteren Wandaufbau (Abb. 1), der zum Innenraum durch einen Putz ergänzt wurde.

Während die Decke zum Obergeschoss aus mit Stegzementdielen ausgefachten Stahlträgern besteht, wurden die Decke zum Dach sowie das Dach selbst in traditioneller Holzkonstruktion ausgeführt.

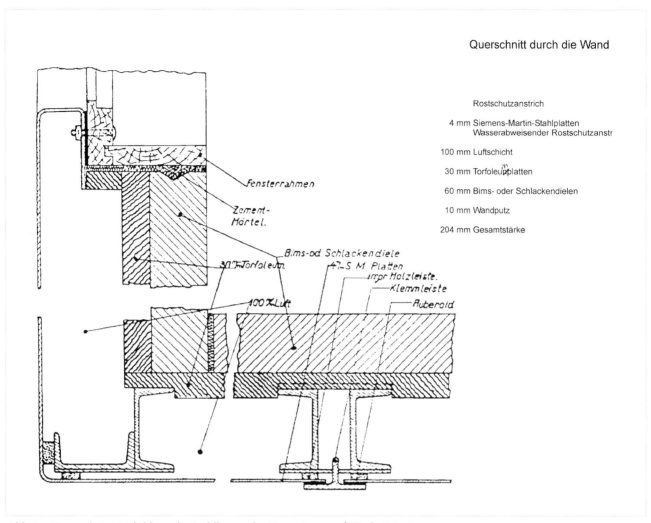

Querschnitt durch die Wand

Rostschutzanstrich

4 mm Siemens-Martin-Stahlplatten
Wasserabweisender Rostschutzanstr

100 mm Luftschicht

30 mm Torfoleumplatten

60 mm Bims- oder Schlackendielen

10 mm Wandputz

204 mm Gesamtstärke

Abb. 1   Konstruktive Ausbildung des Stahlhauses der Firma Braune & Roth, Leipzig.

Bis auf den gemauerten Keller wurden sämtliche Elemente der Stahlhäuser – Stahlprofile für das Stahlskelett, Wand-/Fenster- und Türstahlplatten sowie die patentierten Klemmschienen – im Werk in Leipzig hergestellt und zu den jeweiligen Standorten der Neubauten transportiert. Auch die Wand- und Deckenelemente wurden angeliefert. Durch die Vorfabrikation beschränkte sich der Aufwand auf der Baustelle auf die Montage und senkte die Baukosten erheblich. Im Falle des Beuchaer Musterhauses wird die Errichtungsdauer mit nur 24 Tagen angegeben.[12] Ein weiterer Vorteil war, dass das sonst notwendige »Trockenwohnen« hinfällig wurde und die Häuser sofort bezugsfertig waren. Auch energetisch brauchten sie den Vergleich zu einem steinernen Wohnhaus nicht scheuen: In der zeitgenössischen Literatur wird dargelegt, dass die Isolationsleistung des nur 20 Zentimeter starken Wandaufbaus der Stahlhäuser von Braune & Roth einer ungefähr 82 Zentimeter starken Ziegelwand entspricht.[13]

Das Görlitzer Stahlhaus

In Görlitz steht eines dieser Stahlhäuser – genauer gesagt: es steht wieder. Denn da das 1928 gebaute Einfamilienhaus vom Typ Norm I Sonne an seinem alten Standort in der Reichenbacher Straße 18 (*Abb. 2*) nicht erhalten werden konnte, wurde es 2012 abgebaut und seitdem auf dem Grundstück der Görlitzer Gärtnerei Wähner in Ortsteil Weinhübel wieder aufgebaut.

Doch zunächst zurück in die 1920er-Jahre und zu Konrad Bielke, dem Bauherren des Stahlhauses, der in Görlitz neben einer Tiefbaufirma eine Heizungsfirma und eine Tankstelle unterhielt.[14] Nicht ohne Grund entschied sich Bielke für ein Haus mit stählerner Außenhaut. Als Mitglied einer Freimaurerloge soll man ihm seinen Tod durch Schüsse prophezeit haben. Um das vermeintliche Risiko zumindest an seinem Wohnort auszuschließen, wählte er ein Stahlhaus von Braune & Roth, dessen vier Millimeter starke Stahlplatten ihm größte Sicherheit bieten sollten. Das Schicksal meinte es jedoch nicht gut mit ihm – er starb beim Tieffliegerangriff auf Görlitz am 18. Februar 1945 vor seinem Haus. Versprengte Munition traf auch das Haus und durchschlug entgegen aller Erwartungen die Stahlplatten an sechs Stellen. Auch das Dach wurde bei den Kampfhandlungen beschädigt.

Abb. 2   Stahlhaus Görlitz am ersten Standort, Aufnahme von Südwesten (1928).

Abb. 3   Rückbau in Görlitz-Rauschwalde, Abnahme der Stahlplatten am Giebel.

Der Bauplatz direkt neben der Bahnlinie nach Dresden auf dem Gelände der Firma »Görlitzer Centralheizungs- und Wasserversorgungsbau-Anstalt Gebr. Bielke«[15] war für die Anlieferung der Fertigteile aus Leipzig bestens geeignet. Im Vergleich zum Beuchaer Musterhaus vom Typ Sonne hatte Bielke an sein Stahlhaus zusätzlich östlich noch einen Wintergarten angebaut, eine zunächst geplante Dachgaube wurde nicht ausgeführt. Aufgrund der durch seine Firma gegebenen Möglichkeiten ließ der Bauherr das Haus von Braune & Roth nicht wie sonst üblich schlüsselfertig bauen, sondern übernahm die Errichtung in Eigenleistung. Auf den Bauantrag vom 18. Juli 1927 folgte rund acht Monate später, am 14. März 1928, die Bauabnahme.[16]

Über das weitere Schicksal des Hauses nach dem Tod des kinderlosen Eigentümers 1945 ist wenig bekannt. Wie aus dem 2007 erschienenen Aufsatz von Christof Zahalka hervorgeht, stand das Haus zu dieser Zeit bereits etliche Jahre leer,[17] sodass die Denkmalschutzbehörden den Wunsch des neuen Eigentümers zur Translozierung des Hauses innerhalb des Stadtgebietes von Görlitz als Chance für dessen Erhalt befürworteten *(Abb. 3)*.

Die Translozierung des Stahlhauses

Der neue Eigentümer, Herr Wähner, wollte das Stahlhaus als Wohnhaus für sich in seiner Gärtnerei wieder errichten und dabei so viel wie möglich Originalsubstanz erhalten. Das Institut für Diagnostik und Konservierung in Sachsen und Sachsen-Anhalt e. V. (IDK) wurde vom Landesamt für Denkmalpflege Sachsen für diese Maßnahme in beratender Funktion zum Thema der Bauklimatik hinzugebeten.

Der Rückbau des Stahlhauses erfolgte im Frühjahr 2012 *(vgl. Abb. 3)*. In Görlitz-Weinhübel wurde es danach analog zu seiner bauzeitlichen Ausrichtung auf einem neu errichteten Kellergeschoss wieder aufgebaut, was durch den modularen Charakter des Fertigteilhauses problemlos möglich war. Nahezu alle originalen Stahlteile – vom Stahlskelett über die Fassadenplatten bis zu den Klemmschienen – konnten wiederverwendet werden *(Abb. 4)*. Auch die gewendelte Stahltreppe, die nach dem System von Braune & Roth direkt in das Stahlskelett integriert ist, dient nach der Umsetzung wieder als Erschließung von Ober- und Dachgeschoss. Um die stärker von Korrosionsnarben gezeichneten Stahlplatten der Wetterseite zu schützen, wurden die Platten von Ost- und Westseite beim Wiederaufbau gegeneinander ausgetauscht. Zusätzlich wurden die kriegsbedingten Einschusslöcher mit Vierungen ausgesetzt; eine Platte musste komplett erneuert werden. Durch den Rückbau konnten die Materialien für den inneren Wandaufbau – Torfoleum als Dämmung und Bimsbetonstein als massive Wand und Putzträger – nicht erhalten werden. Für den Wiederaufbau wurde hierfür mit modernen Materialien geplant.

Durch diesen Materialwechsel hat sich die Wandstärke von ca. 20 auf insgesamt 35 Zentimeter erhöht, was wiederum den Ersatz der ursprünglich sechsteiligen, zweiflügligen Kastenfenster durch Isolierglasfenster gleicher Ausführung nach sich zog. Die Deckenkonstruktion zwischen Erd- und Obergeschoss konnte ebenfalls nicht zerstörungsfrei abgebaut und daher nicht wiederverwendet werden. Statt der Stegzementdielen wurde

Abb. 4   Wiederaufbau des Stahlhauses am neuen Standort. Das Stahlgerüst, die Treppen und ersten Stahlplatten sind bereits montiert.

eine Stahlbetondecke gegossen, die im weiteren Fußbodenaufbau eine Fußbodenheizung erhielt. Im Gegensatz dazu konnte die Holzbalkendecke zum Dachgeschoss komplett übernommen werden. Der Dachstuhl – ein zweifach stehender Stuhl mit sieben Gespärren – musste schadensbedingt in Teilen erneuert werden, besteht aber immer noch zu ca. 50 % aus Originalsubstanz. Hier wurden außerdem die bereits 1927 geplanten, aber bei der Ersterrichtung nicht mit ausgeführten Dachgauben[18] ergänzt, um das Dachgeschoss später einmal zu Wohnzwecken nutzbar zu machen.

Spannend aus Sicht der Bauklimatik war festzustellen, warum das Stahlhaus nach Berichten von Nutzern bauklimatisch funktionierte. Das heißt, warum es im Sommer trotz seiner Stahlhülle nicht überhitzte und im Winter nicht zu stark auskühlte. Am Originalbau, in den historischen Bauakten und vorliegenden Montagezeichnungen konnten darauf zuerst keine eindeutigen Antworten gefunden werden. Beim Rückbau wurde der Wandaufbau mit den verwendeten Materialien dokumentiert. Der Wandaufbau aller Außenwände stellte sich von außen nach innen wie folgt dar: 4 mm Stahlplatte, 10 cm Luftschicht, 3 cm Torfoleum (Dämmung), 7 cm Bimsbetonstein, Innenputz.

Da die Außenwände keine tragenden Funktionen hatten, konnte mit porösen und somit gut dämmenden Materialien gearbeitet werden. Die Torfoleumplatten waren zwischen die Stahlträger geklemmt und mit Eisenklammern untereinander verbunden. Sie zeigten beim Abbau deutliche Verformungen, aber keine Anzeichen von Feuchteschäden oder einem Schim-

melpilzbefall. Die Erwärmung der Raumluft im Winter erfolgte über eine Zentralheizung mit Konvektorheizkörpern.

Durch den Rückbau war sehr deutlich zu erkennen, dass sich die Luftschicht hinter der Stahlplatte vertikal frei bewegen konnte. Am Übergang zum Kellerbereich ist jede Stahlplatte leicht nach außen gebogen, um einen Überstand zum aufgehenden Kellermauerwerk zu bekommen, aber auch, um eine größtmögliche Zuluftöffnung zu gewährleisten. Am oberen Ende der Stahlfelder konnte die Luft durch Öffnungen in den nicht ausgebauten Kaltdachbereich strömen. Durch diese Konstruktion kam es zu einer permanenten Durchströmung von Luft hinter allen Stahlplatten. Diese regelmäßige Luftbewegung sorgt für eine Abtrocknung von anfallendem Tauwasser, welches sich natürlich bei bestimmten klimatischen Bedingungen an der Stahlplattenrückseite niederschlägt. Und die Luftbewegung sorgt für die Abführung der sommerlich stark aufgewärmten Luft hinter den Stahlplatten über alle Etagen hinweg in den Kaltdachbereich. Von dort gelangte diese feuchte bzw. warme Luft durch die konstruktiv bedingten Undichtigkeiten der Dachkonstruktion nach außen.

Diese gut funktionierende Konstruktion zur Verhinderung bauklimatischer Schäden und Beeinträchtigungen an der Außenwandkonstruktion des Stahlhauses musste auch am Ort des Wiederaufbaus unbedingt wiederhergestellt werden. Da die Originalbauteile des Wandaufbaus durch den Rückbau nicht wieder Verwendung finden konnten, mussten durch ein beauftragtes Planungsbüro[19] zeitgemäße Ersatzbaustoffe gefunden

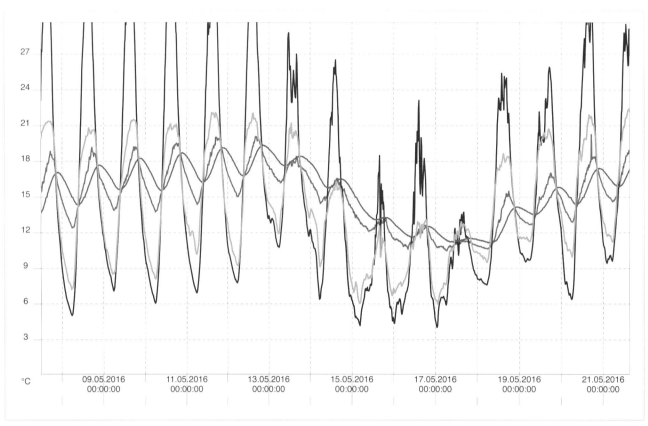

Abb. 5   Görlitz, Stahlhaus, Messung der Lufttemperaturen im Wandaufbau, 7.5.–21.5. 2016.

rote Kurve – Raumlufttemperatur, grüne Kurve – Außenlufttemperatur (Görlitz), magenta Kurve – Lufttemperatur zwischen Wärme-
dämmung und Hochlochziegel, blaue Kurve – Lufttemperatur zwischen Stahlplatte und Wärmedämmung (Luftschicht).

und planerisch in die Stahlkonstruktion integriert werden. Diese neuen Baustoffe sollten eine weitere Verbesserung der Außenwandkonstruktion vor allem im Bereich der Energieeinsparung bewirken. Der neue Wandaufbau sieht von außen nach innen nun folgendermaßen aus: 4 Millimeter Stahlplatte, 5,5 cm Luftschicht, 14 cm Mineralfaserdämmung,[20] 15,5 cm Hochlochziegel,[21] Innenputz *(Abb. 6)*. Im Bereich der Stahlstützen erfolgte anstatt der Mineralfaserdämmung der Einbau einer Polyurethan-Hartschaum-Platte,[22] um den geringen Dämmquerschnitt auszugleichen.

Bei mehreren Beratungsgesprächen wurden gemeinsam Detaillösungen für die Umsetzung vor Ort gefunden werden, sodass die Belange der Bauklimatik, des Wärmeschutzes und der Energieeinsparung zeitgemäß gelöst werden konnten.

Bauklimatische Untersuchungen
Um die Wirksamkeit der hinterlüfteten Stahlfassade zu erfassen, erfolgt an zwei Messpunkten über einen längeren Zeitraum die Erfassung von Klimaparametern in unterschiedlichen Konstruktionsebenen der Außenwand. Erfasst werden sollen die Klimaparameter auf der Nord- und Südseite des Hauses. Durch bauliche Verzögerungen konnte nur der Messpunkt auf der Nordseite installiert und bisher über ein knappes halbes Jahr betrieben werden. Es werden die Lufttemperatur und die rela-

tive Luftfeuchte an folgenden Stellen gemessen: Außenklima, Luftschicht hinter Stahlplatte, Übergang zwischen Mineralfaserdämmung und Hochlochziegel sowie Raumklima. Durch diese Messung soll aufgezeigt werden, wie stark und wie schnell sich die einzelnen Wandschichten erwärmen und wie sich die relative Luftfeuchte dazu verhält. Vor allem die Fragen zur sommerlichen Erwärmung und zur Gefahr einer langfristigen Auffeuchtung des Dämmmaterials sollen damit genauer erfasst werden. Nur durch eine funktionierende und ausreichende Hinterlüftung der Stahlkonstruktion lassen sich diese Gefahren ausschließen.

Anhand der bisher erfolgten Klimamessungen konnte die Wirksamkeit einer funktionierenden Hinterlüftung der »neuen« Stahlfassade auf der Südseite für diesen Zeitraum erbracht werden. Es sind zwar sehr hohe Temperaturen in der Luftschicht hinter der Stahlplatte an der Südseite messbar, aber dieser Wärmestrom wird durch die Wärmedämmung und die Hochlochziegel sehr deutlich nach innen gedämpft. In *Abb. 5* wird ein Diagramm dargestellt, das die Lufttemperaturen an den einzelnen Messstellen für einen ausgewählten Zeitraum wiedergibt. Deutlich ist im Diagramm zu erkennen, wie sich die Lufttemperaturen in den einzelnen Wandbereichen im Tagesverlauf verändern. Die sehr starken Temperaturschwankungen in der Luftschicht sind im Innenraum nur gering ablesbar.

Abb. 6   Neuer Wandaufbau der Außenwände beim Wiederaufbau. Links ist die Rückseite der Stahlplatte und die folgende 5,5 Zentimeter starke Luftschicht erkennbar.

Abb. 7   Das Stahlhaus Görlitz am neuen Standort, von Südwesten.

Vielmehr kommt es in den Wohnräumen zu Temperaturanhebungen durch die vorhandenen Glasflächen der Fenster. Dies belegt der Messpunkt innerhalb der Wandkonstruktion mit seinen sehr gedämpften Schwankungen.

Die Ergebnisse der relativen Luftfeuchte zeigen bisher keine Gefahr einer Auffeuchtung. Erhöhte Luftfeuchtewerte in den einzelnen Wandabschnitten werden nach wenigen Tagen durch trockene Zeitabschnitte abgeführt. Eine Abschließende Betrachtung der Messdaten wird in absehbarer Zeit erfolgen und an anderer Stelle publiziert bzw. diskutiert werden.

Fazit

Durch die Translozierung konnte das Görlitzer Stahlhaus der Firma Braune & Roth, das das Bestreben zur Industrialisierung des Wohnungsbaus am Beginn des 20. Jahrhunderts eindrücklich dokumentiert, als wichtiges Zeugnis der sächsischen Bau- und Industriegeschichte langfristig erhalten werden. Die Wohnraumqualität des Hauses wurde durch den Einsatz moderner Materialien beim Wiederaufbau weiter optimiert. Dabei belegen die bisher durchgeführten Klimamessungen, dass die Funktionstüchtigkeit der bauklimatisch sehr wichtigen, frei hinterlüfteten Stahlfassade gegeben ist *(Abb. 7)*.

Anmerkungen

1 Klinkenbusch, Rolf: Holzbauten der Christoph & Unmack AG Niesky, in: Wohnhäuser aus Holz, Reprint der Ausgabe Niesky 1940, Zittau 2007, S. 4.
2 Spiegel, Hans: Der Stahlhausbau, Leipzig 1928, S. 65.
3 Ebd.
4 Krieg, Stefan W.: Heimatliches aus Stahl. Deutschlands erste Stahlfertighäuser kamen aus Leipzig, in: Leipziger Blätter (51), Leipzig 2007, S. 70.
5 Werbeprospekt der Firma Braune & Roth, Bauakten Stadt Görlitz.
6 Vgl. Anm. 5.
7 Hygienisches Gutachten vom 14.10.1926, im Werbeprospekt der Firma Braune & Roth, Bauakten Stadt Görlitz.
8 Wie Anm. 2, S. 85.
9 Peters, Günter: Zur Geschichte des industriellen Bauens. Von den Anfängen bis Mitte des 20. Jahrhunderts, in: Peters, Günter (Hg.): Geschichte und Zukunft des industriellen Bauens: Tagungsmaterialien/Tag der Regional- und Heimatgeschichte, Marzahn-Hellersdorf 2001, S. 39.
10 Erhaltene und bekannte Häuser von Braune & Roth in: Beucha, Görlitz, Leipzig, Meerane, Schwerin.
11 Zahalka, Christof: Das Stahlhaus Reichenbacher Straße 18, in: Denkmalpflege in Görlitz. Eine Schriftenreihe, Nr. 16, Görlitz-Zittau 2007, S. 58; Braune & Roth bezogen ihren Stahl von den Vereinigten Oberschlesischen Hüttenwerken AG in Gleiwitz (vgl. Anm. 4, S. 69).
12 Ebd., S. 59.
13 Burchard, Julius: Stahlhausbau, in: Wismuths Monatshefte für Baukunst und Städtebau, Berlin 1927/5, S. 222.
14 Alle Angaben zu Konrad Bielke gehen auf mündliche Auskunft des Eigentümers des Stahlhauses, Gerd Wähner, zurück, 3.8.2016.
15 Wie Anm. 11, S. 60.
16 Ebd., S. 61.
17 Wie Anm. 15.
18 1927 war auf der Westseite eine Dachgaube geplant. Beim Wiederaufbau wurden östlich und westlich je eine leicht vergrößerte Dachgaube ausgeführt.
19 Dipl. Ing. (FH) Wilhelm Wimmert, Projekt- & EnergieSparBeratung, Markersdorf.
20 Kaschierte Fassadenplatte mit einer Wärmeleitfähigkeitsstufe (WLS) 032.
21 POROTON Hochlochziegel 11,5 × 24 Zentimeter in Leichtmauermörtel, mit Perlite WLS 050 gefüllt.
22 Xtratherm PUR 023 Alu kaschiert, WLS 023.

Abbildungsnachweis

1 Franck, E.: Neue Bauweisen auf der Technischen Frühjahrsmesse in Leipzig, in: Deutsche Bauzeitung 1927, Nr. 19/20, S. 2; **2, 3, 4** Gerd Wähner; **5, 6, 7** Thomas Löther, IDK.

Architektur der jüngsten Vergangenheit und ihre Erfassung – sächsische Kulturdenkmale der 1970er- und 1980er-Jahre

Mathis Nitzsche, Franziska Peker

Zwischen 1993 und 2003 erfolgte die beschleunigte Listenerfassung der Kulturdenkmale im Freistaat Sachsen auf Grundlage des neuen Denkmalschutzgesetzes. Einige bedeutende DDR-Bauwerke der 1970er- und 1980er-Jahre wurden damals als Denkmale erkannt. Grundlage dieser Ausweisung war das Kriterium, dass diese Objekte einer abgeschlossenen, historisch gewordenen Epoche der Architekturentwicklung angehörten. Nach dieser wissenschaftlichen Maßgabe wurden im Laufe der Zeit weitere Bauten der jüngsten Vergangenheit bewertet und in die sächsische Kulturdenkmalliste aufgenommen. Die Kriterien der Erfassung von ostdeutschen Denkmalen dieser Jahre ergeben sich aus dem zeitbezogenen Kontext. Neben der Kunstgeschichte sind sozial- und zeithistorische Aspekte die Leitgedanken der Denkmalausweisung von DDR-Gebäuden. Zur Beurteilung stehen architektonische Leistungen, die nur in einem schwierigen politischen Umfeld errungen werden konnten. Die Architekturpolitik in der Deutschen Demokratischen Republik konzentrierte sich besonders auf den Massenwohnungsbau und den Gesellschaftsbau wie Kindergärten oder Kulturhäuser. Das gehobene Einfamilienhaus, Museumsneubauten oder Kirchengebäude standen nicht im Interesse der staatlichen Baukultur. Es ist eine gar nicht so selten anzutreffende Auffassung, dass die mitunter einseitige architektonische

Entwicklung in der DDR »verheerende Folgen«[1] gehabt hätte. Auf zahlreiche missglückte Projekte »mit öden Reihen- und Zeilenbebauungen im Wohnkomplexschema à la Hoyerswerda«[2] wird aufmerksam gemacht. Zudem muss man sich mit der Ansicht auseinandersetzen, dass die Architektur der Ostmoderne im Allgemeinen nicht so innovativ gewesen sei und eine geringere Qualität im Vergleich zu westdeutschen Kulturdenkmalen besäße.[3] Die Einschätzung der sächsischen Architektur aus der Zeit der DDR fällt daher noch heute kontrovers und emotionsgeladen aus. Die öffentliche Akzeptanz der Erfassung jener Architektur als Denkmal, die häufig als wenig schätzenswerte Baukunst unserer Tage bewertet wird, ist wohl schwerer zu erringen als bei einem jahrhundertealten Zeugnis sächsischer Geschichte.[4] Hinzu kommt, dass Denkmalpfleger jetzt Gebäude auf ihren Denkmalwert hin überprüfen müssen, die sie noch vor nicht allzu langer Zeit vehement zu verhindern suchten, da mit diesen Neubauten die Vernichtung älterer, wertvollerer Bausubstanz besiegelt wurde. Die Reflexion eigenen Tuns rückt somit in den Vordergrund. Man muss einen kritisch wertenden Standpunkt zu Objekten einnehmen, deren Entstehen man häufig selber beobachtet hat.

Ein Beispiel soll die besonderen Bedingungen einer Unterschutzstellung von Bauten der DDR-Vergangenheit verdeutli-

Abb. 1   Leipzig, Dorotheenplatz, 1983–1989, Ansicht von Osten.

chen. Ab den späten 1970er-Jahren wurde in Ostdeutschland mit der »sozialistischen Neugestaltung« in sogenannten Rekonstruktions- oder Umgestaltungsgebieten begonnen. Bei dieser Sanierung von meist gründerzeitlichen innerstädtischen Wohnquartieren bestimmten überwiegend Flächenabbrüche und die Neubebauung mit Plattenwohnungen das Baugeschehen. Im Umgestaltungsgebiet Innere Westvorstadt Leipzig erfolgte hingegen eine differenziertere Vorgehensweise bei der Stadtmodernisierung. Die am Dorotheenplatz und der Kolonnadenstraße unter dem Hauptarchitekten Frieder Hoffmann in zwei Bauabschnitten realisierten Wohngebäude, die an der Kolonnadenstraße von 1983 bis 1985 und am Dorotheenplatz von 1987 bis 1989 ausgeführt wurden *(Abb. 1)*, waren ein Testfeld für individuell angepasste Großtafelbauten als Lückenschließungen zwischen sanierten Historismushäusern. Der Leipziger Kunsthistoriker und Denkmalpfleger Wolfgang Hocquél bemerkte dazu in einem noch zu DDR-Zeiten verfassten Buch: »Die Neugestaltung des Dorotheenplatzes … stellt den gelungenen Versuch dar, der städtebaulichen Planung die überkommenen räumlichen Strukturen zugrunde zu legen. … Die historischen Traditionen des Gebietes werden so zur Ausprägung eines ortstypischen Erscheinungsbildes genutzt.«[5] Mit einigen Jahren Abstand nahm derselbe Autor einen kritischeren Standpunkt ein: »Während die städtebauliche Grundanlage überzeugt, trifft gleiches für die Architektur der Neubauten nicht zu. Mit einer Fülle unterschiedlicher, teils unpassender Materialien wurde vergeblich versucht, die monotonen Plattenbauten aufzuwerten. Die den Gebäuden am Dorotheenplatz im Erdgeschoss vorgelegten Arkaden wirken grobschlächtig, schwerfällig und überflüssig.«[6] Die Denkmalfähigkeit historischer Objekte wird durch schwankende Einschätzungen über architektonische Qualität nicht in Zweifel gezogen. So ergibt sich der Denkmalwert der Wohngebäude am Dorotheenplatz aus ihrer baulichen Gestalt, ihrer städtebaulichen Figur und liegt mehr noch in ihrer baupolitischen Vergangenheit begrün-

det. Denn diese Anlage zeigt an einem der wenigen Beispiele eines solchen Planungskonzepts, dass die vorhandenen Straßen- und Platzräume beibehalten wurden und man sich mit den Neubauten an historische Gegebenheiten anpasste. Der Baukomplex entstand auf dem Gelände des untergegangenen barocken Apels Garten, dessen Fächerform sich an den Straßenstrahlen von Elsterstraße, Kolonnadenstraße und Reichelstraße ablesen lässt und deren Straßenverläufe die neuen Gebäude durch ihre Eckvorbauten geschickt betonen. Zwei barocke Skulpturen von Jupiter und Juno, die der berühmte Dresdner Bildhauer Permoser für Apels Garten um 1705 schuf, kamen als Kopien wieder an ihren annähernd ursprünglichen Standort auf dem Dorotheenplatz und wurden nun von den Neubauten einheitlich eingefasst. Der Denkmalwert der DDR-Gebäude ergibt sich somit in starkem Maße aus städtebaulichen und zeithistorischen Gründen.

Die Kulturdenkmale der 1970er- und 1980er-Jahre konzentrieren sich in Sachsen auf die Großstädte Leipzig, Chemnitz und Dresden sowie als Sonderfall auf Hoyerswerda. Dass Leipzig die meisten Denkmale dieser Zeit aufzuweisen hat, hängt sicherlich mit der damaligen Bedeutung der Stadt als Drehscheibe des Ost-West-Handels zusammen, die ihr nach Berlin einen bevorzugten Rang im Baugeschehen Ostdeutschlands gab. Die Stellung der zweitgrößten Stadt der DDR wurde wesentlich durch ihre Messe geprägt. Daneben hatte Leipzig einen hervorragenden Ruf als Musikstadt mit Gewandhausorchester, Rundfunk-Sinfonieorchester, Thomanerchor und Musikhochschule.

Zu einem der wichtigsten Bauwerke der späten DDR gehört das Neue Gewandhaus in Leipzig *(Abb. 2)*, Augustusplatz 8, dessen Entwurfsplanung durch den Chefarchitekten Rudolf Skoda 1976 begann und das zum 200. Jubiläum des Leipziger Orchesters 1981 eröffnet wurde. Es geht auf eine Initiative des Gewandhauskapellmeisters Kurt Masur zurück und ist eines der wenigen sächsischen Bauten jener Zeit, denen internatio-

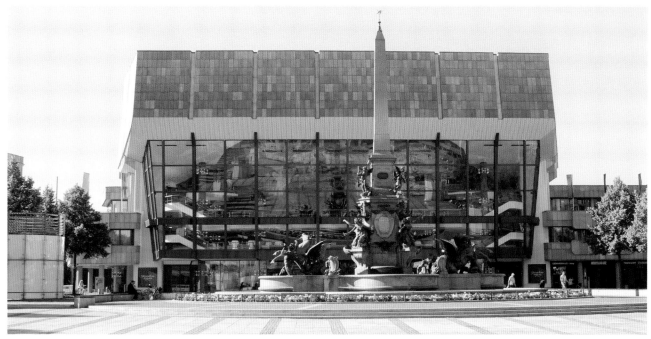

Abb. 2   Leipzig, Gewandhaus, 1976 – 1981, Ansicht von Norden.

Abb. 3   Leipzig, Gewand-
haus, 1976–1981, Ansicht
von Westen.

Abb. 4   Leipzig, Gästehaus
der Universität, 1984–
1989.

nale Aufmerksamkeit zuteilwurde. Das Gebäude wird beherrscht durch den Großen Saal für 1900 Personen, der sich über sechseckigem Grundriss aus dem Baukörper erhebt und in seinem oberen Abschluss eine Sandsteinvertäfelung erhielt. Die ungewöhnliche, schrägansteigende, gläserne Hauptfassade folgt den aufsteigenden Rängen des Konzertsaals. Die Natursteinplattenverkleidung des Neubaus ist postmoderner Architektursprache verwandt, die massigen Formen und die plastische Durchbildung der Fassaden erinnern an Bauten im Stil des Brutalismus. Eine Besonderheit stellt die programmatische Verbindung von bildender Kunst und Architektur am Gewandhaus dar. Für das Hauptfoyer mit seinen Treppenanlagen wurde das riesenhafte Wandgemälde »Gesang des Lebens« von

Sighard Gille geschaffen, das zugleich – besonders während der abendlichen festlichen Beleuchtung als farbiger Fassadenhintergrund – zum Augustusplatz zur Wirkung kommt. Der Umgang um den Saal ist mit einer Galerie großformatiger Bilder und kleiner Plastiken einer Vielzahl von Künstlern ausgestaltet, die sich mit dem Thema Musik auseinandersetzen. Südlich des Hauptsaals schließt sich an einen Lichthof der kleine, 500 Plätze fassende Kammermusiksaal an, ebenfalls mit sechseckigem Grundriss. Daneben bildet das Restaurant Stadtpfeiffer als niedriger Anbau nordwestlich des Lichthofs einen Teil der asymmetrisch gestalteten Gebäudekubatur *(Abb. 3)*. Der Architekturhistoriker Wolfgang Pehnt verweist, wie viele andere Autoren auch, auf den gestalterischen und raumakustischen Einfluss der Westberliner Philharmonie (1960–1963) von Hans Scharoun auf das Leipziger Konzerthaus: »Wie in Berlin zucken die Brüstungsbänder der aufgesplitterten Ränge um ein zentrales Konzertpodest. Aber während man sich in Berlin in einem atmenden, pulsierenden Raum ohne feste Grenzen fühlt, hält man sich in Leipzig in einer schallbrechend dekorierten Raumschale auf.«[7] An Stelle des kriegsbeschädigten Bildermuseums setzt das Gewandhaus einen wichtigen städtebaulichen Abschluss am Augustusplatz neben dem 1975 fertig gestellten, 140 Meter hohen Universitätshochhaus, das nach einer Idee des Architekten Hermann Henselmann als neuer Akzent in Leipzigs Stadtsilhouette entstand und heute ebenfalls unter Denkmalschutz steht. Das Neue Leipziger Gewandhaus ist einer der eigenartigsten und herausragenden Kulturbauten der DDR, ein Konzertgebäude von hohem künstlerischem Rang.

Unmittelbar am Nikolaikirchhof in Leipzigs Innenstadt steht das Eckgebäude Grimmaische Straße 19 und Nikolaistraße 2, das von 1976 bis 1983 als Bezirksapotheke erbaut wurde. Dieser Betrieb organisierte ehemals die Arzneimittelversorgung für den Bezirk Leipzig. Das kubische Flachdachgebäude mit der Löwenapotheke als Laden im Erdgeschoss erhielt eine Glas-Aluminium-Rasterfassade, die umlaufend mit Sandsteinplatten gerahmt wurde. Solche für die 1950er-/ 1960er-Jahre typischen Bürohausfassaden kamen bis zum Ende der DDR zur Ausführung. Im Innern erhielt die Apotheke das Wandbild »Flora in der Waage«, 1983 durch das Künstlerehepaar Hans-Peter Müller und Alexandra Müller-Jontschewa geschaffen. Die Löwenapotheke ist einer der letzten erhaltenen Bürohaustypen dieser Art in Leipzig mit prägender Wirkung im öffentlichen Raum. Daher kommt diesem Gebäude auch wegen seiner künstlerischen Ausstattung Bedeutung als Kulturdenkmal zu.

Die allgemeine Unzufriedenheit über die Monotonie zeitgenössischer Großsiedlungen und moderner Neubauten ließen eine architektonische Richtung entstehen, die zur Postmoderne erklärt und für die 1980er-Jahre prägend wurde. Vertreter dieser Variante der Moderne suchten in ihren Entwürfen auf das historische Ambiente der »Alten Stadt« einzugehen. Die herausragenden ostdeutschen Beispiele dieser Architektur entstanden 1987 in Plattenbauweise mit Anklängen an Klassizismus und Jugendstil in Berlin im Rahmen der 750-Jahr-Feier der Stadtgründung. Eines der wenigen postmodernen Gebäude außerhalb Berlins ist das Universitäts-Gästehaus in Leipzig *(Abb. 4)*, Ritterstraße 12, das nach dem Entwurf des Architekten Wolfgang Friebe von 1984 bis 1989 entstand. Es wurde zwischen zwei älteren Universitätsbauten errichtet und passt sich an deren Firsthöhe an. Mit seiner hervorgehobenen städtebaulichen Lage am Nikolaikirchhof bildete der Neubau den Ersatz für die kriegszerstörte alte Buchhändlerbörse von 1836. Das Gästehaus erhielt eine Plattenstruktur mit traditionalistisch wirkenden Zwillingsfenstern, der Haupteingangsbereich wurde durch einen polygonalen Erker mit Giebelabschluss hervorgehoben. Die Ladenfront des Erdgeschosses ist mit Steinplatten verkleidet, der Erker zweifarbig verputzt. Das zur Straße abgeschrägte Dach erhielt hier eine Ziegeldeckung und Gauben, ist ansonsten aber ein Flachdach. Die Fassade des Gästehauses erscheint wie eine freie Übertragung der Hauptfassade des benachbarten Schulgebäudes von Fritz Schumacher (1910 erbaut), dessen Hauptzugang ebenfalls durch einen Erker

Abb. 5   Leipzig, Wohn und Geschäftshaus Nikolaistraße, 1988– 1990.

betont ist. Der Lückenschließungsbau der 1980er-Jahre war einer der wenigen Fälle, die zeigten, dass ein DDR-Neubau sich behutsam seiner Umgebung anpassen konnte, ohne seine Zeitbezogenheit zu verleugnen.

Ähnlich wurde bei einer weiteren innerstädtischen Lückenschließung vorgegangen. Mit dem Wohn- und Geschäftshaus Nikolaistraße 31 *(Abb. 5)* entstand von 1988 bis 1990 ein Plattenbau im Stadtzentrum, der den Rhythmus des Straßenzuges, einer wichtigen Geschäftsstraße, aufnahm. Projektiert wurde das Gebäude durch den VEB Baukombinat Leipzig. Die Fassade wird durch mehrere loggien- und erkerartige Vorbauten geprägt, deren polygonalen Abschlüsse die Dachaufbauten des benachbarten Zeppelinhauses zitieren. Die abwechslungsreiche Fassadenoberfläche besteht aus verschiedenen Materialien (Beton, Putz, Fliesen). Trotzdem es sich um ein relativ stattliches, siebengeschossiges Haus mit Flachdach handelt, fügt es sich behutsam in den Straßenraum ein. Können beide Leipziger Lückenschließungsbauten auch nicht mit dem gestalterischen Aufwand und der Raffinesse Ostberliner Bauten der Postmoderne mithalten, sind sie doch eine der wenigen in der DDR entstandenen Zeugnisse einer intelligenten Adaption an die historische Umgebung und gelungene Beispiele eines angepassten innerstädtischen Bauens dieser Zeit in Großtafelbauweise, die deren Denkmalausweisung rechtfertigen.

Abb. 6   Leipzig, Bowling-treff, 1986–1987, Ansicht von Süden.

Abb. 7   Leipzig, Wildpark-gaststätte, 1976–1977, Ansicht von Süden.

Der Bowlingtreff in Leipzig, Wilhelm-Leuschner-Platz 1 *(Abb. 6)*, 1986 entworfen durch Volker Sieg und Winfried Sziegoleit, ist ein Sport- und Veranstaltungsbau, der zum VIII. Turn- und Sportfest der DDR 1987 eingeweiht wurde. Er stellt ein Zeugnis für die Bedeutung des Leistungs- und Brei-tensports in Ostdeutschland dar. Für die Bowlinganlagen wurden die Kellerräume eines 1925 erbauten unterirdischen Umspannwerkes genutzt. Der neu errichtete Eingangsbau er-hebt sich über achteckigem Grundriss und nimmt damit die polygonale Grundform eines ehemals ganz in der Nähe stehen-den, 1884 eröffneten Panoramarestaurants auf, das im Zweiten Weltkrieg zerstört wurde. Die Fassaden bestehen aus einem Wechsel von Sandsteinplatten und Glasflächen, der Zugang wird mit einer gewölbten gläsernen Dachkonstruktion betont. Die Wirkung des Foyers im Innern ist für die geringe Raum-größe überwältigend, vier säulenartige Stützen verlaufen vom

Keller bis zum Dachraum und verbinden optisch die verschie-denen, gestaffelten Ebenen des Hauses. Der Bowlingtreff ist zweifellos der interessanteste Beitrag der DDR zur Postmoder-ne. Das Gebäude wurde offensichtlich von Bauten des Schwei-zer Architekten Mario Botta inspiriert. Das zeigt sich an seinem 1980 geschaffenen Einfamilienhaus in Viganello, dessen gläser-nes Dachgewölbe hier wie andernorts architektonisch viel zitiert wurde. Bauten in dieser Qualität waren in Ostdeutschland von Seltenheit.

Die etwas ältere Wildparkgaststätte *(Abb. 7)*, Koburger Straße 12, ebenfalls von Volker Sieg und Winfried Sziegoleit entworfen, wurde als niveauvolles Gasthaus in einem Tierpark an dominierender Stelle von 1976 bis 1977 erbaut. Sie orien-tierten sich an skandinavischen Vorbildern. Der eingeschossige Massivbau unter zwei Giebeldächern besticht durch seine ab-gebundene Holzdachkonstruktion und die ornamentale Holz-

Abb. 8   Leipzig, Propsteikirche St. Trinitatis, 1978–1982, Ansicht von Westen.

verkleidung. Die individuelle Gestaltung macht dieses Gebäude zu einem bemerkenswerten DDR-Kulturdenkmal.

Im alten Villenviertel von Leipzig-Leutzsch befindet sich das Atelierhaus Heisig, Zum Harfenacker 6, ein von 1975 bis 1980 im Bungalowstil durch Volker Sieg und den Architekten Marr für den Rektor der Hochschule für Grafik und Buchkunst entworfenes Haus. Bernhard Heisig war ein erfolgreicher Maler, der über die Grenzen der DDR Anerkennung fand. Er hatte einen prägenden Einfluss auf die jüngere Generation von Künstlern in Ostdeutschland. Durch seine führende Stellung konnte dieses ungewöhnliche Bauwerk verwirklicht werden. Der um ein Atrium errichtete moderne Klinkerbau mit Flachdach besticht durch seine großzügige, mit einer Glasfassade geöffnete Straßenfassade. Den Dachabschluss bildet ein verbrettertes Scheingesims. Das Gebäude verdeutlicht die besondere Stellung eines prominenten Künstlers in Ostdeutschland.

Der Sakralbau spielte in der DDR angesichts der wirtschaftlichen und ideologischen Einschränkungen nur eine untergeordnete Rolle. Nach dem Ende des Zweiten Weltkrieges entstand auf den Gebieten der SBZ und der späteren DDR mit der Integration der Flüchtlinge und Vertriebenen katholischen Glaubens und dem Neubau ihrer Kirchen eine neue Herausforderung. Neben den wenigen sakralen Neubauten der 1950er-Jahre, die eher der traditionellen Formensprache entsprachen, entstanden seit den 1960er-Jahren Kirchen mit modernen, schlichten Formen.[8] In den Großwohnsiedlungen an den Stadträndern,[9] die in den 1970er- und 1980er-Jahren errichtet wurden, entwickelten sich neue Pfarrgemeinden, daher entstanden besonders hier neue Sakralbauten. Diese konnten nur über ein Sonderbauprogramm, das durch die westdeutschen Partnergemeinden finanziert wurde, verwirklicht werden.

Das Evangelische Pauluskirchgemeindezentrum in Leipzig, Alte Salzstraße 185, kam von 1981 bis 1983 nach dem Entwurf von Rainer Ilg und Gerhart Pasch zur Ausführung. Es liegt in unmittelbarer Nähe der Katholischen St. Martinskirche, Kolpingweg 1, die von 1982 bis 1985 nach dem Entwurf des Dresdner Architekten Manfred Fasold errichtet wurde. Die beiden benachbarten Kirchen entstanden für das 1976 begonnene Neubaugebiet Leipzig-Grünau und sind ein Dokument des Programms »Kirchen für neue Städte« in der DDR. Gegenüber der relativ monotonen Umgebung der Plattenbausiedlung können sich die vergleichsweise kleinen Kirchengebäude in Leipzig mit schiffsbug- und zeltartiger Gestaltung architektonisch gut behaupten. Diese Sakralbauten sind weniger Beispiele einer ausgefallenen Architektur, sondern wichtige Denkmale der DDR-Kirchenpolitik.

Unter diesen meist in bescheidenen Formen errichteten christlichen Neubauten sticht die Katholische Propsteikirche St. Trinitatis in Leipzig (Abb. 8), Emil-Fuchs-Straße 5/7, hervor. Sie wurde von 1978 bis 1982 durch Udo Schultz von der staatlichen Bauakademie der DDR konzipiert. Die künstlerische Ausstattung mit einer stählernen Altarwand im Innern, die Doppelflügeltüren der Eingänge, das Lesepult und das Kreuz stammen vom Berliner Metallgestalter Achim Kühn. Der Sakralbau besitzt einen frei stehenden Glockenturm sowie weitere Gebäudeflügel für Gemeindezentrum, Unterrichtsräume und Wohnungen. Die Baugruppe passt sich wirkungsvoll dem hier leicht geschwungenen Straßenverlauf an. Zwei über die Traufzone reichende Stahlpylone, in denen die künstlerisch gestalteten Notausgänge liegen, prägen die Hauptansicht des Kirchensaales. Die Straßenfassade ist flächig durch Betonwabensteine mit milchigem Gussglas geöffnet. Eine umlaufende, mit großen Schieferplatten verkleidete und weit vorspringende Attika bildet den oberen Abschluss des Stahlskelettbaus. Unübersehbar ist die Sichtbetonkonstruktion des gerüstartig offenen Glockenturms, der von einem vergoldeten Kreuz bekrönt wird. Ursprünglich war eine Natursteinplattenverkleidung des Turmes geplant, die aber nicht zur Ausführung kam. Der Saal ist diagonalquadratisch auf den Altar ausgerichtet, vergleichbar einer Konzeption, die der Architekt Klaus Wever vom Institut für Kulturbauten in Ostberlin als eine grundlegende Form für Mehrzwecksäle entwickelt hatte.[10] Der Neubau überzeugt be-

Abb. 9   Chemnitz, Katholische Pfarrkirche St. Franziskus, 1981–1983, Ansicht von Osten.

Abb. 10   Chemnitz, Katholische Pfarrkirche St. Franziskus, 1981–1983, Blick zum Altar.

sonders durch seine künstlerisch wertvolle Raumausstattung, wobei die Altarwand aus gerostetem Stahlblech einzigartig ist. Die Trinitatiskirche, die mit ihren rauen Materialoberflächen und ihrer klobigen Konstruktion an den Stil des Brutalismus erinnert, ist einer der bedeutendsten Kirchenneubauten der DDR.

In Chemnitz findet sich ein vergleichbares Beispiel ostdeutscher Sakralarchitektur. Die Bezirksstadt Karl-Marx-Stadt war ein wichtiges Industriezentrum. Die stark kriegszerstörte Innen-

stadt wurde nach einem langwierigen Programm in ganz moderner Form wiederaufgebaut. Nachdem sich bis Anfang der 1950er-Jahre der Wiederaufbau des Stadtzentrums am historischen Stadtgrundriss orientierte, wurde ab 1960 die Planung einer völligen Neuanlage des innerstädtischen Straßenraums umgesetzt. Zeitgleich entstanden bis in die späten 1980er-Jahre am Stadtrand große Neubaugebiete. Chemnitz bildet daher bis heute ein Paradebeispiel für DDR-Architektur, zu der auch ein wichtiger Kirchenneubau zählt. Westlich der ab 1971 gebauten Großsiedlung »Fritz Heckert« am Rande einer Gartenspartenanlage wurde von 1981 bis 1983 die Katholische Kirche St. Franziskus, heute Chemnitz-Stelzendorf, An der Kolonie 8 i, mit einem dazugehörigen Gemeindesaal und der Pfarrei erbaut *(Abb. 9)*. Projektiert wurde das Gemeindezentrum von der Bauakademie der DDR/Institut für Wohnungs- und Gesellschaftsbau/Außenstelle Dresden, durch ihren Architekten Manfred Fasold. Die Franziskuskirche in Chemnitz zeigt im Außenbau einen vierfach in die Höhe gestaffelten Baukörper mit flachen, leicht geneigten Dächern. Zwischen den unterschiedlich großen rechteckigen Bauformen wurden Oberlichter eingefügt, durch die der Innenraum der Kirche beleuchtet wird. Mit dem seitlich in den Baukörper eingegliederten Turm mit spitz zulaufendem Pultdach und aufgesetztem Kreuz wird der sakrale Charakter der Anlage unterstrichen. Die Kirche besitzt eine rote Ziegelfassade, die Oberlichter sind von Metallprofilen gerahmt und die Dachflächen mit Zinkblech eingedeckt worden. Einen starken Farbkontrast bildet der Turm aus hellem, beinahe sandsteinfarbenem Sichtbeton, dessen vertikal geriffelte Oberfläche ihm eine aufstrebende Wirkung verleiht. Damit erhält das Gebäude eine wichtige städtebauliche Komponente in dem sonst von kleineren Wohngebäuden und Gartenlauben umgebendem Stadtraum. Durch die gestaffelte Anordnung der Baukörperteile steigt der Kircheninnenraum zum Altar hin an. Eine architektonische Besonderheit ist die sichtbare Tragwerkkonstruktion der Decke aus Metallgittern, die diesem Rhythmus folgt. Das von dem Künstler Werner Juza geschaffene große Wandbild im Altarraum symbolisiert den Sonnengesang des Heiligen Franziskus und nimmt so Bezug auf den namensgebenden Patron der Kirche *(Abb. 10)*. Zum Denkmalbestand gehört weiterhin eine zeitgenössische Freiflächengestaltung mit gartenkünstlerischem Anspruch. Der Sakralbau mit Gemeindezentrum im Stil der Moderne orientiert sich an strukturalistischen Bauwerken der Zeit und hebt die Karl-Marx-Städter Franziskuskirche aus den sonst bescheidenen Kirchenneubauten in der DDR architektonisch hervor.

1980 wurde in Karl-Marx-Stadt das V. Festival der Freundschaft, ein Treffen von Mitgliedern der Jugendorganisation FDJ und des sowjetischen Komsomol, begangen und aus diesem Anlass 1981 der neue »Park der Jugend« *(Abb. 11)* an der Schlossteichstraße zwischen Schlossteich und dem historischen Areal des Schlossbergs angelegt. Im kreisförmig gestalteten Mittelpunkt des Parks befindet sich ein Springbrunnen, dessen Anlage sich am Symbol der Festivalblume orientiert. Bei der Festivalblume handelt es sich um ein Logo der 1947 erstmalig stattgefundenen »Weltfestspiele der Jugend und Studenten«. Um den Brunnen herum gruppieren sich runde Blumenschalen und eine großzügig angelegte halbkreisförmige Treppenanlage, die als Sitzfläche oder für den Auftritt von Chören genutzt werden konnte. Verschiedene, mittlerweile zu einer stattlichen Höhe herangewachsene Bäume und Gehölze fassen den freien Bereich ein. Zu DDR-Zeiten fand jährlich die von der Stadt initiierte Ausstellungsserie »Plastik im Freien« statt. Drei ausdrucksstarke und künstlerisch bedeutende Skulpturen verschiedener Bildhauer haben im Park heute noch ihren Platz: die Bronzen »Stehender männlicher Akt« von Sabina Grzimek aus dem Jahr 1981, die 1968 entstandene Bronze von Wilfried Fitzenreiter mit dem Titel »Geschlagener« und die 1976 von Ingeborg Hunzinger geschaffene Betonskulptur »Sphinx«. Der

Abb. 11   Chemnitz, Park der Jugend, 1981.

durch eine Treppe mit den Schlossteichanlagen verbundene Park ist die einzige in diesem Zeitraum geschaffene Grünanlage der Stadt und besitzt eine gartenkünstlerische sowie stadtgeschichtliche Bedeutung.

Die Stadt Dresden mit ihren barocken Kulturbauten und bedeutenden Galerien konnte sich in der DDR ihren Namen als Stadt der Künste bewahren. Dass lag daran, dass einige wichtige Monumentalbauwerke im Laufe der Jahre wiederaufgebaut und restauriert wurden. Allerdings darf dabei nicht vergessen werden, dass nach Kriegsende die Ruinen vieler zerstörter Gebäude, vor allem die der historischen Wohnbebauung im Stadtkern, großflächig beräumt wurden. Als im Februar 1945 auch die Semperoper, Theaterplatz 2, durch Brandbomben in ihrem inneren Kern schwer beschädigt wurde, blieben große Teile der massiven Mauern und Fassaden weitestgehend erhalten. Nachdem bis 1955 Sicherungsarbeiten an dem Gebäude stattfanden, erarbeitete im selben Jahr ein Entwurfskollektiv eine erste Studie zum Wiederaufbau des Opernhauses, die sich als nicht tragfähig erwies.[11] Eine neue Zielstellung[12] von 1965 zeigte, dass neben dem geplanten Wiederaufbau die Notwendigkeit bestand, über funktionalistische Erweiterungsbereiche für Fundus, Garderoben, Probebühnen, Probesäle, Betriebsgaststätte und Verwaltungsräume nachzudenken. Nur so konnte man den modernen Anforderungen an eine Opernspielstätte unter Wahrung der historischen Bausubstanz gerecht werden. Nach mehreren Entwurfsvarianten wurde 1977 von einer Projektierungsgruppe des VEB Gesellschaftsbau Dresden unter der Leitung von Wolfgang Hänsch eine architektonische Lösung vorgelegt, die die zeitbedingten erforderlichen Erweiterungsbauten vom alten Gebäude trennten. Diesen Gedanken der räumlichen Trennung hatte bereits 1965 der Dresdner Denkmalpfleger Fritz Löffler formuliert.[13] Die Planer um Hänsch standen nun vor der schwierigen Aufgabe, eine architektonische Lösung für die baukünstlerische Übereinstimmung zwischen dem historischen Semperbau und dem zeitgenössischen Stil der begleitenden Funktionsbauten zu finden. Bis 1985 wurden über quadratischem Grundriss drei externe Gebäude errichtet – in der Achse zum Opernhaus der Hauptbau sowie zwei kleinere, diagonal zum Hauptbau angeordnete Gebäude, die durch verglaste Brücken mit dem Opernhaus und untereinander verbunden sind *(Abb. 12)*. Das Gliederungsmaß

Abb. 12   Dresden, Hauptgebäude, 1977–1985, Ansicht von Nordwesten.

Abb. 13   Dresden, Große Probebühne, 1977–1985, Ansicht von Osten.

der Fassaden passt sich weitgehend an die rhythmische Fassadengestaltung und die gestaffelten Höhen des historischen Baus an. Leitgedanke des Entwurfs war das Motiv des klassischen Architravbaus, »indem Stützen das zu einem mächtigen Architrav geformte oberste Geschoß tragen.«[14] Für alle drei Erweiterungsbauten ist das formgebende architektonische Gestaltungsmittel das Quadrat, das sich nicht nur im Grundriss, sondern auch in der rasterartigen Fassade und den schachbrettartig unterteilten Sprossenfenstern mit der charakteristischen bronzefarbenen Verglasung widerspiegelt. Alle sichtbaren Fassadenteile wurden mit Sandsteintafeln verkleidet, die Rahmen der Fenster und Eingangsbereiche bestehen aus eloxierten Aluminiumrahmen. Während sich im Inneren des großen Hauptbaus im oberen Geschoss die Garderoben gleichmäßig um die zentralen Probesäle legen, befinden sich eine Etage tiefer Fundus und Verwaltungsräume sowie im Kern technische Anlagen wie die Heiz- und Lüftungszentrale. Das zur Elbe gelegene Gebäude beherbergt die große Probebühne *(Abb. 13)*. Bildkünstlerisch hervorgehoben wird dies durch die von Peter Makolies von

1982 bis 1984 geschaffenen großen Masken aus Sandstein an den vier Gebäudeecken. In dem Richtung Zwingerteich gelegenen Bau sind ein Tagescafé und eine Betriebsgaststätte untergebracht *(Abb. 14)*. Bei den drei rückwärtigen Funktionsgebäuden handelt es sich um bemerkenswerte Beispiele der späten DDR-Architektur, deren Planung und Ausführung in einer Zeit von Geld- und Materialmangel stattfand. Umso mehr hebt sich die anspruchsvolle und unverwechselbare postmoderne Architektur der 1980er-Jahre vom Massenplattenbau der Zeit ab und rechtfertigt die Unterschutzstellung als Denkmal aus baukünstlerischen Gründen.

Zeitgleich mit den neuen Funktionsgebäuden wurden von 1977 bis 1981 die innerhalb des Bauvorhabens Semperoper dringend benötigten Theaterwerkstätten, Am Zwingerteich 2a und Kleine Packhofstraße 2, errichtet. Den Entwurf dazu lieferten Eberhardt Pfau und Torsten E. Gustavs vom VEB Gesellschaftsbau Dresden. Das Gelände hinter dem Zwinger, begrenzt von der Ostra-Allee, der Straße Am Zwingerteich und der Kleinen Packhofstraße, wurde zum einen wegen Platzmangels im Bereich der Semperoper und andererseits wegen der Nähe zum Schauspielhaus gewählt, denn die neuen Gebäude sollten als Zentralwerkstätte für alle Dresdner Theater dienen. Der auf dem Areal stehende Reitstall, einer von drei erhalten gebliebenen Gebäuden der Vierflügelanlage des ehemaligen königlichen Marstalls, diente bereits ab 1955 nach Wiederaufbau und Sanierung als Malsaal. Schon damals wurde an diesem Standort über den Ausbau einer Zentralwerkstatt nachgedacht. Die Lage im Stadtzentrum an einer stark frequentierten städtischen Allee brachte bei der Planung eines Industriebaus besondere städtebauliche Anforderungen mit sich. Einerseits musste mit der Gliederung der Gebäude und Fassaden eine verträgliche Lösung zum nahe gelegenen Zwinger hergestellt werden, andererseits galt es, mit Hilfe eines Neubaus, die fehlende Seite der einstigen Vierflügelan-

Abb. 14   Dresden, Gastronomiegebäude, 1977–1985, Ansicht von Süden.

Abb. 16   Dresden, Theaterwerkstätten an der Ostraallee, 1977–1981, Ansicht von Nordwesten.

Abb. 15   Dresden, Theaterwerkstätten an der Ostraallee, 1977–1981, Ansicht von Südwesten.

lage wieder zu schließen. Die an der Ostra-Allee gelegene dreiteilige Gebäudegruppe besteht aus einem dreigeschossigen Werkstattgebäude und zwei anschließenden Shedhallen (Abb. 15, 16). Beide Hallen wurden als Kombination aus Geschoss- und Hallenbau konzipiert. In der ersten ist der Malsaal untergebracht, die zweite beherbergt Werkstätten der Tischlerei, Drechslerei und Holzbildhauerei mit deren Bearbeitungsmaschinen. Durch die Aufgliederung und Staffelung der Baukörper, das Zurücksetzen der Bauflucht und die Licht-Schattenwirkung der unterschiedlichen Strukturen erhält die Betonfassade einen besonderen Reiz. Farbige Akzente zu den unterschiedlichen Grautönen der Fassade setzen die braunen Fensterrahmen mit spiegelnder Verglasung sowie ehemals dunkelgrüne Stahlbauteile mit graugrüner Copilitverglasung

Abb. 17   Dresden, Theater-
werkstätten an der Kleinen
Packhofstraße, 1977–1981,
Ansicht von Nordosten.

Abb. 18   Hoyerswerda,
Haus der Berg- und Energiearbeiter, 1977–1985, An-
sicht von Nordwesten.

und den roten Gliederungsbändern *(Abb. 17)*.[15] Selbst die erforderliche Gebäudetechnik und das Gebäudeinnere wurden von Beginn an in das farblich-gestalterische Konzept der Planung einbezogen. Auch der lang gestreckte, in seiner Erscheinung schlichtere Bau an der Kleinen Packhofstraße bildet mit der beschriebenen Gebäudegruppe eine gestalterische und funktionale Einheit. Mit den Bauten der Theaterwerkstätten ist ein architektonisch gelungenes und für seine Zeit überragendes Beispiel eines DDR-Zweckbaus überkommen, der sich deutlich von anderen Zweckbauten jener Tage abhebt und dessen Denkmalfähigkeit zweifellos in seiner baugeschichtlichen und städtebaulichen Bedeutung liegt. Im Zusammenhang mit der 1985 gefeierten Wiedereröffnung des Dresdner Opernhauses kann den Gebäuden weiterhin ein stadtgeschichtlicher Wert zugesprochen werden, denn selten verbinden moderne Theaterwerkstätten so harmonisch Bauten aus unterschiedlichen Architekturepochen.

Als im Jahr 1955 der Erste Spatenstich für das durch den Ministerrat der DDR geplante »VEB Gaskombinat Schwarze

Pumpe« gesetzt wurde, begann bald darauf in Hoyerswerda-Neustadt eine über drei Jahrzehnte während Bautätigkeit im Bereich des Wohnungsbaus. Von 1957 bis 1965 wurden östlich des Schwarze-Elster-Kanals mit sieben Wohnkomplexen die dringend benötigten Wohnungen für die Beschäftigten des nördlich der Stadt gelegenen Braunkohleveredlungswerkes errichtet. Drei weitere Wohnkomplexe folgten bis Mitte der 1980er-Jahre. Mitten im Zentrum des neuen Hoyerswerdaer Stadtteils entstand nach langjähriger Planung[16] von 1977 bis 1985 ein neues Kulturzentrum. Am Schnittpunkt zweier großer Verkehrsachsen gelegen, bildet es einen wichtigen städtebaulichen und infrastrukturellen Mittelpunkt. Während die meisten Kulturhäuser dieser Zeit in staatlicher Hand lagen, wurde das »Haus der Berg- und Energiearbeiter« *(Abb. 18)*, Lausitzer Platz 4, durch die Gewerkschaft des »VEB Gaskombinat Schwarze Pumpe« verwaltet. Den Auftrag für die Planung des multifunktionalen Gebäudes erhielt das Kollektiv Muster- und Experimentalprojekt der Bauakademie der DDR unter der Leitung des Architekten Jens Ebert.[17] Den Hauptbau der dreigeschossigen Gebäudeanlage bildet ein Kubus mit einem großem Saal und dem charakteristischen Bühnenturm. An den Saal schließen sich südwestlich drei Flachbautrakte an, die sich um ein innen liegendes Atrium lagern. In ihnen befinden sich Gastronomie- und Veranstaltungsräume. Alle Gebäudeteile wurden in Stahl- skelettbauweise ausgeführt. Der Eingangsbereich an der nörd- lichen Hauptfassade des Saalbaus tritt in den beiden Obergeschossen polygonal hervor und wird von fünf Stützen getragen. Mit seinen großflächigen, verspiegelten Verglasungen und den dunklen gliedernden Fensterbändern hebt er sich von der übrigen Fassade ab. Die Obergeschosse der angrenzenden Flachbauten, die vollständig verglast und ebenfalls durch dunkle Aluminiumrahmen gegliedert sind, werden durch weiße Beton-Putz-Bänder zusammengefasst. Das untere Putz- band dient zugleich als Brüstung des dahinterliegenden und an der nordöstlichen Gebäudeecke umlaufenden Balkons. Damit erhält der Bau eine sehr flache, lagernde Wirkung, zu dem der haubenförmige Bühnenturm einen ausdrucksstarken Kontrast bildet. Sucht man vergleichbare architektonische Lösungen bei Kulturhäusern der Nachkriegsmoderne, so muss das 20 Jahre jüngere »Haus der Bildung und Kultur« in Neubrandenburg erwähnt werden.[18] Die »Haubenform« des Bühnenturms wurde bereits mit dem 1965 errichteten Bonner Stadttheater entwickelt.[19] Als gesellschaftlicher Bau der Moderne markiert das »Haus der Berg- und Energiearbeiter« den Endpunkt der Bauaufgabe »Mehrzwecksaal« in der ehemaligen DDR, die mit dem Kulturpalast in Dresden und der Stadthalle Karl-Marx- Stadt ihre wichtigsten Vertreter hat.

Die bisher erfolgte Denkmalerfassung von Bauten der 1970er- und 1980er-Jahre stellt keinen Endpunkt der Diskus- sion um diese Architekturepoche in Sachsen dar. Das Verfahren der Denkmalausweisung ist ein kontinuierlicher Prozess. So werden auch in Zukunft weitere Zeugnisse der jüngsten Ver- gangenheit auf ihre Historie bewertet und gegebenenfalls zu Kulturdenkmalen erklärt. Die Debatte um die Erfassung von baulichen Zeugnissen der 1980er-Jahre ist vor allem beim Thema Wohnbau noch nicht abgeschlossen. Die Qualität der DDR-Architektur ist im Kontext politisch-gesellschaftlicher Bedingungen zu definieren, wobei der Denkmalwert, der nicht allein ein kunsthistorischer sein muss, außer Frage steht. Die sächsischen Bauten dieser Epoche stellen einen wichtigen Teil des spezifischen kulturellen Erbes im Osten Deutschlands dar. Aufgabe der Denkmalpflege ist es, sich weiterhin intensiv und verantwortungsbewusst mit der Geschichte auseinanderzuset- zen und die Akzeptanz des baulichen Erbes in der Gesellschaft weiterhin zu stärken.

Anmerkungen

 1 Durth, Werner: Von der Auflösung der Städte zur Architektur des Wiederaufbaus, in: Städtebau und Staatsbau im 20. Jahrhundert (Hg. Dolff-Bonekämper, Gabi/ Kier, Hiltrud), München/ Berlin 1996, S. 17–38, hier S. 36.
 2 Topfstedt, Thomas: Die nachgeholte Moderne. Architektur und Städtebau in der DDR während der 50er und 60er Jahre, in: Städtebau und Staatsbau (wie Anm. 1), S. 17–38, hier S. 46.
 3 Brülls, Holger: Denkmalschutz für die gerade vergangene Gegen- wart? In: Zeitschichten. Erkennen und Erhalten – Denkmalpflege in Deutschland, Katalog, München/ Berlin 2005, S. 290–299.
 4 Vgl. hierzu die Auseinandersetzungen um die Unterschutzstellung von DDR-Architektur in Chemnitz; Mönninger, Michael: »Stütz- punkte der Seele«. Über den Denkmalschutz für das sozialistische

Erbe in Chemnitz, in: DER SPIEGEL, 40/ 1994, S. 67–76; Glaser, Gerhard: Das Karl-Marx-Forum in Chemnitz. Wandel einer Planung, Bedeutung für die Nachwelt. Wie gehen wir heute damit um? In: Verfallen und vergessen oder aufgehoben und geschützt? Architektur und Städtebau der DDR – Geschichte, Bedeutung, Umgang, Erhaltung. Bonn 1995, S. 52–60.
 5 Hocquél, Wolfgang: Leipzig, Baumeister und Bauten. Von der Romanik bis zur Gegenwart, Berlin/ Leipzig 1990, S. 197.
 6 Ders.: Leipzig, Architektur von der Romanik bis zur Gegenwart, Leipzig 2010, S. 153.
 7 Pehnt, Wolfgang: Deutsche Architektur seit 1900, Ludwigsburg/ München 2006, S. 326
 8 Ein Beispiel ist die 1967 geweihte Katholische Kirche St. Marien in Zschopau, die auf den ersten Blick eher einem Wohnhaus gleicht. Vgl. Schädlich, Verena: Katholischer Sakralbau in der SBZ und in der DDR, Regensburg 2013, S. 203–206.
 9 Pehnt, Wolfgang: Make it Big. Großbauten in den 1960er und 1970er Jahren in Deutschland und anderswo, in: Labor der Moderne. Nachkriegsarchitektur in Europa, Dresden 2014, S. 28–39.
10 Flierl, Bruno: Das Kulturhaus in der DDR, in: Städtebau und (wie Anm. 1), S. 151–170, hier S. 161. Der Erfurter Kirchenbau- meister Wolfgang Lukassek bemängelt den zu starken DDR- Kulturhauscharakter der Trinitatiskirche; Vgl. Schädler (wie Anm. 8), S. 252 f.
11 Den Auftrag für die erste Studie zum Wiederaufbau der Semperoper erhielt das Entwurfskollektiv von Albert Patitz im VEB Entwurfs- büro für Hochbau in Dresden. Vgl. Hänsch, Wolfgang: Die Semperoper. Geschichte und Wiederaufbau der Staatsoper, Berlin 1986, S. 101.
12 Das Berliner »Institut für Technologie kultureller Einrichtungen« erarbeitete 1965 eine technisch-ökonomische Zielstellung zum Wiederaufbau der Semperoper. Vgl. Hänsch, Wolfgang: Der konzeptionelle Reifungsprozeß und die Realisierung des Projektes, in: Kulturbauten. Beiträge aus Theorie und Praxis (1985) 2, S. 12.
13 Laudel, Heidrun: Im Dienste eines herausragenden Bauwerks des 19. Jahrhunderts, in: Wolfgang Hänsch – Architekt der Dresdner Moderne (Hg. Wolfgang Kil), Berlin 2009, S. 131.
14 Hänsch (wie Anm. 12), S. 12.
15 Pfau, Eberhardt/ Gustavs, Torsten-E.: Theaterwerkstätten Dres- den, in: Architektur der DDR (1984) 3, S. 150.
16 Bereits in den 1960er-Jahren wurde in Hoyerswerda ein Theater- bau geplant. Von ihm wurde das Grundschema der Gebäudean- ordnung mit großem Theater und angefügten Flachbautrakten zwar übernommen, jedoch das äußere Erscheinungsbild im Stil der 1970er-Jahre verändert. Heute besitzt das Gebäude den Namen »Lausitzhalle«. Vgl. Meyer, Christine: Kulturpaläste und Stadthallen in der DDR. Anspruch und Realität einer Bauaufgabe, Hamburg 2005, S. 317.
17 Nach mehrjähriger Bauzeit konnte der erste Bauabschnitt, der Saalbau mit Bühnenturm, im April 1984 feierlich eröffnet werden. Eineinhalb Jahre später wurde der gastronomische Bereich des Kulturzentrums mit Restaurant und Bar sowie Verwaltungs- und Technikräumen eingeweiht. Vgl. Ebert, Jens: Haus der Berg- und Energiearbeiter in Hoyerswerda, in: Architektur der DDR (1985) 12, S. 726.
18 Hier handelt es sich ebenfalls um eine vierflügelige Anlage, deren Gebäude sich um einen Hof gruppieren. Vgl. Meyer, Christine: Kulturpaläste und Stadthallen in der DDR. Anspruch und Reali- tät einer Bauaufgabe. Hamburg 2005, S. 127, 135, 137.
19 Ebenda, S. 317.

Veranstaltungen und Ausstellungen

Tag des offenen Denkmals 2016 – die zentrale Eröffnungsfeier Sachsens im Barockgarten Zabeltitz in Großenhain

Sabine Webersinke

Unter dem Motto »Gemeinsam Denkmale erhalten« fand am 11. September 2016 zum 24. Mal der Tag des offenen Denkmals statt. Bundesweit lockten mehr als 8 000 Denkmale rund vier Millionen Besucher an. Sachsen konnte wieder mit über 800 geöffneten Objekten in rund 200 Orten zum Erfolg dieses Tages beitragen.

Die diesjährige Eröffnung fand in Zabeltitz in Großenhain statt, einem einzigartigen Ensemble, bestehend aus dem Barockgarten mit Altem Schloss und Palais, einbett in das Dorf Zabeltitz mit der St.-Georgen-Kirche und dem Bauernmuseum. Zabeltitz zählt mit seinem wertvollen Denkmalbestand inmitten der Großenhainer Pflege zu den schönsten Dörfern Sachsens. Der Barockgarten ist ein herausragendes Zeugnis sächsischer Gartenkunst, hinsichtlich seiner geschichtlichen und künstle-

rischen Bedeutung den Schlossensembles Moritzburg und Großsedlitz ebenbürtig. Mitte des 16. Jahrhunderts errichtete Nickel von Pflugk ein stattliches Schloss. Bald darauf erwarb 1588 Kurfürst Christian I. Zabeltitz. Vom Baumeister Paul Buchner ließ er sich ein kurfürstliches Jagdhaus mit Garten sowie den Langen Stall (heute das Alte Schloss) errichten. Mit Kurfürst Friedrich August I., genannt August der Starke, begann ab 1717 die Planung für eine großartige Umgestaltung der kurfürstlichen Anlage als Sitz für die Reiherjagd mit Falken, das Projekt kam jedoch nicht zur Ausführung. 1728 übernahm August Christoph Reichsgraf von Wackerbarth den Besitz. Unter Leitung des kursächsischen Oberlandbaumeisters Johann Christoph Knöffel ließ er das Schloss zum Palais umbauen und einen großartigen Lustgarten anlegen, der bis auf wenige punktuelle Veränderungen bis heute erhalten geblieben ist. Frühzeitig erkannte man den exemplarischen Wert und die gestalterische Qualität der Zabeltitzer Anlage. Bereits in den 1920er-Jahren begannen die Erhaltungsmaßnahmen, die bis heute fachkundig durch die Kollegen des Landesamtes für Denkmalpflege betreut und begleitet werden. Seit 1941 steht die Anlage unter Denkmalschutz. Nach dem Zweiten Weltkrieg fielen Palais und Garten durch die Bodenreform an das Land

Markus Ulbig, Sächsischer Staatsminister des Innern, Prof. Dr. Rosemarie Pohlack, Sächsische Landeskonservatorin und Dr. Regina Smolnik, Sächsische Landesarchäologin mit den Preisträgern des 5. Sächsischen Kinder- und Jugenddenkmalpreises, 2016.

Sachsen. Der Abbruch des Renaissanceschlosses (heute Altes Schloss) konnte durch die Einrichtung eines Landambulatoriums verhindert werden. Dessen Chefarzt Dr. Kurt Schadendorf mobilisierte breite Kreise der Öffentlichkeit, sich für den Erhalt und Pflege des Gartens zu engagieren. Aufgrund der komplizierten Eigentümersituation bis 2010 (das Alte Schloss gehörte der Gemeinde, Palais und Barockgarten der Deutschen Bahn AG) war eine kontinuierliche Pflege der wertvollen Barockanlage kaum möglich. Mit der Eingemeindung von Zabeltitz 2010 in die Große Kreisstadt Großenhain ging die Anlage in städtischen Besitz über und der Weg zur konzeptionellen Arbeit zur Restaurierung der Anlage war frei. 2011 erstellte das Landschaftsarchitekturbüro Franz/ Leipzig eine denkmalpflegerische Rahmenkonzeption, mit deren Umsetzung ab 2012 dank der Förderung von Bund und Land erfolgreich begonnen werden konnte. Mit dem 24. Parkseminar des Landesvereins Sächsischer Heimatschutz 2013 erhielt Zabeltitz einen wesentlichen Anschub für die nachhaltige Parkpflege.

Der Tag des offenen Denkmals begann mit einem Gottesdienst in der St.-Georgen-Kirche. Im Saal des Alten Schlosses hieß danach Großenhains Oberbürgermeister Dr. Sven Mißbach die zahlreich erschienenen Gäste herzlich willkommen und stellte in seiner Begrüßung stolz die Bemühungen der Stadt zur Bewahrung dieses wertvollen Erbes vor. Die Stadt Großenhain hat sich die Erhaltung und Pflege, die behutsame denkmalpflegerische Restaurierung der Gartenanlage von Zabeltitz sowie deren touristische Erschließung zur Aufgabe gemacht. Gleichzeitig machte er aber deutlich, dass die Verantwortung zur Bewahrung derartiger Denkmale auf viele Schultern verteilt werden muss. Die Sächsische Landeskonservatorin, Prof. Rosemarie Pohlack hob die einzigartige Bedeutung der Schloss- und Parkanlage als eine der schönsten und bedeutendsten in Sachsen hervor, deren Erhaltung eine große Aufgabe darstellt. Sie würdigte die Verdienste der Stadt bei der kulturellen Nutzung und touristischen Erschließung des Ensembles und hob dabei das hohe Engagement der ortsansässigen Vereine und Nutzer sowie der Zabeltitzer Bürger hervor. Nur durch das Engagement engagierter und sachkundiger, amtlicher und ehrenamtlicher Bürger vor Ort, unterstützt durch Denkmal- und Naturschutzbehörden konnte bereits zu DDR-Zeiten die gefährdete Anlage vor Abriss bewahrt und durch Pflege und Erhaltung erhalten werden. Den Stadträten Großenhains dankte sie und appellierte, weiter die Finanzierung einer kontinuierlichen Pflege zu gewährleisten. Denn um die Parkanlage für die Nachwelt erhalten zu können, ist eine professionelle Pflege unerlässlich. Der Sächsische Staatsminister des Innern, Markus Ulbig stellte die identitätsstiftende Rolle von Denkmalen im ländlichen Raum in den Mittelpunkt seiner Festrede. Der Denkmalschutz braucht eine Zukunft. Deshalb sei es wichtig, junge Menschen frühzeitig in das Thema einzubinden, schließlich seien die Kinder von heute die Denkmalpfleger von morgen. Innerhalb der Veranstaltung verlieh Staatsminister Ulbig zum 5. Mal den Sächsischen Kinder- und Jugenddenkmalpreis, diesmal an die 49. Grundschule »Bernhard August von Lindenau« Dresden, das Förderschulzentrum Torgau und das Geschwister-Scholl-Gymnasium Löbau. Alle drei Schulen hatten sich erfolgreich am Landesprogramm »PEGASUS – Schulen adoptieren Denkmale« beteiligt. Im Anschluss an die Preisverleihung stellten die Schüler ihre

Projekte vor. Die Grundschüler beschäftigten sich intensiv mit ihrem Schulhaus, ein für Dresden besonderes Denkmal. Denn es ist mit seiner Bauzeit von 1964 bis 1968 ein seltenes Beispiel für unterschutzstehende Architektur aus der Ära der DDR. Die Schüler der Förderschule Torgau adoptierten, mit Unterstützung des Landesamtes für Archäologie, ein großes bronzezeitliches Grabhügelfeld im Torgauer Stadtwald. Die Schüler des Geschwister-Scholl-Gymnasiums Löbau entdeckten das Haus Schminke in Löbau als außerschulischen Lernort. Daneben beteiligten sie sich am von Wikipedia und der Stiftung Umgebindehaus initiierten Projekt »Umgebinde macht Schule«.

Im Anschluss an die feierliche Eröffnung im Alten Schloss und einem Imbiss im Palais fanden öffentliche Führungen statt. Die Preisträger konnten im Barockgarten zahlreiche historische Spiele ausprobieren. Auf einer Sonderführung mit Herrn Staatsminister Ulbig stellten Matthias Schmieder/ Stadtverwaltung Großenhain und Henrike Schwarz/ LfD Sachsen abgeschlossene und noch bevorstehende Maßnahmen in der Parkanlage vor. An den geführten Rundgängen durch Barockgarten, St.-Georgen-Kirche und Bauernmuseum nahmen trotz der tropischen Temperaturen über 500 interessierte Besucher und Familien teil. Mit den Veranstaltungen gelang es, Zabeltitz sowohl einem großen Kreis des Fachpublikums als auch der breiten Bevölkerung in der Öffentlichkeit bekannt zu machen.

Abbildungsnachweis
Wolfgang Junius, LfD Sachsen.

»Ehrenamtliches Engagement auf Friedhöfen« – Tagung mit den ehrenamtlichen Beauftragten für Denkmalpflege 2016

Caroline Ritter

Am 27. Mai 2016 lud das Landesamt für Denkmalpflege Sachsen (LfD) zur alljährlichen Tagung mit den ehrenamtlichen Beauftragten für Denkmalpflege und Vertretern der sächsischen Denkmalschutzbehörden in den Großen Saal des Dresdner Ständehauses. Nach Begrüßung der rund 130 Teilnehmer machte Landeskonservatorin Prof. Dr. Rosemarie Pohlack in ihren einleitenden Worten die Relevanz des diesjährigen Tagungsthemas »Ehrenamtliches Engagement auf Friedhöfen« deutlich. Vor allem der tiefgreifende Wandel in der Bestattungskultur gefährdet die Friedhöfe zunehmend in ihrem Bestand. Von enormer Wichtigkeit sind deshalb Bemühungen, welche die Friedhöfe in das Bewusstsein der Öffentlichkeit zurückholen. Fachpublikationen, wie etwa die 2013 als Arbeitsheft des LfD erschienene »Kultur- und Baugeschichte der deutschen Krematorien« von Ulrich Hübner, besitzen deutschlandweite Strahlkraft und sensibilisieren den Leser für die kulturgeschichtliche Bedeutung der Denkmalgattung. Gleichzeitig betonte Frau Prof. Pohlack die Wichtigkeit des ehrenamtlichen Engagements vor Ort und sprach den Beteiligten ihren Dank aus. In seinem Grußwort brachte auch Ulrich Menke, Ministerial-

Prof. Dr. Rosemarie Pohlack, Sächsische Landeskonservatorin, eröffnet die Tagung mit den ehremamtlichen Denkmalpflegern.

dirigent im Staatsministerium des Innern, seine Wertschätzung gegenüber den ehrenamtlichen Denkmalpflegern und deren Dachorganisationen zum Ausdruck. Die sich wandelnde Bestattungskultur führt Menke zurück auf eine geänderte gesellschaftliche Einstellung zum Thema Sterben. Entgegen der Praxis vergangener Jahrhunderte wird der Tod heute tabuisiert, wodurch auch Friedhöfe in zunehmendem Maße eine Art Schattendasein führen.

Zum Auftakt der Fachbeiträge skizzierte Beatrice Teichmann, Ärar des Elias-, Trinitatis- und Johannisfriedhofs Dresden, die Auswirkungen der aktuellen Tendenzen in der Bestattungskultur auf die finanzielle Lage der Friedhöfe. Schrumpfende Einnahmequellen, hervorgerufen durch die wachsende Nachfrage nach kleinen, pflegearmen Grabstätten und die Konkurrenz neuer Bestattungsformen, wie Seebestattungen oder Friedwälder, stehen steigenden Pflegeaufwendungen infolge überalterter Substanz gegenüber. In dieser Situation bietet die Zusammenarbeit von Friedhofsträgern/-verwaltungen und Ehrenamtlichen eine Chance für die Bewältigung verschiedenster Aufgaben. Das Engagement der Ehrenamtlichen erhöht den Bekanntheitsgrad der Friedhöfe und enttabuisiert gleichzeitig das Thema Tod.

Anschaulich und anekdotenreich führte im Folgenden Prof. Dr. Hans-Jürgen Hardtke vom Landesverein Sächsischer Heimatschutz die Zuhörer in die Pflanzenwelt sächsischer Friedhöfe, durch deren Kenntnis Rückschlüsse auf die Friedhofskultur vergangener Epochen möglich sind. So zeigen insbesondere Stinsenpflanzen Standorte alter Gartenkulturen an. Als gebietsfremde Zierpflanzen, die sich an ihrem ursprünglichen Standort erhalten und ausbreiten, sind sie ein handfestes Indiz für ehemals kultivierte Flächen.

Der Berliner Friedhofsforscher Dr. Jörg Kuhn stellte die Ergebnisse seines im Auftrag des LfD Sachsen erstellten Gutachtens zu den denkmalwerten Grabstätten des 1881 geweihten Dresdner Johannisfriedhofs vor. Bei 23 der insgesamt 425 vom LfD Sachsen als Denkmal erkannten Grabmale handelt es sich um Anlagen von nationaler Bedeutung. So stammt etwa die einzigartige Marmorskulptur, die das Grab des Rittergutsbesitzers Roetzschke und seiner Frau schmückt, von der Hand des bedeutenden Berliner Bildhauers Gustav Eberlein. Darüber hinaus würdigt Kuhns Studie weitere 100 bemerkenswerte Grabanlagen, die im Zeitraum von 1900 bis 1925 von herausragenden Künstlern und Architekten wie Fritz Schumacher, Wilhelm Kreis oder Otto Menzel geschaffen wurden.

Mit einem Beitrag über die Kulturgeschichte des Friedhofs erweiterte nachfolgend Prof. Dr. Norbert Fischer den thematischen Fokus. Einen zeitlichen Bogen von der Frühen Neuzeit bis in die unmittelbare Gegenwart spannend, umriss der in Hamburg lehrende Volkskundler und Historiker die Geschichte der mitteleuropäischen Begräbniskultur, wobei er in überzeugender Weise den Effekt historischer Ereignisse und Strömungen auf die jeweils herrschende Friedhofskultur darlegte.

Prof. Dr. Jan-Michael Lange und Martin Kaden von den Senckenberg-Sammlungen stellten ihre gemeinsam mit Studenten der TU Bergakademie Freiberg auf Dresdner Friedhöfen durchgeführten, gesteinskundlichen Untersuchungen vor. Die Ergebnisse der Petrografie zeigen, dass auch die Verwendung bestimmter Gesteine mit kulturgeschichtlichen Entwicklungen korreliert. Finden sich auf dem 1878 geschlossenen Eliasfriedhof überwiegend Grabmale aus dem nahe Dresden gebrochenen Cottaer Sandstein, haben auf dem erst Ende des 19. Jahrhunderts geweihten Johannisfriedhof bis 1945 über 70 Gesteine Verwendung gefunden. Das gehäufte Vorkommen des Lausitzer Granodiorits ab den späten 1840er-Jahren steht dabei in engem Zusammenhang mit der verkehrstechnischen Erschließung des Abbaugebiets durch den Bau der Bahnstrecke Dresden–Görlitz.

Im Rahmen seines Engagements für den Friedhof II in Plauen stellte der ehrenamtliche Denkmalpfleger Bernhard Weisbach ein Beispiel denkmalpflegerischer Praxis vor. Aufgrund von fehlenden Beisetzungen wird der Friedhof unter Einhaltung der Ruhe- und Pietätszeiten im Jahr 2045 entwidmet werden. Auf Initiative Weisbachs stimmte die Stadt Plauen 2008 der schrittweisen Entwicklung des Friedhofs zu einem Arboretum zu. Auf diese Weise soll der Verwahrlosung des kulturgeschichtlich bedeutsamen Geländes Vorschub geleistet werden.

Die Vortragsreihe beschloss Kathleen Rottmann, Referentin beim Stifter-Service der Deutschen Stiftung Denkmalschutz (DSD). Ihr Beitrag informierte komprimiert über die Möglichkeiten, den Denkmalschutz durch Stiftungen innerhalb der deutschlandweit agierenden DSD zu stärken. Durch zweckgebundene Stiftungen bzw. Zustiftungen besteht die Möglichkeit, gezielt Denkmalgattungen und -themen zu fördern. Seit der Gründung im Jahr 1985 sind über 230 treuhänderische Stiftungen als Namens- oder Themenfonds, wie zum Beispiel die Gemeinschaftsstiftung Historische Gärten, unter dem Dach der DSD errichtet worden.

Abgerundet wurde das facettenreiche Programm durch die nachmittägliche Exkursion, welche den Tagungsteilnehmern die Möglichkeit bot, das am Vormittag Gehörte sogleich selbst in Augenschein zu nehmen. Drei Exkursionen mit unterschiedlichem thematischem Schwerpunkt führten über den Johannisfriedhof und den Urnenhain Dresden-Tolkewitz.

Abbildungsnachweis
Wolfgang Junius, LfD Sachsen.

Tagung mit den Unteren Denkmalschutz-
behörden, Exkursion ins Dresdner Kraft-
werk Mitte.

»Wie weiter mit dem Drittel noch nicht sanierter Denkmale in Sachsen?« – Jahresfachtagung mit den Unteren Denkmalschutzbehörden 2016

Franziska Peker

In diesem Jahr fand die traditionelle Fachtagung mit den Vertretern der Denkmalschutzbehörden am 7. Dezember 2016 zum Thema »Wie weiter mit dem Drittel noch nicht sanierter Denkmale in Sachsen?« im Festsaal des Ständehauses in Dresden statt. Die Landeskonservatorin Prof. Dr. Pohlack begrüßte die Anwesenden und erklärte in ihrer Einführung, warum gerade dieses Tagungsthema aufgegriffen wurde. Dabei verwies sie auf die große Bandbreite, mit der Denkmalpfleger täglich konfrontiert werden: leerstehende Objekte, Abbruchwünsche, Spekulationskäufe und teils fragwürdige Investorenmodelle, Fragen der Förderung und mehr. Sie betonte, dass für die Bewahrung unseres baukulturellen Erbes zwar die Denkmaleigentümer und die Denkmalpfleger verantwortlich und zuständig

sind, jedoch auch die Voraussetzungen geschaffen werden müssen, um diese Aufgabe erfüllen zu können. Hierzu gehört die gute Nachricht, dass die Nachbesetzungen des Gebietsreferenten für die Stadt Leipzig und des Referatsleiters Inventarisation/Listenerfassung gelungen sind.

Der Staatsminister des Innern Markus Ulbig äußerte sich kurz zum aktuellen Stand der sächsischen Denkmalpflege und dankte allen Beteiligten, die zur Erhaltung und Pflege der Denkmale beigetragen haben. Auch er verwies auf die Schwierigkeiten bei der Rettung des noch verbleibenden Drittels unsanierter Denkmale, die durch Nichtnutzung, ungeklärte Eigentumsverhältnisse oder schlichtweg Desinteresse der Eigentümer dem Verfall preisgegeben sind. Weiterhin nutzte der Minister die Gelegenheit, den neuen Leiter des Referats 51 im Staatsministerium des Innern, Ulrich Schreiber, vorzustellen, der die Nachfolge von Anita Eichhorn antrat, die nach reichlich acht Jahren aus ihrer Funktion ausschied und dieses Treffen zum Anlass nahm, sich zu verabschieden. Anschließend skizzierte Herr Schreiber die Spannungsfelder zwischen Denkmal, Eigentümer und Erhalt.

An diese einleitenden Worten schloss sich als erster Fachbeitrag der von Kornelia Weihbrecht aus der Denkmalschutzbehörde der Stadt Zwickau an. Sie untergliederte ihn in die Kategorien »gerettete Denkmale«, »in Heilung befindliche Denkmale« und »gefährdete Denkmale« und zeigte anhand von eindrücklichen Zwickauer Beispielen, wie mit viel Engagement, Ausdauer, Fachwissen und nicht zuletzt entsprechender finanzieller Förderung zum Erhalt von Kulturdenkmalen beigetragen werden kann. Allerdings brachte sie auch zum Ausdruck, dass für gefährdete Baudenkmale Förderfragen noch offen sind.

Unter dem Titel »Zwischen Rechnungshofbericht und Objektsicherung« referierte Dr. Andreas Christl, Leiter der Unteren Denkmalschutzbehörde des Landkreises Meißen, in seinem aufschlussreichen Beitrag darüber, mit welchen Problemen die tägliche Arbeit des Denkmalpflegers belastet ist. Neben der Frage nach der Erreichbarkeit der Denkmale, die nach der Verwaltungsreform von 2008 zu enormen Wegen vom Standort der Schutzbehörde zu den Kulturdenkmalen führte, wurden Personalentwicklung, Arbeitsmengen, Förderfragen und die Akzeptanz des Denkmaleigentümers erörtert. Er kam zu dem Ergebnis, dass die Personalausstattung den objektiven Gegebenheiten angepasst werden muss, sich die Landesförderung am tatsächlichen Bedarf orientieren muss und eine Prioritätenliste potentiell gefährdeter hochwertiger Kulturdenkmale mit der Landesfachbehörde festgelegt werden sollte.

Matthias Heinecke, Abteilungsleiter der Abteilung Verwaltung des Landesamtes, stellte in seinem Beitrag verschiedene Möglichkeiten der Denkmalförderung vor. Im Rahmen von acht verschiedenen Förderprogrammen kann die Frage nach finanzieller Unterstützung durch Bundesmittel bei der Pflege von Kulturdenkmalen beurteilt werden.

Die Schwierigkeiten, die sich ergeben, wenn ein Denkmaleigentümer nicht auffindbar ist, hat Gebietsreferent Thomas Noky in seinem Beitrag »Wo finden wir Herrn A.?« zusammengefasst. Nicht selten geht aus diesem Grund wertvolle Originalsubstanz verloren, da in den meisten Fällen der Verfall der Denkmale droht. Ähnliche Probleme schilderte der Referent für Technische Denkmale Dr. Michael Streetz, der anhand von zwei Beispielen, dem Chemnitztalviadukt und der Porzellan-Formensammlung Freital, die Konflikte zwischen Eigentümer und Denkmalpflege darlegte, die sich beim Erhalt von technischen Denkmalen ergeben. Auch der Umgang mit Denkmalen der jüngeren Vergangenheit, die nunmehr den Eintrag in die Denkmalliste gefunden haben, ist hinsichtlich der denkmalgerechten Sanierung nicht problemfrei. Gebietsreferent Mathis Nitzsche beleuchtete im letzten Fachbeitrag »Neues Denkmal erkannt – und dann?« die Möglichkeiten und Grenzen des Erhalts historischer Vorhangfassaden des 20. Jahrhunderts.

Am Nachmittag fand eine Exkursion in das ehemalige Heizkraftwerk Mitte in Dresden statt, das in den letzten Jahren zu einem vielfältigen Kulturstandort aus- und umgebaut wurde. Das Industriedenkmal, errichtet von 1897 bis 1900, beherbergt heute neben dem 2006 eröffneten Energiemuseum den Club Kraftwerk Mitte, das Heinrich-Schütz-Konservatorium, die Musikhochschule, die Staatsoperette, das Theater Junge Generation, Gastronomie und weitere Einrichtungen.

Die Vielfalt der Beiträge zeigte auf, dass nur durch intensive fachliche Betreuung die bisher errungenen Erfolge in der Pflege der Denkmallandschaft Sachsens fortgeführt werden können.

Abbildungsnachweis
Wolfgang Junius, LfD Sachsen

»denkmal 2016« – Denkmalmesse in Leipzig

Hendik Bärnighausen

Vom 10. bis 12. November 2016 fand in Leipzig zum 12. Mal die seit 1994 im Zweijahresrhythmus veranstaltete Messe »denkmal« statt, die sich als europäische Leitmesse für Denkmalpflege, Restaurierung und Altbausanierung und im Zusammenhang damit für Dienstleistungen und Produkte in den Bereichen Instandsetzung, Inventarisierung, Konservierung, Restaurierung, Renovierung und Rekonstruktion definiert. 2016 nahmen 13 900 Besucher die Möglichkeit wahr, sich auf dieser Messe und der parallel dazu stattfindenden MUTEC zu informieren. Damit wurde wiederum ein Besucherzuwachs verzeichnet, wobei die Anzahl der Fachbesucher wie üblich sehr hoch war und jeder achte Besucher aus dem Ausland kam. Diesmal präsentierten sich auf der »denkmal« 435 Aussteller aus 17 Ländern. Wiederum verliehen wurde die begehrte Denkmal-Goldmedaille, diesmal an zehn Firmen, Institutionen, Projekte, Verbände und Vereine. Die »denkmal 2016« stand mit ihren internationalen und interdisziplinären Ansätzen auch im Zeichen der Vorbereitungen für das Europäische Kulturerbejahr 2018.

Das Landesamt für Denkmalpflege Sachsen präsentierte eine Ausstellung über das »Landesprogramm PEGASUS – Schulen adoptieren Denkmale«, die vom Publikum mit großem Interesse angenommen wurde. Über den aktuellen Verlauf dieses Programms vgl. den Beitrag zum »Tag des offenen Denkmals« in dieser Publikation.

Zudem war das Landesamt für Denkmalpflege Sachsen Mitveranstalter des im Rahmen des Fachprogramms am 10. November durchgeführten Holzfachforums »Aktuelle Entwicklungen der Holzkonservierung«. Dipl.-Restaurator Manfried Eisbein (LfD Sachsen) eröffnete diese Tagung gemeinsam mit Prof. Dr. Andreas Schulze (HfbK Dresden) und trug einen Beitrag über »Schwerpunkte der Holzkonservierung in den letzten zehn Jahren« bei. Am Beispiel des Breuer-Altars auf Burg Gnandstein lieferte Dipl.-Restaurator Karsten Püschner (Hartmannsdorf) einen Praxisbericht zum Thema »Holzfestigung nach Entölung«. Über die »Holzfestigung eines Altars in Albrechtshain mit Expoxidharz« referierte Dipl.-Restaurator Oliver Tietze (Leipzig). Dipl.-Restaurator Jochen Flade (Dresden) berichtete über »Die Restaurierung des Schiffersteiner Kunstkabinetts«. Prof. Olaf Kempe (HTW-Dresden) thematisierte die »Ertüchtigung von Holzkonstruktionen mit CFK-Lamellen«, Holger Schmidt (Firma Bennert) die »Statische Ertüchtigungen mit modifiziertem Polymerbeton«. Dipl.-Ingenieur Dr. Christiane Swaboda (Institut für Holztechnologie Dresden) sprach über »Neue Biopolymere in der Restaurierung«. Dr. Ulf Roland (Zentrum für Umweltforschung Leipzig) gab »Informationen zum Praxiseinsatz von Radiowellen in der Denkmalpflege«. Das Institut für Diagnostik und Konservierung an Baudenkmalen in Sachsen und Sachsen-Anhalt e.V. lieferte einen »Sachstandsbericht zur Schindelimprägnierung«. Über den »Abschluss des Karbolineumprojektes und denkbare neue Perspektiven« informierte Prof. Christoph Herm (HfbK Dres-

»denkmal 2016« – Stand des LfD Sachsen zum Landesprogramm »PEGASUS – Schüler adoptieren Denkmale«.

»denkmal 2016« – Ausstellung »Schlösser und Herrenhäuser in der Deutsch-Polnischen Grenzregion«.

den). Neuere Entwicklungen bei »Wassermischbaren Systemen für den nachhaltigen konservierenden Holzschutz« stellten Dr. Helfried Haufe und Dr. Norbert Proske (Gesellschaft für Biomedizin und Umwelttechnik) vor. Abschließend informierte Dr. Christoph Richter (Firma Obermeier) über »Praxiserfahrungen beim Einsatz neuer Holzschutzmittel«. Zusammengefasst wurden die Beiträge von Holger Schmidt und Manfried

Eisbein. Das Landesamt für Denkmalpflege Sachsen wird sich auch künftig darum bemühen, das Netzwerk und die Forschungen des Holzfachforums zu koordinieren und zur zielgerichteten Entwicklung von Projekten beizutragen.

Abbildungsnachweis
1, 2 Gerd Weser, LfD Sachsen

Dresden, Kreuzkirche, Blick zum noch weitestgehend erhaltenen Altar, Aufnahme 1945.

Innenansicht nach Osten, Aufnahme 2015.

800 Jahre Kreuzkirche und Kreuzchor
Jahresausstellung des Landesamtes für Denkmalpflege Sachsen 2015/ 16

Hartmut Ritschel

Im kulturellen Leben der Stadt Dresden des Jahres 2016 hatte das feierlich begangene Jubiläum zum 800-jährigen Bestehen von Kreuzkirche, Kreuzchor und Kreuzgymnasium einen besonderen Stellenwert. Mag die Quellenlage zu den Anfängen auch denkbar ungünstig sein, so konnte die akademische Exaktheit nicht als Vorwand dienen, auf die Erinnerung zu verzichten. Mit der am 10. November 2015 eröffneten und am 4. März 2016 geschlossenen traditionellen Jahresausstellung zum Bau der Dresdner Kreuzkirche hatte sich das Landesamt in die Gratulanten eingereiht und gleichsam ins Jubiläumsjahr »hineingefeiert«. Dass zwei ehemalige Kruzianer ihr späteres Berufsfeld im Landesamt für Denkmalpflege fanden, war für die Themenwahl zwar nicht ausschlaggebend, aber sicherlich kein Nachteil.

Als älteste kulturelle Einrichtung in der Stadt Dresden wirkt der Chor nicht nur in Dresden, sondern strahlt weit über Sachsen hinaus. Mit ihm aufs Engste verbunden ist die Kreuzkirche als seine jahrhundertelange Hauptwirkungsstätte, zugleich Predigtstätte des Landesbischofs der evangelisch-lutherischen Landeskirche Sachsens wie auch Hauptkirche in der Stadt Dresden. Gerade sie ist nicht nur reich an Aussagen zur Kunst- und Baugeschichte der Stadt, sondern auch zur Geschichte der Denkmalpflege im 20. und beginnenden 21. Jahrhundert.

Im Laufe der Geschichte beschädigten oder zerstörten sie mehrere Brände und kriegerische Ereignisse. Ihre Existenz wurde in Frage gestellt. Allen Widrigkeiten zum Trotz baute man sie immer wieder auf und artikulierte den Wandel gestalterischer Vorstellungen deutlich. Sie kündet nicht nur von geistlichen und musikalischen Traditionen in der Stadt, sondern ebenso von Hoffnung und Überlebenswillen in schweren Zeiten. Hierzu zählen auch die Ereignisse vom Herbst 1989, als sie zum Schutz- und Versammlungsort der friedlich nach Veränderung strebenden Menschen wurde.

Zwar setzen in der Überlieferung zur Baugeschichte die Zeugnisse in der Plansammlung des Landesamtes im Wesentlichen erst im 17. Jahrhundert ein – trotzdem war es dank späterer baugeschichtlicher Rekonstruktionen möglich, die vorangegangene Zeit zumindest hypothetisch zu betrachten. Schwerpunkte der Ausstellung waren indes die Planungen und vielfältigen Varianten zum Neubau nach der Zerstörung 1760, aber auch die Neugestaltung nach dem schweren Brand von 1897. Besonders eindrücklich – und das haben Äußerungen von Besuchern bestätigt – waren indes die historischen Fotografien, die den Umgang mit dem Bauwerk nach der Zerstörung Dresdens am 13. Februar 1945 zeigen. Im Grunde genommen »nur« ausgebrannt, sonst aber in großen Teilen erhalten geblieben, erhielt sie unter dem Architekten Fritz Steudtner bis 1955 eine dem Charakter der Nachkriegszeit verpflichtete, äußerst reduzierte Neugestaltung, die inzwischen prägend geworden ist.

Abbildungsnachweis
1 Kreuzkirche Dresden, 2 Wolfgang Junius, LfD Sachsen

20 Jahre IDK e.V. – Fachtagung »Interdisziplinäre Forschung in der Denkmalpflege«

Thomas Löther

Das Institut für Diagnostik und Konservierung an Denkmalen in Sachsen und Sachsen-Anhalt e.V. (IDK) blickt auf 20 Jahre erfolgreiche und kompetente naturwissenschaftliche Unterstützung der Denkmalpflege zurück. Dies wurde am 31. Mai 2016 mit einer Fachtagung in Dresden feierlich begangen. Die Veranstaltung stand in der Tradition des IDK, Erkenntnisse aus der Denkmalforschung zu vermitteln und in die praktische Denkmalpflege zu übertragen. Das IDK ist eine unabhängige arbeitende Forschungseinrichtung auf der Grundlage eines gemeinnützigen Vereins, die im Jahr 2016 auf eine 20-jährige erfolgreiche Arbeit zurückblicken kann.

1991 wurden an den Landesämtern für Denkmalpflege in Sachsen und Sachsen-Anhalt im Rahmen eines vom Bundesministerium für Forschung und Technologie geförderten Forschungsprojektes zu Steinzerfall und -konservierung an Denkmalen aus Naturstein Arbeitsgruppen gebildet, die vielfältige wissenschaftliche Untersuchungen auf dem Gebiet der Denkmalpflege durchführen. Zur Sicherung und Weiterentwicklung der so gebildeten Fachkompetenz in Sachsen und Sachsen-Anhalt wurde auf Initiative der beiden Länder daraus am 27. Februar 1996 das IDK als eingetragener Verein gegründet.

Zweck dieses Vereines ist die praxisbezogene wissenschaftliche Tätigkeit im Dienst der Denkmalpflege und Restaurierung

sowohl durch eigene Untersuchungen als auch durch die Koordination naturwissenschaftlicher Forschungen zur Erhaltung von Kulturdenkmalen. In einem eigenen Labor mit verschiedenen technischen und analytischen Möglichkeiten können vielfältige Untersuchungen ausgeführt werden. Ergänzend bestehen enge Kooperationen mit anderen Wissenschafts- und Hochschuleinrichtungen.

Das IDK berät und unterstützt in diesem Zusammenhang die Denkmalfachbehörden, Vereinsmitglieder und Denkmaleigentümer und übernimmt die fachliche Betreuung ausgewählter Projekte. Dabei arbeitet es eng mit den Landesämtern für Denkmalpflege in Sachsen und Sachsen-Anhalt sowie mit Institutionen und gemeinnützigen Trägern, die ähnliche Ziele verfolgen, zusammen.

Durch die enge Zusammenarbeit des IDK mit verschiedenen Förderinstitutionen, so beispielsweise der Deutschen Bundesstiftung Umwelt, sind im Laufe der Jahre erhebliche Mittel zum Erhalt gefährdeter Denkmale in beide Länder geflossen.

Das IDK führt ausschließlich Leistungen im Bereich der Denkmalpflege aus. Die Hauptkompetenzen liegen dabei auf den Gebieten Naturstein, Mauerwerk, Putze/Mörtel, und Bauklimatik. Die Leistungen können in folgenden Arbeitsschwerpunkten zusammengefasst werden:

- Koordination und Durchführung von naturwissenschaftlichen Forschungsprojekten zum Erhalt von Kulturdenkmalen
- Fachwissenschaftliche Beratung für die Entwicklung, Planung und Ausführung von Instandsetzungs- und Restaurierungskonzepten
- Aufbereitung und Umsetzung neuer naturwissenschaftlicher Erkenntnisse und Methoden für die denkmalpflegerische Praxis

Tagung »20 Jahre IDK« am 31. Mai 2016 in Dresden.

▌ Objektübergreifende Auswertung und Zusammenführung von Ergebnissen zur Gewinnung verallgemeinerungsfähiger wissenschaftlicher Erkenntnisse
▌ Durchführung von Quellen- und Archivrecherchen
▌ Ausführung naturwissenschaftlicher Untersuchungsleistungen zu ingenieurtechnischen und restauratorischen Fragestellungen

Einer der Schwerpunkte der Arbeit des IDK war von Anfang an die Bearbeitung länger angelegter Untersuchungs- und Forschungsvorhaben. Die Annäherung an die unterschiedlichen Problemstellungen folgt stets einem interdisziplinären Ansatz. Das spiegelt sich auch in der großen Palette wissenschaftlich anerkannter Institutionen und Fachleute wider, die langjährige Kooperationspartner des IDK waren und sind. Bei den verschiedenen Forschungs- und Untersuchungsprojekten geht es häufig um die Weiterentwicklung wissenschaftlicher und restaurierungspraktischer Erkenntnisse. Auch die Berücksichtigung von Erfahrungen flankierender Fachdisziplinen im Denkmalschutz gehört zu den erklärten Aufgaben des IDK, um perspektivisch eine noch bessere Sicherung von Denkmalobjekten, beispielsweise vor dem Hintergrund des Klimawandels, zu erwirken.

Zur Jubiläumsveranstaltung konnten über 130 Fachleute des Denkmalschutzes und der Materialwissenschaft aus dem ganzen Bundesgebiet begrüßt werden. Herr Staatsminister Ulbig richtete ein Grußwort an die Tagungsteilnehmer und bedankte sich für die Ergebnisse aus 20 Jahren konservierungswissenschaftlicher Forschung. Aus diesem reichhaltigen Spektrum wurden für die Fachtagung in Dresden Untersuchungsobjekte und Fachthemen ausgewählt und von IDK-Mitarbeitern und verschiedenen Kooperationspartnern präsentiert. So ging es zum Beispiel um die Folgen der Grundwasserwelle, die dem oberflächlichen Hochwasser verzögert folgt und so auch ein Gefährdungspotential für die zunächst nicht geschädigten Denkmale im Hochwassergebiet darstellen. Es folgten Vorträge zu innovativen Lösungen von Restaurierungsmaßnahmen am Großen Wendelstein im Schloss Hartenfels in Torgau, zur Flutschadensbeseitigung im Kloster St. Marienthal, zur Neukonzeption des Halberstädter Domschatzes und zur Erhaltung von Kunststein am Beispiel der Kreuzkirche in Görlitz.

Der zur Fachtagung erschienene Tagungsband fasst die Fachvorträge und weitere Aufsätze übersichtlich zusammen und bietet so die Möglichkeit, einzelne Aspekte noch einmal zu vertiefen.

Abbildungsnachweis
IDK.

Personalia

25 Jahre im Dienst der sächsischen Denkmalinventarisation – Zur Verabschiedung von Ditte Koch in den Ruhestand

Kurz nach Vollendung ihres 65. Lebensjahres beendete Ditte Koch, die langjährige Leiterin des Referats Inventarisation und Listenerfassung am Landesamt für Denkmalpflege Sachsen (LfD), am 1. Juni 2016 ihr Berufsleben und trat in den Ruhestand.

Als Absolventin der Leipziger Karl-Marx-Universität im Fach Kunstwissenschaft führte Ditte Koch der berufliche Weg anfangs in den Bereich der bildenden Kunst. Dies lag nahe, hatte sie doch zunächst ein Lehrerstudium für Kunsterziehung begonnen, sich nach dem Wechsel zur Kunstwissenschaft vornehmlich mit Malerei beschäftigt und ein Thema aus diesem Gebiet auch für ihre Diplomarbeit gewählt. Am Bezirkskunstzentrum Karl-Marx-Stadt war sie mit dem Konzipieren von Ausstellungen, der Erarbeitung dazugehöriger Kataloge, aber auch mit dem Ankauf von Kunstwerken und der Vermittlung von Aufträgen beschäftigt. All dies bot ihr vielfache Entfaltungsmöglichkeiten. Sowohl am Bezirkskunstzentrum als auch in der Kleinen Galerie im Klub der Intelligenz, die sie nebenbei leitete, war ihr der Umgang mit den Künstlern besonders anregend. Noch heute erzählt sie gern davon.

Mit den Umbruchzeiten 1989/90 eröffnete sich für Ditte Koch ein neues berufliches Betätigungsfeld. Noch am Bezirkskunstzentrum trat sie in den Aufgabenbereich der Denkmalpflege über. In einem Aufbaustudium Denkmalpflege an der TU Dresden eignete sie sich die dafür benötigten, speziellen Fachkenntnisse an. Mit diesen Voraussetzungen gelang glücklicherweise 1991 die Anstellung am Institut für Denkmalpflege Dresden, aus dem 1993 durch Neugründung das Landesamt für Denkmalpflege Sachsen hervorging. 25 Jahre lang war sie in diesem Hause tätig und prägte entscheidend die Arbeit des Fachamtes mit, die unter den gewandelten gesellschaftlichen Verhältnissen zwar nicht grundsätzlich neu definiert werden musste, sich aber in Umfang und Ausrichtung doch etwas änderte. Eine Schwerpunktaufgabe des neugegründeten Landesamtes wurde die Neuerfassung der Kulturdenkmale, deren Anfänge schon im August 1990 erfolgten. Als Mitarbeiterin des Referats Inventarisation gehörte Ditte Koch gleichsam zu den Mitstreitern der ersten Stunde, die sich dieser Pflicht von wahrhaft herkuleischem Ausmaß stellten. Die Denkmallandschaft Sachsens ist nicht nur reich, sondern auch äußerst vielfältig. Dies sollte und musste sich in der Denkmalerfassung widerspiegeln. Nunmehr frei von fachfremden Einschränkungen galt es, Maßstäbe und Methoden zu erarbeiten, die eine sachgerechte Aufnahme des Denkmalbestandes gewährleisteten und zu einer soliden Arbeitsgrundlage für die Denkmalpflegepraxis führten. Orientierung boten die Vorgehensweise und Erfassungsergebnisse der Kollegen aus den »Altbundesländern«, aber auch Arbeitsunterlagen, die in DDR-Zeiten erstellt wurden, konnten als Ausgangspunkt dienen. Ein wesentliches Moment dieser Neuerfassung war das Gebot der Eile, das von Anfang an die Arbeit begleitete. Nach Jahrzehnten von Stillstand und Verfall lastete nun ein enormer Veränderungsdruck auf dem Land, der für die Denkmale Chance und Gefahr zugleich bedeutete. Vor diesem Hintergrund mussten die Denkmalerfasser möglichst schnell und sicher entscheiden, welche Objekte als denkmalwürdig einzustufen waren. Neben Fachwissen war hierbei auch gutes Gespür gefragt. Schon bei der Inventarisation ihrer ersten Orte in den damaligen Kreisen Chemnitzer und Zwickauer Land stellte Ditte Koch unter Beweis, dass sie über beides verfügte. Im Rückblick sollte durchaus noch einmal daran erinnert werden, unter welchen zuweilen recht abenteuerlichen Bedingungen die Denkmalerfassung anfänglich erfolgte. Erschwernisse wie umständliche Anfahrten – Dienstfahrzeuge waren kaum vorhanden – oder unzulängliches Kartenmaterial wurden dabei durch Enthusiasmus und Entdeckerfreude ausgeglichen. Über diese Eigenschaften verfügt Ditte Koch in ausgeprägtem Maße. Schon bei den Anfängen ihrer Erfassungstätigkeit kam sie intensiv mit den Denkmalgattungen in Berührung, für die sie während ihrer ganzen Denkmalpflegelaufbahn eine besondere Zuneigung hegte. Das Interesse für ländliche Bauten und Hausforschung brachte sie bereits von ihrem früheren Aufgabenbereich am Bezirkskunstzentrum mit, durch die Inventarisation am Landesamt für Denkmalpflege gewannen zunehmend auch die Denkmale der Industrie- und Technikgeschichte ihre Aufmerksamkeit. Familiär beeinflusst spielte dabei die Eisenbahn eine hervorgehobene Rolle. Von der Expertise, die Ditte Koch sich in der Denkmalkunde erwarb, zeugen auch diverse Fachveröffentlichungen sowie ihre Mitarbeit am Dehio-Handbuch für Sachsen.

Ein weiterer wichtiger Abschnitt in der beruflichen Laufbahn von Ditte Koch war die Übernahme der Leitung für das Referat Inventarisation und Listenerfassung 1997. In dieser Position konnte sie sich nun auch wieder verstärkt im Organisieren üben – eine Tätigkeit, die ihr nach eigenem Bekunden schon in Kindestagen große Freude bereitete.

Die Herausforderungen für die neue Referatsleiterin waren tatsächlich mannigfaltig. An erster Stelle galt es, die Neuerfassung der Kulturdenkmale zum Ende zu bringen. Wie so oft hatte das umfassende und langjährige Unternehmen hinsichtlich Anforderungen und Bearbeitungstiefe eine Eigendynamik entwickelt, wodurch sich dessen Fertigstellung um einiges verzögerte. Da Förderprogramme, die anfänglich zu diesem Zweck zur Verfügung standen, ausgelaufen waren, mussten neue finanzielle Möglichkeiten zu einem absehbaren Abschluss der Arbeit gefunden werden. Im Rahmen einer zweijährigen ESF-Förderung wuchs das Referat Inventarisation und Listenerfassung zeitweise auf rund 25 Mitarbeiter an. Auch wenn diese Förderung einen deutlichen Mehraufwand für Anleitung und Koordination bedingte, war damit ein entscheidender Schub verbunden, sodass schließlich 2003 die Neuerfassung der Kulturdenkmale in Sachsen zum Abschluss kam. Klar war dabei allerdings auch, dass zwischen den Ergebnissen vom Anfang und Ende der sogenannten Schnellerfassung qualitativ merkliche Unterschiede bestanden. Dieser Tatsache mussten sich Ditte Koch als Referatsleiterin und ihre Mitarbeiter stellen und so kam es bald zu weiteren Projekten, die auf eine Listenrevision zielten. Abgestimmt auf die Anforderungen einer qualifizierten Denkmalliste wurde am LfD auch eine eigenständige Datenbank entwickelt, an deren Konzeption und erfolgreicher Einführung Ditte Koch beteiligt war. Hier wie auch bei der Erarbeitung des für die Nutzbarkeit der Datenbank notwendigen Thesaurus kam ihre Technikaffinität zum Tragen. 2005 wurde unter ihrer Leitung der gesamte Datenbestand in die neue Datenbank überführt. Über Zwischenstufen begann 2009 nochmals ein groß angelegtes Projekt, das die Digitalisierung der Denkmalkarten mit entsprechender Datenaufbereitung zum Inhalt hatte, wobei auch die genannten qualitativen Unterschiede in den Erfassungseinträgen nach Möglichkeit ausgeglichen wurden. 2015 war dieses Projekt weitgehend abgeschlossen. Es ist nicht zuletzt Ditte Kochs bleibender Verdienst, dass Sachsen nun über eine gut aufbereitete Gesamtliste verfügt, die eine solide denkmalpflegerische Arbeit im Lande gewährleistet und nach jahrlangem Bemühen auch digital abrufbar ist.

Wie seit Anbeginn der Neuerfassung lag auch über der Denkmallistenrevision der letzten Jahre Zeitdruck, der nicht nur der zuständigen Referatsleiterin einiges an Durchstehvermögen abverlangte. Alles in allem ist es aber für Ditte Koch ein persönlicher Glücksumstand, dass ihr berufliches Ausscheiden und der Projektabschluss fast zeitgleich zusammenfielen und sie damit auf eine erfolgreiche Aufgabenerledigung zurückblicken kann.

Für den Kollegenkreis, sowohl in der Erfassung als auch in der Gebietsdenkmalpflege, bedeutet das Ausscheiden von Ditte Koch neben dem Wegfall ihrer fundierten Facharbeit vor allem auch der Verzicht auf eine diskussionsfreudige Gesprächspartnerin, die nächst der kritischen Bewertung des Einzelobjektes auch immer das gesellschaftliche Gesamtanliegen der Denkmalpflege im Auge hat. Nicht selten tritt sie dabei ausgesprochen meinungsstark auf, was für ihr Gegenüber manchmal unbequem, häufig aber auch sehr anregend ist. In diesem Sinne sind ihr für den Ruhestand außer Gesundheit weiterhin viele Möglichkeiten zu wünschen, die ihrem Bedürfnis nach geistiger Auseinandersetzung, das seit jeher keiner Interessenenge unterlag, gerecht werden. Möge sie dabei ab und an ihrer einstigen Wirkungsstätte in froher Erinnerung gedenken und Gelegenheit finden, die eine oder andere aus der Arbeit erwachsene Verbindung zu pflegen.

Thomas Trajkovits

Abbildungsnachweis
Privatbesitz.

Alberto Schwarz zum 65. Geburtstag

Nach Vollendung des 65. Lebensjahres am 7. April 2016 tritt unser Kollege Dr. Alberto Schwarz nunmehr seinen wohlverdienten Ruhestand an. Damit endet ein Berufsleben, das mit dem Studium der Kunstgeschichte und Archäologie in Leipzig begann, über eine Beschäftigung als Assistent an gleichem Ort fortgesetzt wurde, über die Nationalen Forschungs- und Gedenkstätten der klassischen deutschen Literatur in Weimar, eine Tätigkeit im Büro für architekturbezogene Kunst Leipzig führte und nach einer kurzen Tätigkeit im Regierungspräsidium Leipzig 1991 in eine Anstellung als Gebietsreferent am Landesamt für Denkmalpflege Sachsen mündete. In dieser Funktion war Alberto Schwarz nunmehr 25 Jahre aktiv um den Denkmalbestand von Leipzig und den der Altkreise Delitzsch und Torgau bemüht. Damit oblag ihm die Betreuung von fast 20 000 Kulturdenkmalen.

Nur aufgrund seiner umfangreichen Kenntnis des Denkmalbestandes der Region und seiner sensiblen Art der Kommunikation mit Eigentümern und Behördenpartnern gelang es ihm, das daraus erwachsene Arbeitspensum zu bewältigen. Wichtig war ihm stets ein Dialog auf Augenhöhe und der Respekt vor dem Partner, der sich in seinen eigenen Interessen nie übergangen fühlte. Alberto Schwarz war kein Fundamentalist. Bei allem Respekt für die Grundprinzipien der Disziplin im Hinblick auf die Bedeutung von Substanz als Basis des Denkmalbegriffs war er stets bereit, im Hinblick auf das öffentliche Interesse auch am »Bild« eines Kulturdenkmals Kompromisse zu schließen, die der »reinen Lehre« im Einzelfall auch widersprachen. So konnte sich der Referent auch über die kopierende Wiederherstellung der baulichen Hülle von Hotel Melia nach dem Entwurf von Arwed Roßbach als einen gelungenen Beitrag von Stadtreparatur erfreuen.

Alberto Schwarz beschäftigte dieses Thema auch im Rahmen seiner publizistischen Tätigkeit. So positionierte er sich in den Mitteilungen des Landesvereins Sächsischer Heimatschutz 1/ 2015 unter der Überschrift: »Putz, Stuck und Farbe und die Frage von Original und Kopie an Beispielen von Denkmalen in Leipzig«. Die im Zuge seiner Tätigkeit erworbenen Kenntnisse schlugen sich in einer Vielzahl weiterer Publikationen nieder. So ist er der Autor von 17 Aufsätzen der »Leipziger Blätter«. Einer der jüngsten dort erschienenen Beiträge widmete sich dem Herrenhaus Klein-Dölzig. Jahrelang war Alberto Schwarz um eine Rettung des Schlosses Schönwölkau bemüht. Darüber berichtete er in einem Beitrag des Jahrbuchs 2015 des Landesamtes für Denkmalpflege Sachsen. Leider konnte dessen Gefährdung trotz aller Initiativen noch immer nicht abgewendet werden. Reichere Früchte trug sein Engagement zuletzt bei der Sanierung der Kongresshalle am Zoo oder an der Stadtkirche in Belgern. Auf Grundlage seiner Gutachten konnten darüber hinaus eine Vielzahl wertvoller Epitaphe aus der ehemaligen Paulinerkirche restauriert und für ihre Präsentation im Paulinum vorbereitet werden.

Alberto Schwarz hat ein Kapitel Sächsischer Denkmalpflege im Großraum Leipzig wesentlich geprägt und gleichzeitig ein wertvollen Beitrag zur kulturellen Stahlkraft der Region geleistet. Wir wünschen ihm nun Ruhe und Muße, um die Früchte dieser Tätigkeit in seiner Heimatstadt zu genießen, vor allem aber Gesundheit und Freude am Ruhestand.

Michael Kirsten

Abbildungsnachweis
Privatbesitz.

Anita Niederlag – Abschied von der Plansammlung

Am 30. Dezember 2016 vollendete Anita Niederlag aus der Plansammlung des Landesamtes für Denkmalpflege das 65. Lebensjahr und tritt in den Ruhestand – Anlass genug, sie auch an dieser Stelle zu würdigen. Geboren in Zittau, heiratete sie 1972 in Dresden und brachte hier auch ihre beiden Töchter zur Welt. Einer Lehre als Archivassistentin mit der Spezialisierung zur Papierrestauratorin schloss sich 1970 das Studium der Museologie an der gleichnamigen Fachhochschule in Leipzig an, das sie 1974 mit dem Diplom in der Spezialisierung Kunstgeschichte abschloss. Der Weg führte sie anschließend an die Staatlichen Kunstsammlungen Dresden, wo sie anfangs auf dem Gebiet der Museumspädagogik arbeitete, nach drei Jahren aber als wissenschaftliche Mitarbeiterin zum Grünen Gewölbe bzw. der Galerie Alte Meister wechselte. Hier blieb sie bis 1991 und war unter anderem in die Vorbereitung der großen Pöppelmann-Ausstellung 1987 und jene von 1989 zum Dresdner Schloss eingebunden, wozu auch die redaktionelle Mitarbeit beider Ausstellungskataloge gehörte. Schon hier war das Interesse an denkmalpflegerischen Themen geweckt, so dass es beinahe folgerichtig war, dass Frau Niederlag nach der friedlichen Revolution über kleinere Zwischenstationen im April 1994 zum Landesamt für Denkmalpflege stieß und ihr Aufgabenfeld in der Plansammlung fand. Neben der Fortführung der Katalogisierung der umfangreichen, bis ins 17. Jahrhundert zurückreichenden Bestände, der Betreuung der Nutzer von innerhalb und außerhalb des Amtes, der Abwicklung des Leihverkehrs für Sonderausstellungen im In- und Ausland und nicht zuletzt der Überwachung des konservatorischen Zustandes mit der Planung von Konservierungs- und Restaurierungsleistungen kam

ab 1999 ein weiteres Aufgabengebiet hinzu, für das sie durch ihre Ausbildung und langjährigen praktischen Erfahrungen die Idealbesetzung war: Fortan wurde es zur Tradition, zumindest in den lichtärmeren Wintermonaten Schätze der Plansammlung auch einem breiteren Kreis von Interessenten zu präsentieren – in Gestalt der so genannten Jahresausstellungen.

Zuvor war aber 1998 der Umzug der rund 70 000 Blätter aus dem ersten in das dritte Obergeschoss des Ständehauses zu bewältigen, in dessen Folge sich die konservatorischen Verhältnisse für die Architektur- und Künstlerzeichnungen spürbar verbesserten.

Bei allem gilt es zu bedenken, dass diese Ausstellungen gleichsam nur ein »Nebenprodukt« unserer Arbeit sind, das ohne entsprechende personelle und technische Ausstattung, wie sie beispielsweise Museen zur Verfügung steht, erbracht wurde. Auch wenn Frau Niederlag in vielen praktischen Dingen – Schneiden der Passepartouts, Rahmen usw. – von Zivildienstleistenden, Vorpraktikanten aus der Restaurierung oder Angehörigen der Jugendbauhütte Görlitz unterstützt wurde – den Aufwand und die Mühe, die damit verbunden waren, konnte nur leisten, wer wie sie für diese Aufgabe begeistert war. Neben der Themenwahl im allgemeinen war die Auswahl der Exponate im Einzelnen immer eine Herausforderung, denn allein mit der fachlichen Bedeutung war es nicht getan, schließlich sollten die Blätter ja im besten Sinne auch »sehenswert« sein. Neben Gedenktagen von Architekten oder Bauwerken wurden Themen aufgegriffen, die das denkmalpflegerische Handeln berühren. Neben Gedenktagen zu Christian Traugott Weinlig, Johann Christoph Knöffel, Gottfried Semper, Otto von Wolframsdorf, Carl Moritz Haenel und Matthäus Daniel Pöppelmann wurden auch Kirchen in Dresden, ländliche Bauten, Dresdner Theaterbauten, Werke italienischer und französischer Architekten am Dresdner Hof, die Rolle von Heinrich Graf von Brühl als Bauherr und Mäzen sowie zuletzt das Jubiläum der Dresdner Kreuzkirche zum Anlass genommen.

Nicht nur aus Hinweisen von Besuchern der Ausstellungen ist der Wunsch verständlich, die gezeigten Werke möglichst in geeigneter Form auch zu publizieren. Dass hierbei der Wunsch vielfach größer war als die Möglichkeiten im Landesamt, sei nicht verschwiegen. Immerhin gelang es gelegentlich, im Nachgang zur Ausstellung eine Auswahl im Format eines Kalenders zu publizieren, und für die italienischen und französischen Architekten konnte sogar eine eigene Publikation in der Reihe der Arbeitshefte des Landesamtes erscheinen. Das alles wäre nicht möglich geworden ohne das besondere Engagement von Frau Niederlag, wofür ihr sehr herzlich gedankt sei. Wenn sie sich nun stärker ihrer Familie, insbesondere den Enkeln widmen kann, begleiten sie dabei unsere besten Wünsche.

Hartmut Ritschel

Abbildungsnachweis
Wolfgang Junius, LfD Sachsen.

Bernhard Weisbach zum 80. Geburtstag

Bernhard Weisbach wurde am 4. Oktober 1936 in Plauen im Vogtland geboren. Die Familie Weisbach ist eng mit dem noch heute so genannten Weisbachschen Haus in der Bleichstraße in Plauen im Vogtland verbunden. Das nach 1777 für den Kattundrucker Johann August Neumeister im spätbarocken Stil errichtete Manufakturgebäude wurde nach dem Niedergang der Gösselschen Fabrik von dem Chemnitzer Fabrikanten Carl Wilhelm Weisbach ab 1834 gepachtet. Nach und nach erwarb Carl Wilhelm Weisbach den gesamten Gebäudebestand der alten Kattundruckerei, baute die Spinnerei wieder auf, errichtete die Zwirnerei neu und baute Wohnungen ein.

Es ist dem außerordentlichen Engagement der Familie Weisbach zu verdanken, dass nach der Teilzerstörung des Gebäudes im Zweiten Weltkrieg, den Bedingungen zu DDR-Zeiten und nach der politischen Wende 1989 dieser bedeutende historische Industriebau des 18. Jahrhunderts teilsaniert und statisch-konstruktiv gesichert erhalten geblieben ist. Die Stadt Plauen, seit dem Jahre 2015 Eigentümerin des geschichtsträchtigen Gebäudekomplexes, wird in Zukunft Sorge dafür tragen, dass der Fortbestand des Weisbachschen Hauses gesichert ist. Zu diesem Haus gehört ein gegenüber dem Haus parkartig angelegter Garten. Diesen nutzte die Mutter Lore Weisbach, um mit den drei Söhnen viel Zeit in der Natur zu verbringen. In dieser Zeit wurden bei Bernhard Weisbach wohl die Grundlagen dafür gelegt, die Schönheit der Natur zu entdecken und sich dafür zu interessieren.

Nach der Schulausbildung absolvierte er von 1950 bis 1953 eine gärtnerische Ausbildung in der Kunst- und Handelsgärtnerei Otto Hoffmann in Plauen im Vogtland und arbeitete anschließend als Gärtnergehilfe in der Thüringer Baumschule Alfred Strobel, in Berga/Elster, in der Staudengärtnerei des berühmten Staudengärtners und -züchters, Schriftstellers und Gartenphilosophen Prof. Dr. hc. Karl Foerster in Potsdam-

Bornim und im Garten- und Landschaftsbaubetrieb bei Prof. Hans Lutz in Stuttgart.

Nach der praktischen Tätigkeit beim Gartenbauamt Stuttgart studierte Bernhard Weisbach von 1961 bis 1964 an der Fachhochschule für Gartenbau Osnabrück. Als Dipl.-Ing. für Garten- und Landschaftsgestaltung arbeitete er ab 1964 im Garten- und Landschaftsarchitekturbüro K.-D. Bendfeldt in Kiel und von 1969 bis 1991 im Bezirksamt Hamburg-Altona in der Gartenbauabteilung.

Bernhard Weisbach kehrte 1991 in seine Geburtsstadt Plauen zurück. Unter seiner Leitung wurde die Abteilung »Schutzgebiete/ Landschaftspflege/ Eingriffsregelung« im Staatlichen Umweltfachamt in Plauen im Vogtland aufgebaut und von ihm bis 1999 als Referatsleiter geführt.

Für Bernhard Weisbach war der Übergang in den Ruhestand kein Hindernis, weiterhin aktiv zu sein. Neben den ehrenamtlichen Tätigkeiten als Naturschutzbeauftragter der Stadt Plauen und als ehrenamtlicher Denkmalpfleger sowie der Mitgliedschaft im Verein der Freunde Plauens e. V. widmet er einen großen Teil seiner Zeit der schrittweisen Umsetzung seiner Idee, der »Umgestaltung von Friedhof II zum Arboretum Plauen«. In den Jahren 2014 und 2015 ist es gelungen, Schülerinnen und Schüler der Plauener Friedensschule unmittelbar in den Prozess der Umgestaltung des historischen Friedhofareals einzubeziehen. Die Jugendlichen haben unter der fachkundigen Anleitung von Bernhard Weisbach Erhaltungsarbeiten an den historischen Grabdenkmalen und Pflegearbeiten an bereits aufgelassenen Friedhofsquartieren vorgenommen, sich mit der Geschichte des über 125 Jahre alten Friedhofes beschäftigt und mit ihrem Projekt »GrünGut« einen Sonderpreis im Schülerwettbewerb »Pegasus-Schulen adoptieren Denkmale« erhalten.

Der Weisbachsche Garten war bis Anfang 2015 der bedeutendste Privatgarten in der Stadt Plauen und es ist nicht selbstverständlich, dass diese Anlage seit vielen Jahren einer breiten Öffentlichkeit zugänglich ist. Die Bewohner des Altenpflegeheims am Komturhof nutzen dieses Angebot gerne, um im Schatten der alten Bäume mit Blick auf die Türme der St. Johanniskirche zu verweilen. Die Gartenführungen mit Bernhard Weisbach sind ein fester Bestandteil im Programm zum Tag des offenen Denkmals in der Stadt Plauen. Mit viel Engagement, hoher Fachkompetenz, Herzlichkeit und viel Liebe zum Detail versteht er es, seine Gäste durch das 0,65 Hektar große Paradies zwischen Mühlgraben und historischem Elsterverlauf zu führen und bei den Zuhörern Interesse, Anerkennung, Wertschätzung und Begeisterung zu wecken.

Bernhard Weisbach gelingt es, durch die ihm ganz eigene angenehme Art, die Dinge zu betrachten und anzusprechen, zahlreiche Menschen für seine Projekte zu begeistern und zum Mitmachen zu bewegen. Die Zusammenarbeit mit ihm ist stets ein erfreuliches Geben und Nehmen und es bleibt zu wünschen, dass er im neuen Lebensjahrzehnt selbstbestimmt, bei bester Gesundheit und einem wachen Geist in seinen Refugien, dem Weisbachschen Garten und dem Arboretum Plauen noch viel Gutes bewirken und »Gärten für die Zukunft« gestalten kann.

Dagmar Groß

Abbildungsnachweis
Dagmar Groß, Plauen.

Dieter Schölzel (1936–2016)

Am 6. Mai 2016 verstarb Dieter Schölzel. Damit verliert Dresden einen Architekten von hohem persönlichen Anspruch gegenüber den baumeisterlichen Traditionen der Stadt. Er selbst sah sich stets berufen, Wertvolles auch weiterzuführen. Seiner stillen Beharrlichkeit, die sich nie vordrängte, aber andererseits der Verantwortung seines Berufs stets bewusst war, bleibt in Erinnerung.

Mir begegnete der am 4. Juni 1936 in Hauswalde Geborene erstmalig um 1960 als Student der Architektur, der sich bereit erklärt hatte, mir bei der Vermessung von Ausgrabungsergebnissen im Zisterzienserkloster Altzella zu helfen. Die dabei geführten Gespräche bewiesen ein ungewöhnlich starkes Einfühlungsvermögen in die Traditionen des Klosters und seiner baulichen Gestaltung. Seine Urteile zum Städtebau waren für mich damals neu und sind deshalb unvergessen.

Erst beim Wiederaufbaugeschehen der Semperoper in Dresden seit 1977 setzten berufliche Kontakte ein. Zu seiner Arbeit an Vorbereitungen zum Wiederaufbau der Oper im Institut für Kulturbauten schreibt Schölzel selbst: »1967 lag in Form einer Technisch-Ökonomischen Zielstellung eine umfassende Dokumentation vor, in der die funktionelle Prinzipien zum Wiederaufbau dargelegt waren.« Was auch weiterhin von den Mitarbeitern des Instituts für Kulturbauten beim Wiederaufbau der Oper geleistet wurde, tritt heute hinter dem Namen des Chefarchitekten zurück, war aber eigentlich ein Schlüssel für das Gelingen der in wenigen Jahren erreichten Vollendung der neuen Semperoper, die dank des Zusammenstimmens aller Kräfte zu einer der »Sternstunden« der Denkmalpflege im 20. Jahrhundert zählen dürfte. Auch dem Wiederaufbau anderer Monumente des Zentrums von Dresden, dem Residenzschloss und dem Taschenbergpalais, sind die Vorbereitungen des Instituts für Kulturbauten zugutegekommen. Aber auch außerhalb von Dresden ist Dieter Schölzel als Architekt wirksam gewesen. So entstanden zusammen mit Peter Albert Wettbewerbsentwürfe für ein Opernhaus in Belgrad, die Nationalbibliothek in Damaskus, eine Stadthalle in Erfurt, das Schillerhaus in Weimar und die Oper an der Place de la Bastille in Paris. Weit gediehene Planungen für ein Syrisches Nationaltheater in Damaskus scheiterten an den damaligen politischen Schwierigkeiten. Dagegen konnte durch die Initiative von Dieter Schölzel das klassizistische Theater in Putbus gerettet werden. Seine Anregungen kamen dem Konzertsaal im Gewandhaus zu Leipzig zugute. 1981 beteiligte sich Schölzel an der Ausstellung anlässlich der Schinkel-Ehrung in Berlin. In die Zeit um 1988 fallen vorbereitende Untersuchungen zur Sanierung der Dresdner Sempergalerie. Nach 1990 setzte Dieter Schölzel seine beratende Tätigkeit in der neu gegründeten Gesellschaft der Architekten und Ingenieure für Kulturbauten und später als freier Architekt fort. Seine Beiträge in den Zeitschriften »scena« und »Kulturbauten« geben Zeugnis von seinen vielfältigen Planungen.

Mit dem Datum der friedlichen Revolution von 1989 verbinden sich für Dresden die Anfänge eines weiteren Großprojekts, des Wiederaufbaus der Frauenkirche 1991 bis 2005. Dabei dürfte es erst recht nicht zutreffend sein, nur einige Wenige für das Gelingen namhaft zu machen. Zu den selten oder gar nicht genannten Namen des Wiederaufbaus gehört der von Dieter Schölzel. Schon 1988 war er dabei, einen Auftrag der Sächsischen Landeskirche zu erfüllen, nämlich in der Ruine der Frauenkirche bei Erhaltung von deren Kellern eine »Freiluftkirche« einzurichten. Dieser mit Dr. Walter Köckeritz zusammen erarbeitete Versuch erbrachte den Beweis, dass das keine dauerhafte Lösung werden könnte. Als Mitunterzeichner des »Rufs aus Dresden« 1990 stellten sich beide Architekten in der »Gesellschaft zur Förderung des Wiederaufbaus der Frauenkirche« hinter die Wiederaufbauidee. Jahrelang brachte Schölzel im Vorstand der »Gesellschaft« und als deren Ehrenmitglied immer wieder Lösungsvorschläge ein, die dem Wiederaufbau außerordentlich nützlich waren. Sein besonderes Anliegen war es, in der »Gesellschaft« selbst, aber auch in deren Publikationen darauf hinzuweisen, dass die Frauenkirche mit einem wiederaufgebauten Bild des Neumarkts ein ihr angemessenes Umfeld erhalten sollte. Dieter Schölzel nahm stets am kulturellen Leben der Gegenwart Anteil, oft in Begleitung seiner Frau. Seit 1996 gehörte Dieter Schölzel als Gründungsmitglied der Sächsischen Akademie der Künste/ Klasse Baukunst an. Nicht unerwähnt bleiben sollte aber auch seine Mitwirkung in der »Gestaltungskommission« der Stadt Dresden. Dabei hielt er sich mit kritischen Anmerkungen gegenüber extremen Positionen in der Akademie und in der Gestaltungskommission nicht zurück. Beachtlich sind einige seiner Akademiepublikationen, z. B. 1999 »Bautzen, Probleme der Stadtentwicklung«, »Dresden. Stadtplanung und Stadtentwicklung« und 2003 »Architektur und Städtebau der Nachkriegsmoderne in Dresden«. Mehr in der Stille blieben eigene Initiativen, so 2005 die Wiederaufstellung des Giebels vom ersten Dresdner Hoftheater von Ernst Rietschel in Bautzen, die Vorschläge zur Erhaltung des Saals im Kulturpalast als Zeugnis der Nachkriegsmoderne in Ostdeutschland oder die durchaus nicht einfache Anbringung des Adventssterns in der Laterne der Frauenkirche. Jede Arbeit, auch die kleinste, wurde von ihm mit aller Sorgfalt vorbereitet und durchgeführt. In der Gestaltung der Dienstaltäre in der Katholischen Hofkirche in Dresden und in der Klosterkirche von St. Marienthal zeigte sich Schölzel als ein der Moderne verpflichteter Architekt, dennoch bemüht, im Angesicht der historischen Vergangenheit der Bauwerke zu bestehen. In Allem war Dieter Schölzel stets eine integre, vertrauenswürdige Persönlichkeit. Ohne je der offiziellen Denkmalpflege angehört zu haben, ist mit ihm ein Architekt des Bekenntnisses zur Denkmalpflege von uns gegangen.

Heinrich Magirius

Abbildungsnachweis
Sächsische Akademie der Künste.

Jürgen Mehlhorn (1952–2016)

Am 9. August 2016 verstarb Jürgen Mehlhorn nach langer schwerer Krankheit im 64. Lebensjahr – ein guter Mensch und großartiger Denkmalpfleger, dem Dresden viel zu verdanken hat, der aber auch über die Grenzen der Stadt hinaus in der der Denkmalpflege viele Spuren hinterlassen hat. Am 31.3.1952 in Aue geboren, absolvierte er dort seine Schulzeit, machte 1970 in Schneeberg das Abitur mit Berufsausbildung, arbeitete danach im VEB (K) Bau Aue als Hilfskraft, später als Zeichner und zuletzt als Teilkonstrukteur. Von 1971 bis 1976 studierte er Architektur an der TU Dresden, arbeitete danach zwei Jahre im Büro des Dresdner Stadtarchitekten an der Straße der Befreiung als Bearbeiter der Modernisierungskonzeption und Mitarbeiter der Bauleitung.

Seit 1979 war er als wissenschaftlicher Assistent an der TU Dresden, Sektion Architektur, bei Prof. Klemm auf dem Gebiet der Rekonstruktion und Gebäudeerhaltung tätig. Von 1982 bis 1986 war er beim VEB Denkmalpflege Dresden für die Sicherung der handwerklich-künstlerischen Qualität verantwortlich. Bei seiner Arbeit stellte er fest, dass den farbigen Architekturfassungen von Fassaden und nachgewiesenen historischen Wandmalereien viel zu geringe Bedeutung beigemessen und diese nicht als untrennbarer Bestandteil historischer Architekturen betrachtet wurden. Deswegen absolvierte er von 1986 bis 1988 an der Hochschule für Bildende Künste Dresden ein Zusatzstudium »Restaurierung von Wandmalerei und Architekturfarbigkeit«, war danach ab 1989 als freischaffender Restaurator, ab Mitte der 1990er-Jahre auch als freischaffender Architekt tätig.

Mit Jürgen Mehlhorn verlieren wir einen unermüdlichen, fachkompetenten Streiter, der sich immer für die Erhaltung und Pflege von Kulturdenkmalen eingesetzt hat. Er begeisterte und sensibilisierte über vier Jahrzehnte hinweg Studenten, besonders der Fachrichtungen Architektur und Restaurierung. Immer bereit zur kollegialen interdisziplinären Zusammenarbeit mit anderen Planern, Restauratoren und Wissenschaftlern, stellte er sein Fachwissen stets uneigennützig zur Verfügung.

Sein Einsatz zur nachhaltigen Nutzbarmachung, Sanierung, Konservierung und Restaurierung vieler Kulturdenkmale in Sachsen fand Anerkennung in der deutschen Fachwelt, aber auch bei der heimatverbundenen interessierten Öffentlichkeit. Der frühere Dresdner Stadtkonservator Herrmann Krüger legte 1997 eine elfseitige Auflistung von Projekten an Kulturdenkmalen vor, die Jürgen Mehlhorn bis dahin erfolgreich bearbeitet hatte. Hier werden nachfolgend einige davon exemplarisch benannt.

Ab 1977 leitete er die AG Bau- und Denkmalpflege und organisierte mit ihr Arbeitseinsätze zur Sicherung und Bergung von Kulturgut.

1978/79 war er bauleitender Architekt bei der denkmalgerechten Instandsetzung der barocken Bürgerhäuser auf der Hauptstraße (damals Straße der Befreiung), zuvor hatte er 1976/77 auf Grundlage seiner Diplomarbeit beim Büro des Stadtarchitekten die Konzeption zur Sanierung der Häuser und Restaurierung der historischen Fassaden bearbeitet.

1981 leitete er ein Team junger Restauratoren und Architekten, das sich im Zusammenhang mit der Neubauplanung für das Hotel »Bellevue« für die Erhaltung des Barockbaus Große Meißner Gasse 15 einsetzte. Am Bau erfolgten restauratorische Befunduntersuchungen, Bauforschung sowie umfangreiche Dokumentationsarbeiten. Weiterhin entstanden Entwurfsskizzen, die die barocke Substanz in den Hotelbau integrierten. Obwohl schon 4 800 Sprenglöcher gebohrt waren, gelang damals dem Bündnis von Architekten, Denkmalpflegern, Restauratoren und engagierten Mitbürgern die Abwendung der Abrisspläne. Ich erinnere mich gern an diese Zeit, als auf Bitte von Jürgen Mehlhorn mein Arbeitsbeginn in der Görlitzer Stadtplanung wegen der o. g. Arbeiten um ein Vierteljahr verschoben wurde.

1983/84 arbeitete er federführend in der »Arbeitsgruppe Schönhof Görlitz«, die die beabsichtigte kleinteilige Jugendherbergsnutzung mit entsprechend vielen Nasszellen erfolgreich abwenden konnte, dafür die ursprünglichen Raumstrukturen der Renaissance durch Befunduntersuchungen nachweisen konnte und dabei viele bis dahin unbekannte bemalten Holzbalkendecken entdeckte. 1990 erarbeitete er dafür (?) eine erste Denkmalpflegerische Zielstellung. Viele andere Denkmale in Görlitz wurden von ihm planerisch bearbeitet, z.B. das Biblische Haus, das Eckhaus Petersstraße 7 und das Rathaus. In der Görlitzer Umgebung arbeitete er an denkmalpflegerischen Konzepten für Schlösser und Herrenhäuser in Königshain, Ebersbach, Mengelsdorf, Tauchritz und Oberneundorf.

Jahrelang bemühte er sich um den Erhalt des Dresdner Sozietäts-Theaters – anfangs ab 1981 in der Arbeitsgruppe von Prof. Klemm, 1988 im Rahmen seiner Abschlussarbeit an der HfBK Dresden an der Zielstellung für die Restaurierung der Architekturfarbigkeit, danach in den 1990er-Jahren an der Projektbearbeitung und baulichen Fertigstellung einschließlich der Freiraumgestaltung.

Ein weiteres wichtiges Referenzobjekt von Jürgen Mehlhorn ist das Lippertsche Haus Dresden (Königstraße 5 a). Dem Umbau zum Landesstudio Sachsen des ZDF plante er in Team-Arbeit mit Andreas Weise und den Diplomrestauratoren Stenzel & Taubert. Das Arbeitsergebnis erfuhr internationale Anerkennung. Leider war seine oft selbstlose Arbeit nicht immer mit wirtschaftlichen Erfolgen verbunden. Kleine Beträge unbezahlter Rechnungen zu seinen Projekten überging er mitunter locker.

Dramatisch und existenzbedrohend waren dagegen nicht bezahlte Rechnungen von der Stadtverwaltung Görlitz. Ein von ihm mit der Stadt eingegangener Vertrag wurde von ihm erfüllt, aber nicht bezahlt – offenbar wegen eines »fehlerhaften« Vertrages. Beim ersten Prozess wurde die Stadt verurteilt, an ihn 120 000 DM zu zahlen. Görlitz legte daraufhin Berufung ein und das OLG Dresden entschied, der Vertrag sei ungültig, weil nur der Oberbürgermeister Verträge unterschreiben dürfte. Pech für den Architekten – seinen Vertrag hatte der Baudezernent unterschrieben. Nun musste er zwei Angestellte entlassen, Geld für die Berufung vor dem Bundesgerichtshof hatte er nicht (siehe Bild, S. 7, 29. April 1969).

Traurig, dass der wirtschaftliche Niedergang des Architekturbüros Mehlhorn gerade von Görlitz aus eingeleitet wurde.

Gerade dieser Stadt brachte er höchste Wertschätzung wegen ihres so umfangreichen, wertvollen und oft einzigartigen Denkmalbestandes entgegen, seit er als Student dort wissenschaftlich gearbeitet hatte. Mit Prof. Nadler, Prof. Lemper und Prof. Klemm vertrat er stets und besonders bei Führungen ausländischer Fachkollegen die Auffassung, Görlitz gehöre auf die Liste der Weltkulturerbestätten. Er zeigte Unverständnis dafür, dass immer wieder unnötig aufgebaute bürokratische Hürden nicht überwunden werden konnten.

Jürgen Mehlhorn war ein heimatverbundener, liebenswerter und hilfsbereiter Mensch, der nicht nach Reichtum strebte. Stets war er bereit, mit seinem Wissen Denkmalen in Not, oft völlig uneigennützig, zu helfen. Qualitätsmaßstäbe setzte er selbst aber immer sehr hoch an. Nur das kaufmännische Moment hatte bei ihm nicht den nötigen Stellenwert. Während der Projektbearbeitung gewonnene neue Erkenntnisse, die oft auf seinen eigenen Befunduntersuchungen basierten, vergrößerten zuweilen den nötigen Arbeitsumfang, führten aber gelegentlich zur Nichteinhaltung gesetzter Termine. In solchen Situationen litt er stark und damit auch seine Gesundheit. Gegenüber dem Freundeskreis verschwieg er bis zuletzt die großen gesundheitlichen Probleme, die er seit seiner Jugend hatte und kannte. In solchen Zeiten half ihm, dass seine Arbeitsergebnisse von Fachkollegen und Freunden immer gewürdigt wurden.

Anerkennung für Jürgen Mehlhorns langjährige denkmalpflegerische Arbeit widerfuhr ihm am 7. September 2001 mit der Verleihung des Verdienstkreuzes am Bande, dem Verdienstorden der Bundesrepublik Deutschland.

Janos Brenner, ein Studienfreund, gratulierte ihm 2012 im Jahrbuch des Landesamtes für Denkmalpflege Sachsen zum 60. Geburtstag. Über diesen liebenswürdigen Beitrag freute sich der Jubilar sehr. Wünsche zur Verbesserung seines Gesundheitszustandes im Rahmen des Möglichen gingen leider nicht in Erfüllung. Körper und Organismus waren von der Krankheit stark gezeichnet. Sein Geist aber war bis zuletzt frisch und aktiv. Bei einem der letzten Krankenbesuche sagte er mir: »das Stuckrelief für Hauptstraße 20, ist doch fertig restauriert und liegt in der Zionskirche – bitte sorgt dafür, dass es an alter Stelle eingebaut wird …«

Wir sollten Jürgen Mehlhorn dadurch ehren, dass wir die Kulturdenkmale, an denen er gearbeitet hat – und darüber hinaus alle Denkmale – weiter bewahren und pflegen helfen, so dass alle Mitmenschen sich an ihnen erfreuen können.

Udo Frenschkowski

Abbildungsnachweis
Privatbesitz.

Autoren

Landesamt für Denkmalpflege Sachsen
Schloßplatz 21
01067 Dresden
Dr. Hendrik Bärnighausen
Dr. Thomas Brockow
Dipl.-Ing. Udo Frenschkowski
Dr. Michael Kirsten
Dipl.-Rest. Torsten Nimoth
Mathis Nitzsche M. A.
Dipl.-Ing. Thomas Noky
Dipl.-Hist. Norbert Oelsner
Franziska Peker M. A.
Prof. Dr. Rosemarie Pohlack
Dr. Hartmut Ritschel
Caroline Ritter M. A.
Dipl.-Ing. Henrike Schwarz
Dr. Thomas Trajkovits
Dipl.-Ing. Sabine Webersinke
Dipl.-phil. Winfried Werner

TU Bergakademie Freiberg
Institut für Mineralogie
Brennhausgasse 14
09596 Freiberg
Dr. Ulf Kempe
M. Sc. Xiaoli Wang

Andreas Dubslaff M. A.
Alexanderstraße 48
72072 Tübingen

Dr. Stefan Dürre
Robert-Matzke-Straße 36
01127 Dresden

Dagmar Groß
Stadt Plauen
Fachbereich Bau und Umwelt
Untere Denkmalsachutzbehörde
Unterer Graben 1
08523 Plauen

Dipl.-Ing. Christian Freudrich
Stadtverwaltung Görlitz
SG Stadtgrün
Postfach 300131
02806 Görlitz

Prof. Dr. Gerhard Graf
Hermundurenstraße 18
04159 Leipzig-Wahren

M. sc. Christoph Haase
Stiftung »Fürst-Bückler-Park Bad Muskau«
Orangerie
02953 Bad Muskau

Dipl.-Rest. Uwe Härtig
Berggartenstraße 4
04155 Leipzig

Claudia Kemna M. A.
Rudolf-Leonhard-Straße 26
01097 Dresden

Dipl.-Ing. Thomas Löther
Institut für Diagnostik und Konservierung
an Denkmalen in Sachsen und
Sachsen-Anhalt e. V.
Schloßplatz 1
01067 Dresden

Prof. Dr. Heinrich Magirius
Lößnitzgrundstraße 13
01445 Radebeul

Dr. Maximilian Claudius Noack
Damaschkeweg 9
01445 Radebeul

Dipl.-Min. Matthias Zötzl
Institut für Diagnostik und Konservierung
an Denkmalen in Sachsen und
Sachsen-Anhalt e. V.
Domplatz 3
06108 Halle (Saale)

Im Sandstein Verlag erschienen

Forschungen zur spätgotischen Retabelkunst

Forschungen zur spätgotischen Retabelkunst
Arbeitsheft 25 des Landesamtes
für Denkmalpflege Sachsen

156 Seiten · 277 meist farbige Abb.
29,7 × 21 cm · Broschur
ISBN 978-3-95498-251-6
15 €

Die alte Augustusbrücke in Dresden

Die alte Augustusbrücke in Dresden
Arbeitsheft 22 des Landesamtes
für Denkmalpflege Sachsen

144 Seiten · 137 meist farbige Abb.
29,7 × 21 cm · Broschur
ISBN 978-3-95498-164-9
20 €

Französische und italienische Architekten am Dresdner Hof
Arbeitsheft 21 des Landesamtes
für Denkmalpflege Sachsen

160 Seiten · 113 meist farbige Abb.
29,7 × 21 cm · Broschur
ISBN 978-3-95498-127-4
20 €

Kultur- und Baugeschichte
der deutschen Krematorien

Ulrich Hübner
Kultur- und Baugeschichte der deutschen Krematorien
Arbeitsheft 20 des Landesamtes
für Denkmalpflege Sachsen

184 Seiten · 390 meist farbige Abb.
29,7 × 21 cm · Broschur
ISBN 978-3-95498-050-5
20 €

Das Vogtshaus in Oschatz

Das Vogtshaus in Oschatz
Arbeitsheft 18 des Landesamtes
für Denkmalpflege Sachsen

144 Seiten · 196 meist farbige Abb.
29,7 × 21 cm · Broschur
ISBN 978-3-95498-001-7
12 €

Die Geschichte der Denkmalpflege Sachsens
1945–1989

Heinrich Magirius
Die Geschichte der Denkmalpflege Sachsens 1945–1989
Arbeitsheft 16 des Landesamtes
für Denkmalpflege Sachsen

240 Seiten · 362 teils farbige Abb.
29,7 × 21 cm · Broschur
ISBN 978-3-942422-05-5
19 €

**Denkmalpflege in Sachsen
Mitteilungen des Landesamtes
für Denkmalpflege Sachsen
Jahrbuch 2015**

188 Seiten · 258 meist farbige Abb.
29,7 × 21 cm · Broschur
ISBN 978-3-95498-199-1
15 €

Die Beiträge dieses Jahrbuchs beschäftigen
sich u.a. mit den denkmalpflegerischen
Maßnahmen am Schloss Hartenfels in
Torgau, mit dem Großen Schlosshof des
Dresdner Residenzschlosses, dem Dom
St. Petri zu Bautzen und den Kirchen in
Strehla und in Ruppertsgrün, dem Schloss
Schönwölkau und dem ehemaligen
»Lebensborn«-Kinderheim »Sonnenwiese«
in Kohren-Sahlis. Es wird aus Forschungen
zum Schloss Langburkersdorf, von denk-
malgeschützter Leuchtwerbung in Leipzig
und von Umgebindehäusern berichtet, und
es werden Werke von Conrad Felixmüller
und dem Hofbildhauer Curt Roch vorgestellt.

**Denkmalpflege in Sachsen
Mitteilungen des Landesamtes
für Denkmalpflege Sachsen
Jahrbuch 2014**

160 Seiten · 230 meist farbige Abb.
29,7 × 21 cm · Broschur
ISBN 978-3-95498-143-4
15 €

Die Beiträge dieses Jahrbuchs befassen sich
mit Baudenkmalen aus einem Jahrtausend
sächsischer Geschichte – beginnend mit der
Kirche St. Nikolai zu Hohenlohe und dem
Schloss zu Grimma über das Brauereigut in
Dresden-Cossebaude, das Liebenausche
Vorwerk in Pirna, den Schlosspark Ober-
lichtenau, die Gärten des Rittergutes Gauer-
nitz, den Garten der ehemaligen Direktorenvilla von Villeroy & Boch in Dresden, den
Oeser-Saal im Gohliser Schlösschen bis zu
petrografischen Untersuchungen auf Dresdner Friedhöfen und zu Werken, die der
Bildhauer Curt Roch um 1900 für das
Dresdner Residenzschloss schuf, bis hin zu
den Fregeschen Stiftungshäusern im Leipziger Waldstraßenviertel, dem Konrad-
Wachsmann-Haus in Niesky und dem ehemaligen Lehrerseminar in Bischofswerda

Weitere Informationen finden Sie unter:
www.sandstein-verlag.de

Die Bücher sind dort im Onlineshop
oder im Buchhandel erhältlich.